일본유학시험 종과의 바이블

조재면의 EJU 종합과목

개정 2판

시사일본어사

조재면의 EJU 종합과목
개정 2판

초판 발행	2018년 8월 1일
개정 1판 발행	2021년 12월 10일
개정 2판 발행	2024년 7월 25일
개정 2판 3쇄	2025년 2월 20일

저자	조재면
책임 편집	김성은, 조은형, 오은정, 무라야마 토시오
펴낸이	엄태상
디자인	이건화
조판	김성은
콘텐츠 제작	김선웅, 장형진
마케팅	이승욱, 왕성석, 노원준, 조성민, 이선민
경영기획	조성근, 최성훈, 김다미, 최수진, 오희연
물류	정종진, 윤덕현, 신승진, 구윤주

펴낸곳	시사일본어사(시사북스)
주소	서울시 종로구 자하문로 300 시사빌딩
주문 및 교재 문의	1588-1582
팩스	0502-989-9592
홈페이지	www.sisabooks.com
이메일	book_japanese@sisadream.com
등록일자	1977년 12월 24일
등록번호	제 300-2014-92호

ISBN 978-89-402-9415-4 (13730)

* 이 책의 내용을 사전 허가 없이 전재하거나 복제할 경우 법적인 제재를 받게 됨을 알려 드립니다.
* 잘못된 책은 구입하신 서점에서 교환해 드립니다.
* 정가는 표지에 표시되어 있습니다.

머리말

2002년부터 시작된 일본유학시험(EJU)은 외국인을 대상으로 일본 대학 입시를 위해 시행되는 시험입니다. 그 중 문과생이 응시해야 하는 EJU 종합과목은 정치, 경제, 세계사, 지리, 현대 사회 등 과목이 다양하여 학습하기 매우 어려운 과목입니다. 특정 과목을 선택하여 응시하는 한국의 입시 시험과는 공부 방법이 다르며, 또한 한국의 수능에 해당하는 일본의 공통 테스트와도 성격이 다르기 때문에 수험생들에는 대단히 난감한 과목이라고 할 수 있습니다.

저자는 2002년 1회 수험생으로, 일본 대학에 진학하고 졸업하였으며, 2007년부터 EJU 종합과목을 연구하였고, 다년간 현장(시사일본어학원)에서 EJU 종합과목을 가르치면서 분석하여 지금의 교재를 완성하였습니다. 이 교재를 통해 수백여 명의 학생들이 고득점을 받고 도쿄대, 교토대, 와세다대학 등 원하는 대학에 진학하였으며 지금도 꿈을 향해 달려가고 있습니다.

이 교재의 가장 큰 핵심은 실제 시험에서 출제되는 내용을 중심으로 하여 만들어졌다는 것입니다. EJU 종합과목은 시험 범위가 넓기 때문에 학습자들이 어디까지 공부해야 하는지 의문을 가지는 경우가 많습니다. 거기에 대해 이 교재는 과거 기출 문제를 철저히 분석한 빅데이터를 바탕으로 만들어져 명쾌하게 답을 주고 있으며, EJU 종합과목 대부분의 출제 범위를 커버하고 있습니다.

또한 과거의 EJU 종합과목 교재는 개념 설명이 일본어로 되어 있는 경우가 많은데, 일본어로 학습할 경우 이해와 암기가 느려진다고 판단하여, 모든 개념 설명을 한국어로 설명하고 있습니다.(현장 강의에서도 한국어로 강의를 진행하며, 문제는 일본어로 진행됩니다) 또한, 한국어와 표현이 다른 경우나 일본어가 어렵다고 생각되는 단어는 별도로 표기하고 있습니다. 이것이 EJU 종합과목 학습의 가장 효율적인 방법이라고 생각합니다.

개념 정리는 한국어로 되어있으나, 단원마다 기출 문제를 추가하여 학습한 내용을 확인할 수 있도록 만들었으며, 유형 파악에도 도움이 되는 모의고사 1회분도 제공하고 있습니다.

일본 유학은, 대부분이 학생 스스로가 선택한 경우가 많습니다. 여러분 스스로가 한 약속, 그 초심을 잃지 않길 바랍니다. 이 책과 함께, 마음 속 깊이 응원하겠습니다.

저자 조재면

이 책의 특징

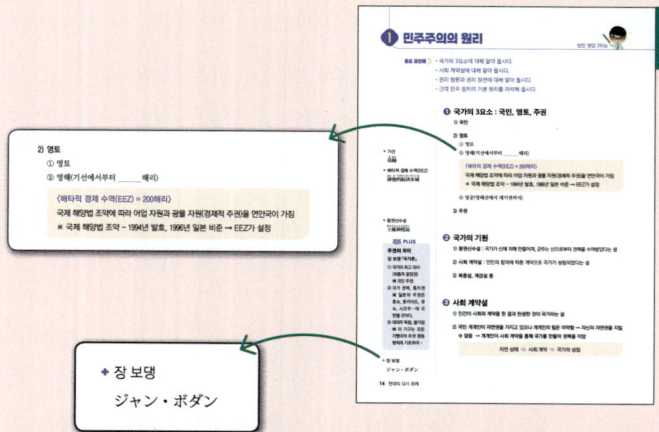

1단계

개념 정리는 한국어로!
중요한 키워드는 일본어로!

시험에 자주 출제되는 개념은 빈칸을 채워가며 학습할 수 있습니다.

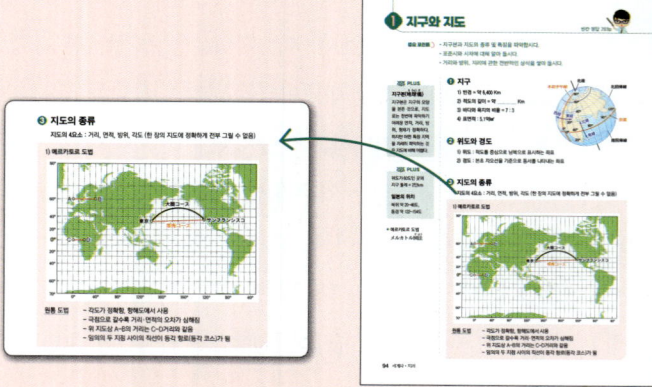

2단계

중요 개념 및 중요 인물은
눈으로 암기하기!

이해력을 돕고 쉽게 암기 할 수 있도록 중요 인물과 개념은 시각적 자료로 구성했습니다.

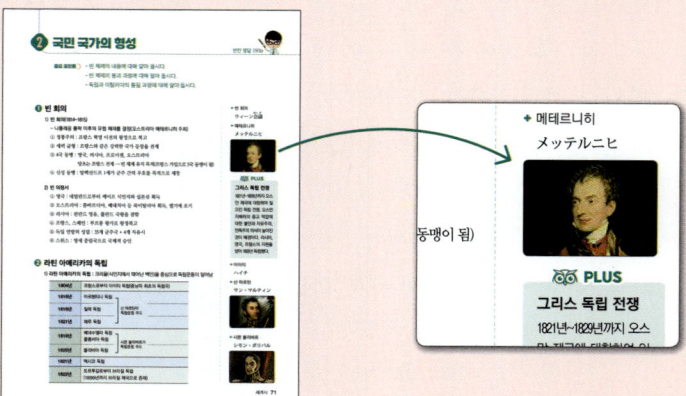

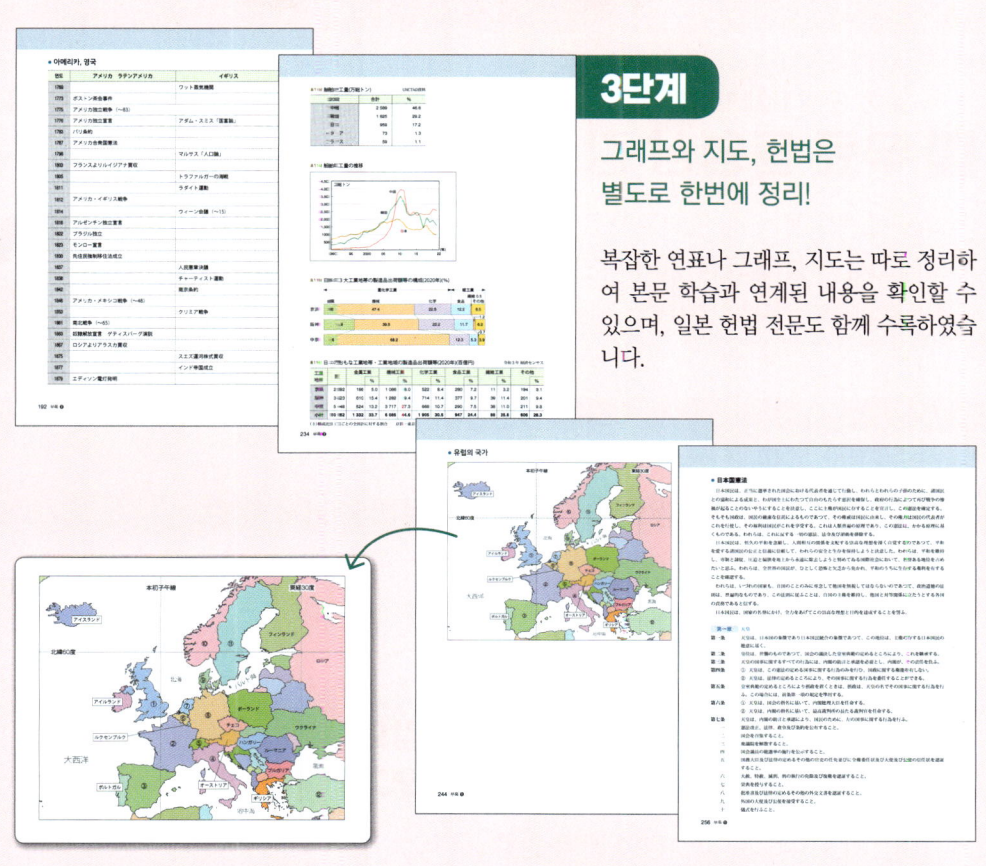

3단계

그래프와 지도, 헌법은 별도로 한번에 정리!

복잡한 연표나 그래프, 지도는 따로 정리하여 본문 학습과 연계된 내용을 확인할 수 있으며, 일본 헌법 전문도 함께 수록하였습니다.

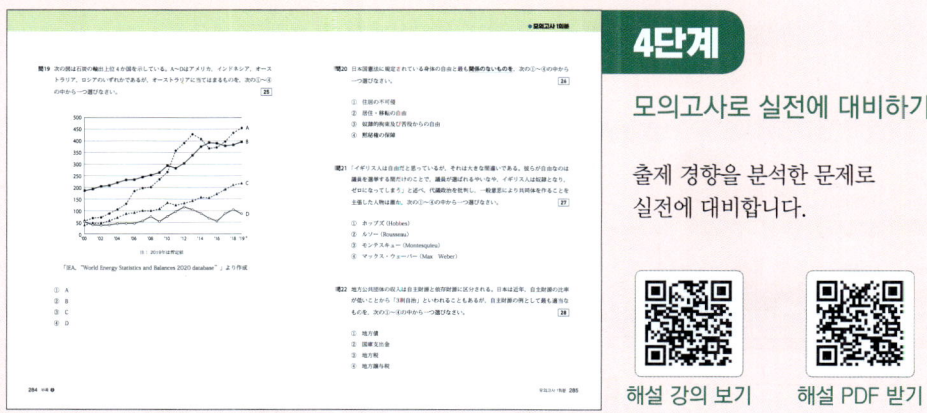

4단계

모의고사로 실전에 대비하기

출제 경향을 분석한 문제로 실전에 대비합니다.

해설 강의 보기   해설 PDF 받기

- 지명·인명 등은 학습 시 일본어를 자연스럽게 연상할 수 있도록 일본어에 맞춰 표기하고 있는 경우도 있으므로, 한국어 표기법과 일치하지 않을 수 있습니다.

동영상 강좌

목표는 오로지 합격!

실전 모의고사 1회분
▶ 무료 동영상 강의

- 최신 트렌드에 맞춘 모의고사로 실전 대비
- 모의고사 해설 동영상 강의 확인 후, 해설 PDF로 핵심 포인트 정리
- 본 동영상 강의는 유튜브 시사북스 채널에서 확인할 수 있습니다.

오프라인 전타임 마감신화! 온라인에서 확인!

시사인강 일본어

▶ 유료 동영상 강의

**상식을 늘려 주고 세상을 보여주는 강의!
EJU 종합과목은 전문 강사에게 배우자!**

- 기출문제 분석으로 최신경향 완벽 반영
- 쉽고 빠르게! 용어 정리와 문제풀이를 통해 실전 감각을 극대화

● 인터넷 검색창에서 '시사인강' 또는 '시사인강일본어'로 검색해 주세요.

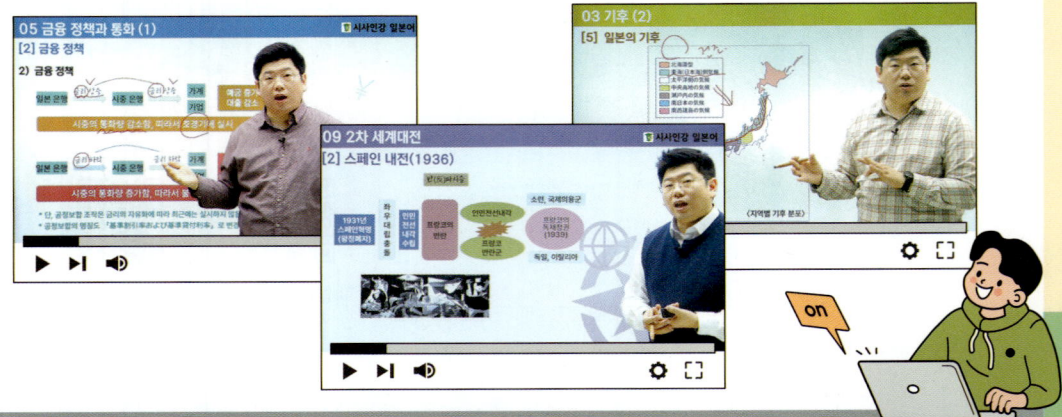

차례

머리말 03
이 책의 특징 04
EJU 시험 정보 08

1 현대의 정치·경제
- 현대의 정치 13
- 현대의 경제 43

2 세계사·지리
- 세계사 67
- 지리 93

3 현대사회와 일본의 근현대사
- 현대의 국제사회 133
- 현대의 사회 151
- 일본의 근현대사 167
- 기타 학습 내용 183

4 부록 1
- 세계사 연표정리 191
- 표·그래프 분석 203
- 지역별 지도 243
- 일본 헌법 전문 255

5 부록 2
- 모의고사 1회분 265

6 정답
- 정답 291
- 모의고사 정답 295

EJU 시험 정보

- **일본유학시험(EJU) 실시 목적**
  외국인 유학생으로 일본의 대학(학부) 등에 입학을 희망하는 자의 일본어 능력 및 기초 학력을 평가하는 것을 목적으로 합니다.

- **과목 구성**
  수험자는 지원 대학 등에서 지정하고 있는 과목에 근거하여, 아래의 과목 중에서 선택하여 응시합니다. 단, 이과와 종합과목을 동시에 선택할 수 없습니다.

과목	목적	해답 시간	득점 범위
일본어 과목	일본의 대학 등에서 면학할 수 있는 일본어 능력(아카데믹 재패니즈)을 측정	125분	독해 0~200점 청독해/청해 0~200점 기술(記述) 0~50점
이과	일본 대학 등의 자연계 학부에서의 면학에 필요한 이과(물리·화학·생물)의 기초적인 학력을 측정	80분	0~200점
종합과목	일본의 대학 등에서 면학에 필요한 인문계의 기초적인 학력, 특히 사고력, 논리적 능력을 측정	80분	0~200점
수학	일본 대학 등에서의 면학에 필요한 수학의 기초적인 학력을 측정	80분	0~200점

※ 각 과목은 공통의 척도에 의거하여 채점됩니다. (득점 등화[得点等化] 방식) (일본어 과목의 기술 영역은 제외)

- **[일본어 과목] 구성**

① 구성	기술(記述), 독해, 청독해/청해 총 3영역
② 순서/시간	기술(30분) → 독해(40분) → 청독해/청해(약 55분)
③ 득점 범위	기술(記述) 0~50점 독해 0~200점, 청독해/청해 0~200점 총 400점

- **[이과] 구성**
  이과에 는 물리·화학·생물 3과목이 있습니다.
  수험자는 지원 대학에서 지정하고 있는 바에 근거하여, 시험 당일 답안지 상에 3과목 중에서 2과목을 선택해야 합니다.
  ※ 한 과목만 선택한 경우에는 채점되지 않습니다.

● **[종합과목] 구성**
정치·경제·사회를 중심으로 하여 지리와 역사에서 종합적으로 출제됩니다. 유학생이 일본의 대학 등에서 면학에 필요한 현대 일본의 기초 지식을 가지고, 근현대 국제 사회의 기본적인 문제에 대해 논리적으로 사고하고 판단하는 능력이 있는지를 측정합니다.

● **[수학] 구성**
수학에는 코스1(인문계 학부 및 수학의 필요성이 비교적 적은 자견계 학부용), 코스 2(수학을 고도로 필요로 하는 학부용)의 두 종류가 있습니다. 수험자는 수험 희망 대학의 지정에 근거하여, 시험 당일 답안지 상이 둘 중 한 가지를 선택해야 합니다.

● **출제 언어**
일본유학시험은 2개 언어(일본어 및 영어)로 문제가 출제됩니다(일본어 과목은 일본어로만 출제됨). 또한 문제지는 일본어와 영어가 각각 다른 용지기므로, 수험자는 지원 대학에서 지정하고 있는 언어에 근거하여, 원서 작성 시 원서 상에 둘 중 한 가지를 선택하여 표기해야 합니다.

● **답안지 종류**
일본어 과목의 답안지는 '객관식' 및 '서술식' 두 종류이며 이과, 종합과목, 수학은 모두 '객관식' 답안지에 답안을 작성하도록 되어 있습니다.
※ 객관식 : 다지선다형 마크시트 방식 / 서술식 : 문장을 직접 작성하는 창식

● **시험 시간 / 해답 시간 / 지각 한도**
시험 시간 : 시험에 관한 여러 가지 안내 시간, 문제지·답안지 배브 시간, 문제를 풀고 해답을 하는 시간을 모두 포함한 시간입니다.
해답 시간 : 문제를 풀고 해답을 하는 시간만을 말합니다.
지각 한도 : 이 시간부터는 고사실 깁실이 금지되므로, 수험자는 0 점에 주의해야 합니다.

교시	과목	시험 시간	해답 시간	지각 한도
1교시 (오전)	일본어 과목	9:30 ~ 12:00 경	9:55 ~ 12:00 경 (약125분)	9:40
2교시 (오후)	이과 (이과)	1:30 ~ 3:00	1:40 ~ 3:00 (80분)	1:50
2교시 (오후)	종합과목(문과)	1:30 ~ 3:00	1:40 ~ 3:00 (80분)	1:50
3교시 (오후)	수학	3:40 ~ 5:10	3:50 ~ 5:10 (80분)	4 00

※ 이과, 종합과목, 수학 과목은 지각 한도 시간 10분 전부터 해답이 개시되므로, 수험자는 반드시 시험 시간(1:30/3:40)까지 일실을 완료해야 합니다.

현대의 정치 경제

- 현대의 정치
- 현대의 경제

1 현대의 정치 경제

현대의 정치

1 민주주의의 원리

빈칸 정답 292p

중요 포인트
- 국가의 3요소에 대해 알아 둡시다.
- 사회 계약설에 대해 알아 둡시다.
- 권리 청원과 권리 장전에 대해 알아 둡시다.
- 근대 민주 정치의 기본 원리를 파악해 둡시다.

❶ 국가의 3요소 : 국민, 영토, 주권

1) 국민

2) 영토
   ① 영토
   ② 영해(기선에서부터 _____해리)

> 〈배타적 경제 수역(EEZ) = 200해리〉
> 국제 해양법 조약에 따라 어업 자원과 광물 자원(경제적 주권)을 연안국이 가짐
> ※ 국제 해양법 조약 - 1994년 발효, 1996년 일본 비준 → EEZ가 설정

   ③ 영공(영해선에서 대기권까지)

3) 주권

❷ 국가의 기원

1) 왕권신수설 : 국가가 신에 의해 만들어져, 군주는 신으로부터 권력을 수여받았다는 설

2) 사회 계약설 : 인민의 합의에 따른 계약으로 국가가 성립되었다는 설

3) 복종설, 계급설 등

❸ 사회 계약설

1) 인간이 사회와 계약을 한 결과 탄생한 것이 국가라는 설

2) 국민 개개인이 자연권을 가지고 있으나 개개인의 힘은 미약함 → 자신의 자연권을 지킬 수 없음 → 개개인이 사회 계약을 통해 국가를 만들어 권력을 이양

> 자연 상태 ⇨ 사회 계약 ⇨ 국가의 성립

+ 기선
基線(きせん)

+ 배타적 경제 수역(EEZ)
排他的経済水域(はいたてきけいざいすいいき)

+ 왕권신수설
王権神授説(おうけんしんじゅせつ)

PLUS
주권의 의미
장 보댕 『국가론』
① 국가의 최고 의사 (최종적 결정권)
  예) 국민 주권
② 국가 권력, 통치권
  예) 일본의 주권은 혼슈, 홋카이도, 큐슈, 시코쿠…에 국한될 것이다.
③ 대외적 독립, 불가침
  예) 이 기구는 모든 가맹국의 주권 평등 원칙에 기초하여…

+ 장 보댕
ジャン・ボダン

14 현대의 정치 경제

	홉스(1588~1679)	로크(1632~1704)	루소(1712~1778)
저서	『리바이어던』	『시민 정부론(통치론)』	『사회 계약론』
인간관	성악설	성무선악설	성선설
자연 상태	만인의 만인에 대한 투쟁 상태	대체로 평화롭지만 불안하고 불편	자유롭고 평등함
주권 상태	전부 양도	일부 양도, 위임	양도 불가
주권 소재	군주 주권	국민 주권	국민 주권
정치 체제	절대 군주제	입헌 군주제 간접 민주 정치(대의제)	직접 민주 정치
저항권	×	○	△
포인트	지배자의 절대적 권력, 절대 주권, 왕정의 옹호	사회와 정부는 권리를 보장하기 위해 존재 (혁명권, 저항권)	인민 주권에 의한 직접 대표제
영향	청교도 혁명	명예혁명, 미국 독립 혁명	프랑스 혁명

+ 홉스 ホッブズ

+ 로크 ロック

+ 루소 ルソー

❹ 근대 민주 정치의 성립

1) 민주 정치의 성립
   고대 그리스 도시 국가 : B.C.5세기 아테네 민주 정치(직접 민주 정치)

2) 절대 왕정(16~18세기)
   왕권신수설을 바탕으로 하는 절대 군주의 권력이 집중하는 중앙 집권적 정치 제도

3) 시민 혁명 : 시민 계급이 중심이 되어 절대 왕정에 대항하는 혁명
   중상주의에 의해 풍요로워진 시민 계급(부르주아)이 자유를 요구

청교도 혁명	명예혁명	미국 독립 혁명	프랑스 혁명
1642~1649	1688	1775~1783	1789
청교도 세력을 중심으로 크롬웰 등의 의회파가 왕정을 타도	카톨릭 국교화와 왕권 강화를 주장한 제임스 2세를 퇴위시킴	미국의 13주가 영국으로부터 독립	자유, 평등, 박애를 주창하며 왕정을 타도
권리 청원	권리 장전	미국 독립 선언문	프랑스 인권 선언

+ 『리바이어던』
  リヴァイアサン

+ 『시민 정부론(통치론)』
  市民政府論(統治二論)

+ 청교도 혁명
  清教徒革命
  (ピューリタン革命)

+ 권리 청원
  権利請願

+ 권리 장전
  権利章典

❺ 근대 민주 정치의 기본 원리

입헌주의 : 헌법의 힘으로 국가 권력을 제한하고, 국민의 권리와 자유를 지키는 사상

1) _____ : 인권을 확보하기 위한 통치 원리, 국민들에게 권력이 있음

> **대의제** : 국민이 선거로 대표자를 뽑고, 그 대표자들이 의회에서 국가 의사를 결정함

2) **권력 분립** : 권력을 각각 다른 기관에 분할하여 상호 억제와 균형을 꾀하고, 권력 남용을 막음
   ① 로크 : 국가 기관을 의회와 국왕으로 분리하여, 입법권을 가진 국회가 국왕의 집행권을 억제
   ② 몽테스키외 『법의 정신』
   입법권을 의회, 집행권을 국왕, 사법권을 재판소에서 담당하도록 하여, 억제와 균형을 꾀하는 _____ 주장

> **권력 분립에 따른 정치 제도 – 영국의 의원 내각제와 미국의 대통령제**
> ① 의원 내각제(영국) : 의회(입법)와 내각(행정)이 협력한 완만한 권력 분립제
> ② 대통령제(미국) : 삼권(입법, 행정, 사법)을 명확히 분리한 엄격한 권력 분립제

3) _____ : 권력자를 법으로 구속하여 국민의 권리와 자유를 지키기 위한 원리
   ① 발전 – 1215년 마그나 카르타(대헌장), 명예혁명, 권리 장전
   ② 확립 – 미합중국 헌법(1787)

> ■ **법의 종류**
> • **자연법(自然法)** : 인간의 본성에 뿌리를 두어, 시대와 사회를 넘어 보편적으로 적용하는 법
> • **실정법(實定法)** : 특정한 시대와 사회에 한해 적용하는 인간이 만든 법
> • **성문법(成文法)** : 헌법이나 법률처럼 문서로 제정되어 있는 법
> • **불문법(不文法)** : 문서로는 되어있지 않으나, 법규범으로서 효력을 가지는 법, 관습법, 판례법 등
> * _____은 유일하게 헌법이 성문법이 아닌 불문법의 국가임

+ 몽테스키외
  モンテスキュー

+ 법의 정신
  法の精神

PLUS
지배의 유형
독일의 사회학자 막스 베버(Max Weber)는 사람들이 지배의 정당성을 승인하는 3가지 유형으로 ①전통적 지배 ②카리스마적 지배 ③합법적 지배가 있다고 하였다.

+ 법의 지배
  法の支配

PLUS
법치주의
국가 권력은 법에 따라 행사(行使)해야 한다는 의미. 행정권은 의회에서 제정된 법에 근거하여 행사되어야 한다는 것으로 '법의 지배'와 비슷하지만 형식이나 절차의 적법성이 더 중시되는 개념

2 의원 내각제와 대통령제

중요 포인트 • 의원 내각제와 대통령제의 구조와 특징을 알아 둡시다.

❶ 의원 내각제의 구조(일본)

1) 의원 내각제 : 의회(입법부)와 내각(행정부)의 권력이 융합된 제도

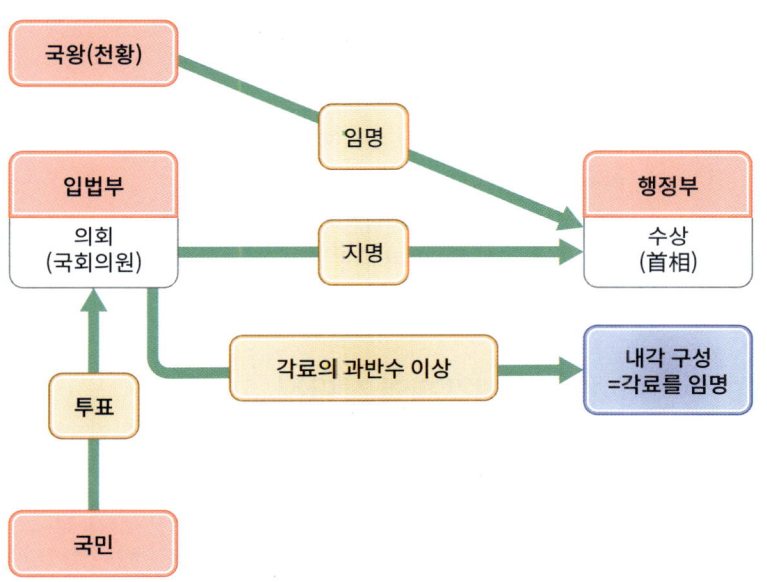

① 의회에서 수상을 지명, 국왕(천황)이 임명
② 행정부 각료와 입법부 의원의 겸직 가능
③ 내각이 법률안을 제안할 수 있음
④ 의회 해산권-내각 불신임권이 있음
⑤ 내각은 의회에 대해 연대 책임을 짐

❷ 대통령제의 구조(미국)

1) 대통령제 : 입법, 행정, 사법이 명확히 분리된 제도

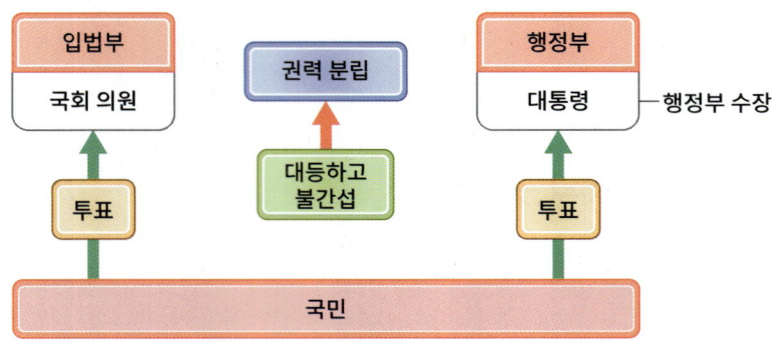

① 국민의 선거로 대통령과 의원을 선출, 행정부의 각료와 의원의 겸직 금지
② 대통령은 _____을 가지고 있으며(단, 의원의 2/3 이상이 재의결하면 법안 성립), 의회는 탄핵 소추권을 행사할 수 있음
③ 의회 해산권이 없으며 내각 불신임권이 없음
④ 대통령은 국민에 대해 책임을 짐

+ 탄핵 소추
  弾劾訴追(だんがいそつい)

❸ 대통령제와 의원 내각제의 장단점

정부 형태	대통령제(미국에서 발달)	의원 내각제(영국에서 발달)
장점	- 대통령 임기 동안 정국 안정 ⇨ 정책의 일관성, 강력한 정책 추진 가능 - 국회 다수당의 횡포 견제 가능	- 정치적 책임에 민감(책임 정치) - 대통령제에 비해 독재 가능성이 낮음 - 권력 융합시 효율이 높음
단점	- 정치적 책임에 둔감 - 독재의 우려(국군 통수, 외교 책임자) - 여소야대의 비효율성	- 연립 내각 등으로 정국이 불안해질 가능성이 높음 - 다수당의 횡포 우려

PLUS

ねじれ国会(こっかい)

대통령제에서 국회의 다수당과 대통령의 정당이 다른 경우를 말함. 의원 내각제에 있어서는 양원(중의원과 참의원)의 다수 정당이 다른 경우

3 일본국 헌법

중요 포인트
- 대일본 제국 헌법(메이지 헌법)의 성격에 더해 알아 둡시다.
- 일본국 헌법의 3대 기본 원리를 알아 둡시다.

❶ 대일본 제국 헌법(메이지 헌법)

1) 이토 히로부미를 중심으로 _____ 헌법을 참고하여 제정(1889)
2) 흠정 헌법 : 천황이 신민에게 수여함
3) 특징
   ① 천황의 지위
      - 천황 주권 : 천황 아래 사법, 행정, 입법 조직 → 불완전한 권력 분립
      - 천황을 신(神)으로 한 불가침 : 천황을 신(神)으로 생각한 국가신도(国家神道)
      - 육해군의 통수권자
   ② 제국 의회
      - 입법권이 없음, 천황의 입법권을 보조하는 기관
        - 귀족원(貴族院) : 황족, 화족(귀족), 천황의 임명 의원
        - 중의원(衆議院) : 제한 선거에 의해 선택된 의원
   ③ 내각
      - 천황을 보필하는 역할
   ④ 재판소
      - 헌법에 의해 사법권의 독립이 보장(천황이 사법권을 위임하는 형태)
      - 행정 재판소, 군법 회의, 황실 재판소 등 특별 재판소 설치
   ⑤ 신민의 권리
      - 국민은 천황의 신민이며, 일정의 자유권도 천황으로부터 받은 것
      - 천황에 의해 신민의 권리를 제한할 수 있음
      - 법률하의 평등이라는 조항이 없음 → 천황과 인민의 차이
   ⑥ 신민의 의무
      - 징병의 의무 : 20세 이상의 남성은 병역의 의무
      - 납세의 의무

+ 이토 히로부미
伊藤博文

+ 흠정 헌법
欽定憲法

+ 국가신도
国家神道

+ 화족
華族

+ 보필
輔弼

+ 신민
臣民

❷ 일본국 헌법

1) 성립 : 1945년 8월 15일 포츠담 선언 수락 → 연합국에 무조건 항복
         연합군 최고 사령부(GHQ)가 일본을 통치

현대의 정치 **19**

+ 맥아더
　マッカーサー

> 📖 PLUS
> **문민 통제
> (シビリアン
> ＝コントロール)**
> 자위대의 최고 지휘권을 가지고 있는 내각 총리대신과 방위 대신은 문민(文民)이어야 한다는 원칙. 문민은 군인이 아닌 사람을 의미함

2) 통치 내용 : 군국주의의 배제, 기본적 인권 존중, 민주주의, 평화적인 정부 수립 등

3) 맥아더 3원칙에 의한 헌법 제정 : 천황제의 민주화, 전쟁 포기와 군비 철폐, 봉건적 제도의 폐지. 1946년 11월 3일 공포, 1947년 5월 3일 실시

4) 일본국 헌법의 3대 기본 원리(국민 주권, 평화주의, 기본적 인권의 존중)
　① 국민 주권 – 헌법 전문, 제1조

> 『天皇は日本国の象徴であり統合の象徴であって、この地位は主権のある日本国民の総意に基づく』

　　– _____ : 천황은 국정에 관여하지 않으며, 내각에 조언하는 역할, 임명권, 국사 행위(国事行為)
　　– 대표 민주제(대의제)
　② 평화주의 – 제9조, 전쟁의 포기, 군사력과 교전권(交戰權) 부정

> 『日本国は国権の発動たる戦争と武力による威嚇または行使を、国際紛争を解決する手段としては永久にこれを放棄する』『前項の目的を達成するため陸海空軍その他の戦力は保持しない。国の交戦権も認めない』

　　– 국제 분쟁을 해결하는 수단으로써 전쟁, 무력, 위협에 의한 행사를 거부, 침략 전쟁 포기
　　– 전력(戰力)의 소유 금지, 교전권을 부인
　③ 기본 인권의 존중 – 제3장
　　– 자유주의와 평등주의에 의한 기본적 인권 확보
　　– 행복 추구권, 국가로부터의 자유, 경제 활동의 자유, 법 아래 평등, 사회권 등

❸ 대일본 제국 헌법과 일본국 헌법의 비교

구분	대일본 제국 헌법(大日本帝国憲法)	일본국 헌법(日本国憲法)
헌법의 종류	흠정 헌법(欽定憲法)	민정 헌법(民定憲法)
주권자	천황	국민
천황의 위치	국가 원수 및 통치자	국민 통합의 상징(정치 권력 없음)
군대	징병의 의무	평화주의, 전쟁 폐기
자유·권리	법률 범위 내의 제한적 권리	기본적 인권의 확대
권력 분립	권력 분립 없음	삼권 분립

4 국회

빈칸 정답 292p

중요 포인트
- 국회의 구조와 기능을 알아 둡시다.
- 중의원과 참의원의 차이를 알아 둡시다.
- 입법의 과정과 위원회에 대해서 알아 둡시다.

❶ 국회의 구조와 기능

1) 국회의 지위 : 국가 권력의 최고 기관이며 유일한 입법 기관(헌법 41조)

2) 국회의 권한
   ① 법률의 제정
   ② 예산의 심의(중의원 선의결권)
   ③ 조약의 승인(중의원 우월)
   ④ 헌법 개정의 발의(의원의 2/3 발의, 국민 투표 1/2 이상일 경우 성립)
   ⑤ 내각 불신임 결의(중의원만)
   ⑥ 내각 총리대신 지명(중의원 우월)
   ⑦ 국정 조사권(증인 환문: 국회에서 증인을 심문하는 것)
   ⑧ 재판관의 탄핵 재판(탄핵 재판소)

✦ 국정 조사권
　こくせいちょうさけん
　国政調査権

✦ 증인 환문
　しょうにんかんもん
　証人喚問

✦ 탄핵 재판
　だんがいさいばん
　弾劾裁判

〈일본의 국회〉

PLUS

양원 협의회 (両院協議会)

중의원과 참의원의 의견이 다를 때 의견 조율을 위해 열리는 회의 각각 10명씩으로 구성되며 예산 의결, 조약 체결 승인, 내각 총리대신 지명의 경우 양원의 의견이 다르면 반드시 열리고, 양원 협의회에서도 의견이 일치하지 않으면 중의원 의견으로 의결됨
법률안의 경우는 필요와 상황에 따라서 열림

+ 예산안 선의결권
  予算案先議決権
  (予算先議権)

+ 문책 결의
  問責決議

+ 통상 국회
  常会

+ 임시 국회
  臨時会

+ 특별 국회
  特別会

3) 양(이)원제(중의원, 참의원)
　① 구성

중의원(衆議院)	구분	참의원(参議院)
465명	정원	248명
소선구 289명 비례 대표 176명	구성	선거구 148명 비례 대표 100명
18세 이상	선거권의 연령	18세 이상
25세 이상	피선거권의 연령	30세 이상
4년	임기	6년(3년마다 반씩 선거)
해산 있음	비고	해산 없음

　② 양(이)원제의 장점
　　- 신중한 심의가 가능(중의원의 폭주를 막음)
　　- 양원의 임기와 자격, 선거 제도가 다르므로 다양한 의견을 국정에 반영할 수 있음
　　- 중의원의 해산 시에 참의원이 대행하여 정치를 할 수 있음

　③ 중의원의 우월성
　　- 법률안에 대해 의견이 다를 경우 중의원의 _____ 이상이 찬성하면 중의원의 결정에 따름
　　- 예산안의 의결은 항상 중의원이 먼저 심의를 함(예산안 선의결권)
　　- 예산의 의결, 조약의 승인, 내각 총리대신 지명은 중의원이 우월
　　　(중의원의 의견에 따름)
　　- 내각 불신임 결의안은 중의원에게만 있음(참의원은 문책 결의만 가능)

4) 국회 의원의 특권
　① 불체포 특권 : 회기 중에는 현행범이 아닌 이상 국회의 동의 없이는 체포 또는 구금되지 않음
　② 발언의 면책 특권 : 원내 발언, 표결 등에 대해 민사상, 형사상 책임을 지지 않는 것
　③ 세비 특권 : 국회 의원의 세비는 일반 공무원의 최고 급료보다 높게 설정

5) 국회의 종류
　① 통상 국회 : 회기 150일, 매년 1월, 예산안 심의가 중심
　② 임시 국회 : 내각의 요구 시, 또는 국회 의원의 총 의원 1/4 이상이 요구 시 개최
　③ _____ 국회 : 중의원 해산 이후 총선거로부터 30일 이내에 개최, 내각 총리대신을 선출

6) 입법의 과정

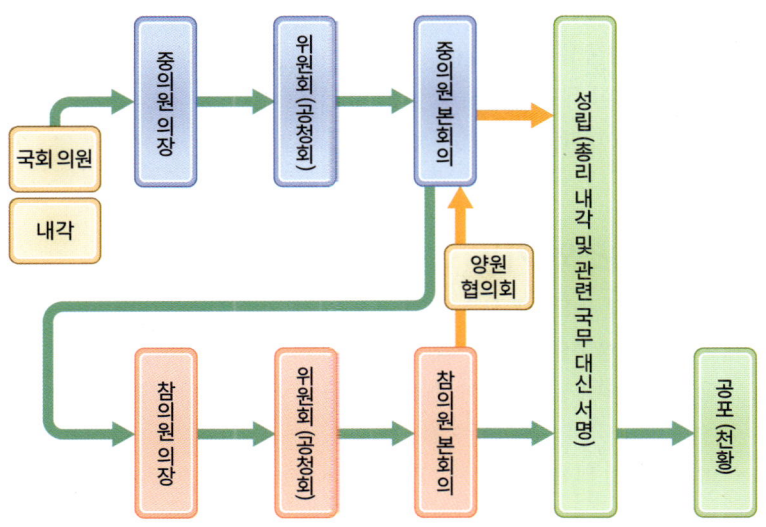

① 중의원과 참의원의 의견이 다를 경우 양원 협의회를 열고, 그래도 결정되지 않을 경우 중의원 재의결(2/3 이상일 경우 가결, 예산의 의결 및 조약 승인의 경우는 중의원 의견에 따름)

② 위원회(委員会) - 소수의 의원이 모여서 이야기하는 곳으로 본회의에 앞서 법률안 등을 전문성을 가지고 심의함. 상임 위원회와 특별 위원회로 나누어지며, 의원은 일반적으로 한 개의 상임 위원회에는 소속됨

> 일본의 상임 위원회 : 内閣委員会, 外務委員会, 国土交通委員会, 環境委員会, 予算委員会 등
> 일본의 특별 위원회 : 東日本大震災復興特別委員会, 原子力問題調査特別委員会, 沖縄及び北方問題に関する特別委員会 등

③ _____ : 위원회가 의회의 의사 결정 과정의 중심적 역할을 하는 것. 미국, 일본, 한국 등의 의회에서 채용(영국은 본회의 중심주의)

5 내각과 재판소

빈칸 정답 292p

중요 포인트
- 내각의 구성 및 역할을 알아 둡시다.
- 사법부의 독립과 삼심 제도에 대해 알아 둡시다.
- 위헌 입법 심사권과 재판원 제도에 대해 알아 둡시다.

❶ 내각의 구조와 기능

1) 일본의 내각 구조 및 특징
   ① 내각 총리대신(수상)은 국회 의원(중의원 우월)이 지명
   ② 내각 총리대신은 국무 대신의 과반수를 국회 의원에서 선출해야 함
      (총리도 국회 의원이어야 함)
   ③ 중의원에 의해 내각 불신임안이 가결되었을 경우 내각 총사퇴 또는 총해산(10일 이내)을 선택
   ④ 중의원 해산 후 40일 이내에 중의원 선거를 해야 하며 특별 국회(特別会)를 30일 이내에 열어야 함

2) 내각의 구성
   ① 총리대신＋국무 대신에 의해 구성 ⇨ 헌법에 따라 문민(文民)이어야 함
   ② 총리대신은 중의원의 지명에 의해 결정되며, 천황에 의해 임명
   ③ _____은 총리에 의해 임명되거나 파면될 수 있음(국회 의원 이외의 인물도 가능)

3) 내각의 업무
   ① 국회에서 제정한 법률을 집행(정령의 제정)
   ② 일반 국무 및 외교, 타국과 조약을 맺음
   ③ 법률안, 예산안을 작성
   ④ 최고 재판소 장관을 지명, 최고·하급 재판소 재판관 임명
   ⑤ 천황의 국사 행위에 대한 조언 및 승인
      * 내각 회의(閣議) : 내각은 국무 대신에 의한 각료 회의를 열어 방침을 결정
         ⇨ _____의 원칙

✦ 파면
  ひめん
  罷免

✦ 정령
  せいれい
  政令

✦ 만장일치
  ぜんかいいっち
  全会一致

❷ 재판소

1) 재판소의 종류
   ① 최고 재판소 : 종심 재판소. 최고 재판소 장관(1명), 최고 재판소 재판관(14명)으로 구성(최고 재판소 재판관은 임기 후 첫 중의원 선거에서 국민 심사로 과반수가 반대하면 파면당함)
   ② 하급 재판소 : 하급 재판소 재판관은 최고 재판소의 명부에 근거하여 내각이 임명
      - 고등 재판소 : 전국 8개 도시에 설치되어 있으며, 통상적으로 2심 재판을 행함
      - 지방 재판소 : 전국에 50개가 존재, 1심 재판을 행함

- 간이 재판소 : 벌금형 또는 소액의 사건
- 가정 재판소 : 가정내 사건, 스년 사건

2) 삼심 제도(三審制) : 억울한 죄를 막기 위해 한 사건에 대해 3번까지 재판이 가능

지방 재판소(1심) → 항소 → 고등 재판소(2심) → 상고(上告) → 최고 재판소

3) 사법권의 독립

> すべての裁判官は、その良心に従ひ独立してその職権を行ひ、この憲法及び法律にのみ拘束される。(憲法 76조)

- 재판관의 신분 보장
  ① 지위 보장 : 정년 보장(최고 재판소는 임기 없음, 하급 재판소는 10년)
  ② 징계 처분 : 행정 기관이 재판관을 징계 처분할 수 없음
  ③ 소득 보장 : 상당액을 보장, 재임 중에는 감봉·감액 없음
  ④ 파면의 경우 : 국회의 탄핵, 국민 심사, 심신의 고장(건강상, 정신상의 이유)

4) 위헌 입법 심사권 : 현행의 법령(법률과 명령) 등이 헌법에 위반되었는가를 판단하는 권리
  ① 헌법이 가장 위에 있음
  ② 하급 재판소에도 심사권 인정
  ③ 최종적으로는 최고 재판소의 판단으로 결정(일본은 헌법 재판소가 없음)
  ④ 위헌 입법 심사권은 관련된 구체적 사건이 있어야 발동 가능
  ⑤ 영국은 위헌 입법 심사권이 없음, 독일과 프랑스는 헌법 재판소에서 판단

5) 재판의 종류

종류	소송 거는 쪽	소송 당하는 쪽	내용
민사 재판	일반인	일반인	공적(公的) 내용과 관계없이 일반인끼리 각자 자신의 주장을 위해 소송
형사 재판	행정부	일반인	행정이 형벌을 주기 위해 이루어 지는 재판
행정 재판	일반인	행정부	공적인 사람으로부터 권리와 이익을 부당하게 침해받았을 경우 행하는 재판

6) 재판원 제도 : 2009년 이후, 중대한 형사 사건의 1심에 한해, 재판관 3명과 일반 시민 6명이 다수결로 판단하는 제도. 재판원은 재판관과 함께 사건의 유·무죄와 형량까지 결정

7) 재판 공개의 원칙 : 공정·중립적으로 하기 위해 공개 재판으로 진행해야 함
(단, 재판관 모두가 찬성하면 비공개도 가능)

정치범에 관한 재판, 출판의 자유에 관한 재판, 국민의 권리에 관한 재판, 모든 사건의 판결은 공개로 해야 함

◆ 억울한 죄
冤罪 (えんざい)

◆ 항소
控訴 (こうそ)

◆ 위헌 입법 심사권
違憲立法審査権 (いけんりっぽうしんさけん)

PLUS

통치 행위론
고도의 정치성을 띠고 있는 문제는 재판소가 사법 심사의 대상으로 하지 않는 것을 말함. 대표적으로 스나가와 사건(砂川 事件)에서 최고 재판소가 미일 안전 보장 조약에 대해 위헌·합헌 판결을 내리지 않은 사례가 있음

PLUS

배심제
배심원이 범죄의 유무를 판단하고, 재판관이 법 해석 및 형량을 결정 (미국, 영국)

참심제
재판관과 참심원이 함께 범죄의 유무 판단, 법 해석, 형량을 결정 (독일, 프랑스)

6 정당과 선거

빈칸 정답 292p

중요 포인트
- 2대 정당제와 복수 정당제에 대해 알아 둡시다.
- 55년 체제에 대해 알아 둡시다.
- 소선거구제, 대선거구제, 비례 대표제의 장단점을 알아 둡시다.

PLUS
압력 단체
특정 집단의 이익을 실현하기 위해 행정 관청이나 정치권에 집표나 후원 등으로 압력을 넣는 단체. 일본 경제 단체 연합회(日本経済団体連合会), 일본 의사회(日本医師会), 노동조합(労働組合) 등이 있음

❶ 정당의 의미 및 역사

1) **정당** : 정치에서 공통의 생각, 정책을 가진 사람들이 그 실현을 위해 정권을 획득하기 위한 조직

2) **여당과 야당** : 정권을 담당하고 있는 정당을 여당(与党), 담당하고 있지 않은 당을 야당(野党)이라 함

❷ 정당 정치의 형태

2대 정당제(二大政党制)		복수 정당제(多党制)
영국(보수당 vs 노동당) 미국(공화당 vs 민주당)	대표 국가	일본, 프랑스, 이탈리아
정국이 안정 정치 책임이 명확 정권 교체가 쉬움 유권자가 지지 정당을 선택하기 쉬움 소수 의견의 반영이 어려움	특징	국민의 다양한 의견이 반영 극단적인 정책을 취하기 어려움 연립 정권으로 정권이 불안정 정치 책임의 소재가 불명확

* 일당제 : 나치스, 공산당, 발전 도상국의 독재 정권, 중국 공산당, 북한 노동당 등

❸ 전후 일본의 정당 정치

연도	내용
1945년	2차 세계 대전 종결 : GHQ에 의한 민주주의 정당 정치의 부활
1951년	샌프란시스코 강화 회의를 둘러싼 보수와 혁신의 대립
1955년	일본 사회당(야당)과 자유 민주당(여당)의 양당 체제 ⇨ 55년 체제 자민당(자유 민주당)을 중심으로 하는 정권(~1993년)
1993년	55년 체제의 붕괴 [호소카와(細川) 비자민(非自民) 내각 성립]
2009년	민주당이 단독 과반수 획득
2012년	아베 신조(安倍晋三) 내각 성립(~2020년)

➕ 호소카와 모리히로
細川護熙 (ほそかわもりひろ)

26 현대의 정치 경제

❹ 선거 제도

1) 민주적 선거 제도의 특징

① 보통 선거 : 모든 성인에게 투표권이 주어짐 ↔ 제한 선거
- 주요 국가의 보통 선거 시작 년도

	남	여
프랑스	1848	1946
뉴질랜드	1875	1893
미국	1870	1920
이탈리아	1912	1945
영국	1918	1928
독일	1871	1919
일본		1945

② 평등 선거 : 한 표의 가치를 평등하게 가짐 ↔ 복수 투표제, 등급 선거
③ 직접 투표 : 유권자가 직접 공직자를 선출하는 제도 ↔ 간접 투표
④ 비밀 투표 : 유권자의 투표 내용을 공개하지 않음 ↔ 공개 투표, 기명 투표

PLUS

다이쇼 데모크라시 (大正デモクラシー)

다이쇼시대(1912~1926)에 일어난 민주주의, 자유주의 사회 분위기. 보통 선거 운동, 노동 운동, 여성 해방 운동 등에 영향을 주었음. 1925년 치안 유지법에 의해 탄압되기도 하였다.

2) 소선거구제와 대선거구제

소선거구제		대선거구제
① 다수당의 출현으로 2대 정당제가 되기 쉬움 ② 선거 운동의 비용이 절약 ③ 유권자가 선거자에 대해 비교적 알기 쉬움 ④ 투표 결과 등이 단순하고 알기 쉬움	장점	① 선거구에서 많은 당선자가 나오므로 사표가 적음 ② 소수파도 비교적 의석을 획득하기 쉬움 ③ 다양한 의견을 국정에 반영할수 있음
① 사표(死票)가 많음, 다수당이 유리 ② 국민의 의사가 의회에 공평히 반영되지 않음 ③ 신당 출현이 어려움 ④ 유리하게 선거구를 바꿀수 있음(게리맨더링)	단점	① 소당 분립(다당제)이 되기 쉬우므로 정국이 불안정 ② 선거 비용이 많이 듦 ③ 동일 선거구에서 같은 당의 사람이 입후보했을 경우, 정책 이외의 다툼이 됨

3) 비례 대표제 : 정당에게 투표하여 의석 배분

① 장점 : 정책에 대한 투표가 행하지므로 사표가 매우 적음
       민의를 정확히 반영함, 매우 민주적임

② 단점 : 의원을 선택할 수 없으므로 특정 의원을 낙선시키지 못함
       무소속 의원은 당선 불가능

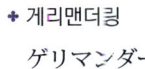

+ 게리맨더링
  ゲリマンダー

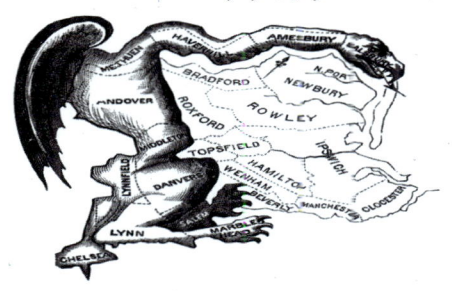

◆ 돈트 방식
ドント方式

◆ 중복 입후보
重複立候補

👁 PLUS
정치 자금 규정법 개정 (1994)

기업, 단체가 정치인 개인에 대해 헌금하는 것을 금지(기업, 단체가 정당에 대해 헌금하는 것은 가능)

정당 조성법 제정(1994)

국가가 정치 활동에 필요한 비용을 정당 교부금 명목으로 각 정당에게 교부하는 제도. 소속되어 있는 국회 의원 5명 이상, 또는 직전 선거 득표율이 2% 이상인 정당을 대상으로 함

👁 PLUS
참의원 선거(特定枠)

일본의 참의원 선거는 비구속 명부식 비례 대표를 바탕으로 하고 있으나 2019년부터 비례 대표 명부의 상위에 특정 후보를 두는 제도(特定枠)를 도입하였음

👁 PLUS
아담스 방식 (アダムズ方式)

일본의 중의원 소선거구제에서는 각 지역별로 한 명의 의원수를 배분하고 나머지를 인구 비율로 나누는 1人別枠方式를 사용하였으나, 10년 마다의 인구 조사를 바탕으로 하여 지역별 인구를 특정수로 나누어 의원수를 배분하는 아담스 방식을 도입하기로 2016년 결정하였다.

- 일본은 돈트 방식으로 비례 대표의 의석수를 배분하고 있는데 돈트 방식이란?
  * 10명의 의석수를 A, B, C 3개의 정당에게 배분할 경우

정당	A당	B당	C당
득표수	10,000	8,500	6,000
÷1	10,000…①	8,500…②	6,000…③
÷2	5,000…④	4,250…⑤	3,000…⑦
÷3	3,333…⑥	2,833…⑧	2,000
÷4	2,500…⑨	2,125…⑩	1,500
의석 배분	4	4	2

❺ 일본의 선거 제도

1) 중의원 선거-소선거구 비례 대표 병립제

> 소선거구제(289명) + 비례 대표제(176명) = 465명

* 1994년 정치 개혁 관련 4법안 성립에 의해 중선거구제에서 현행의 선거 제도로 바뀜
* 중복 입후보 가능 : 소선거구 후보와 비례 대표 후보 동시에 입후보 가능

2) 참의원 선거-선거구제, 비례 대표제

> 선거구제(148명) + 비례 대표제(100명) = 248명 (단, 3년마다 반씩 선출)

❻ 일본 선거 제도의 문제점

1) 1표의 격차 및 의원 정수 문제 : 의원 1인당 유권자의 수가 다름
   → 유권자의 1표의 가치가 다름
   ('법아래 평등' 조항에 대한 위헌 문제 발생)

	유권자	의원 수
가나가와	720만 명	6명
돗토리	48만 명	2명

⇒ 120만 명 = 1명 선출
⇒ 24만 명 = 1명 선출

→ 돗토리 유권자의 1표의 가치가 가나가와보다 5배 큼

2) 선거 운동의 규제 : 호별 방문의 금지, 사전 운동의 금지, 서명 운동의 금지, 금품 등 제공 금지, 연좌제(관계자가 선거 위반을 했을 경우 당선자의 무효)

7 지방 자치

빈칸 정답 292p

중요 포인트
- 지방 자치의 구성을 알아 둡시다.
- 직접 청구권과 주민 투표에 대해 알아 둡시다.

❶ 지방 자치의 본지(本旨)

1) 주민 자치의 원칙 : 지방 공공 단체의 정치는 주민의 의사로 결정되며 자주적으로 행해져야 함
2) 단체 자치의 원칙 : 지방 공공 단체는 독자의 권한을 가지며, 지방 분권으로 중앙 정부의 권한을 억제해야 함

> - 지방 자치 단체는 자주 재정권(自主財政權), 자주 행정권(自主行政權), 자주 입법권(自主立法權)을 가짐
> - 지방의 의회는 독자적인 조례를 제정함(단, 헌법과 법률의 범위 내)

❷ 지방 공공 단체의 종류

1) 도도부현(都道府県) : 포괄적인 지방 공공 단체. 47都道府県(1都 1道 2府 43県) 수장은 知事
2) 시정촌(市町村) : 기초적인 지방 공공 단체, 수장은 市長・町長・村長

❸ 지방 자치의 구조

1) 지방 공공 단체(지방 자치 단체)
   ① 주민은 직접 선거로 자치 단체의 장(長)과 의원을 선출
   ② 지방 의회 : 일원제, 조례(법률의 범위 내)의 제정, 예산의 의결, 장에 대한 불신임 결의가 가능
   ③ 집행 기관(장) : 조례의 집행, 예산안 작성, 의회의 조례 제정 및 폐지에 대해 거부권을 행사하고 재심의 요청 가능. 의회 해산권을 가짐

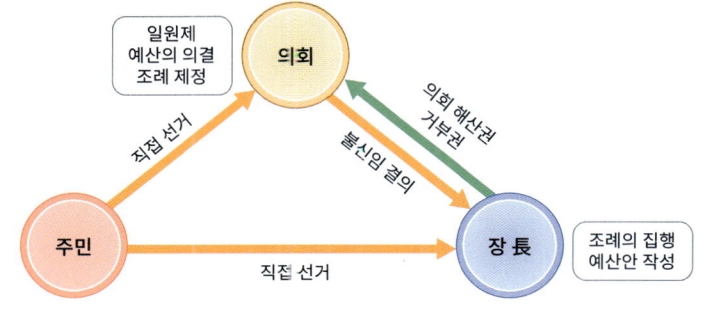

PLUS

메이지 헌법과 지방 자치

메이지 헌법에서는 지방 자치에 관한 규정이 없었으며 부(府)와 현(県), 시정촌(市町村)과 같은 행정 단위는 존재하였지만 중앙 정부의 지휘・감독과 통제 아래에 있었다.

PLUS

정령 지정 도시 (政令指定都市)

지방 자치법에 따라 정령으로 지정된 인구 50만 이상의 도시. 인구와 산업이 집중되어 있기 때문에 자주적인 행정과 재정 운영이 가능하도록 폭넓은 권한을 가지고 있음
삿포로시, 요코하마시, 나고야시, 교토시, 오사카시 등이 있음

현대의 정치 29

PLUS
레퍼렌덤
レファレンダム
국가나 지방 자치의 의사 결정을 의회에 맡기는 것이 아닌, 국민(주민)이 직접 결정하는 것. 국민(주민) 투표

PLUS
삼위일체 개혁
三位一体改革
고이즈미 내각에서 2004년부터 실시한 개혁. 지방 재정과 지방 분권에 관한 것으로 국고 지출금을 삭감하고 국세의 일부를 지방세로 이양(移讓)하였으며, 지방 교부세 교부금을 재검토하는 개혁을 말한다.

✦ 지방 분권 일괄법
地方分権一括法

✦ 자치 사무
自治事務

PLUS
헤이세이 대합병
平成大合併
전국의 시정촌(市町村)을 통합하여 줄이는 정책. 지방 분권의 추진과 행정 코스트 삭감 등을 목적으로 1995년 특례법 개정에 따라 진행되었으며 3,232개 시정촌이 최종적으로 1,727개로 감소하였다.

---

2) 주민의 권리(지방 자치법)

① _____ : 주민이 직접 발안(発案)할 수 있으며 의회, 장, 주요 공무원 등을 해산, 해임할수 있음

무엇을	어떻게	누구에게	그 이후	비고
조례의 개정 및 폐지	유권자의 1/50 이상의 서명	지사(知事) 장(市長村長)	의회 소집	イニシアティブ
감사 청구		감사 위원 (監査委員)	감사 이후 결과 공표	
의회의 해산 청구	유권자의 1/3 이상의 서명	선거 관리 위원회 (選挙管理委員会)	주민 투표 실시	リコール
의원, 장의 해직 청구		선거 관리 위원회 (選挙管理委員会)	주민 투표 실시	

② 주민 투표
- 국회가 특별법을 어떤 지역에 대해 제정할 경우에 실시하는 주민 투표
  → 과반수의 찬성이 없을 경우 법률로 제정되지 않음(구속력 있음)
- 조례에 근거하여 실시하는 주민 투표 : 그 지역에 큰 영향을 주는 문제에 대해 주민의 의사를 물을 경우(구속력 없음)
- 리콜(リコール)에 의해 실시하는 주민 투표(구속력 있음)

❹ 지방 재정

1) 자주 재원과 의존 재원
   - 자주 재원 : 지방세 등
   - 의존 재원 : 지방 교부세 교부금, 국고 지출금, 지방채 등

2) 일본의 지방 공공 단체는 자주 재원이 적음(3할 차지)

❺ 지방 분권

지방 분권 일괄법 제정(1999)
→ 기존의 기관 위임 사무를 법정 수탁 사무와 자치 사무로 분류

1) 법정 수탁 사무 : 법령에 의해 중앙 정부로부터 위탁받은 사무
   국정 선거, 여권 교부, 국도 관리, 호적 관리 사무 등

2) 자치 사무 : 지방 공공 단체가 자주적으로 처리하는 사무
   도시 계획의 결정, 음식점 영업 허가, 병원·약국의 개설 허가 등

8 행정 국가와 관료제

빈칸 정답 292p

중요 포인트
- 행정 국가의 현상과 행정의 민주화에 대해 알아 둡시다.
- 관료제의 특징에 대해 알아 둡시다.

❶ 행정 기능의 확대

1) 행정 국가
19세기 야경국가(행정의 업무와 공무원 수가 적음) → 20세기 복지 국가(사회 복지, 교육, 경제 정책 등 국가 기능의 확대) ⇨ 행정 기능의 확대 ⇨ 행정 국가

2) 행정 국가의 문제점
① 국민들이 관료를 감시(체크)하기 어려움
  - 행정부 관료는 실제 행정을 담당하여 전문적이므로 국민의 대표인 국회도 체크하기 어려움
    * 관료 : 문부성, 외무성 등 중앙 관청에서 근무하는 공무원

② 행정의 비대화에 따른 현상
  - 내각 제출 법안의 증대 : 국회 의원 제출 법안 수보다 내각 제출 법안 수가 많음
  - 위임 입법의 증대 : 법률을 보조하는 명령(실질적, 구체적인 법안) 등이 증가
  - 허인가에 있어서 관료의 권한 증대 : 관료의 권한으로 민간 기업과 개인에 대한 규제
  - 행정 지도에 따른 압력 : 민간 기업과 단체에 대한 조언 및 지도
    (법적 강제력은 없으나 영향력이 큼)
  - 낙하산 인사 : 퇴직 후 민간 기업의 재취업 → 행정 기관과 파이프 라인 조성

3) 행정의 민주화 : 행정의 비대화를 막기 위한 민주적 컨트롤
① _____ 제도 : 국민으로부터 신고 및 고발된 내용에 대해 조사를 실시하여 행정부에 대해 개선안을 제안 및 권고하는 시스템
  * 1809년 스웨덴에서 시작, 일본에서는 지자체에서 행해짐(1990, 가와사키시)

② 행정 위원회(行政委員會) : 공정 거래 위원회, 인사원(人事院) 등 일반 행정 기관에서 독립한 합의제 조직

③ 정보 공개 제도 : 국민이 공권력에 대해 정보 공개를 요구하는 제도
  1999년 지방 뿐만 아니라 2001년 국가에 대해서도 시행

④ 국정 조사권(國政調査權) 활용 : 국민의 알 권리에 봉사하며, 국회 의원이 행정부의 부패를 방지하는 역할

✦ 위임 입법
  委任立法 (いにんりっぽう)

✦ 낙하산 인사
  天下り (あまくだり)

✦ 옴부즈맨
  オンブズマン

✦ 가와사키시
  川崎市 (かわさきし)

+ 막스베버
マックスウェーバー

+ 무사안일주의
事(こと)なかれ主義(しゅぎ)

+ 섹셔널리즘
セクショナリズム

PLUS
縦(たて)割(わ)り行政(ぎょうせい)
각각의 행정 관청이 다른 성청(省庁)과의 횡(横)적인 연락과 조절 없이, 종(縱)적인 연결만 있어서 비효율적이고 협조가 잘 되지 않는 일본 행정 기구의 문제점을 일컫는 말

❷ 관료제

1) 관료제
행정 기관에서 합리적, 효율적 사무 처리를 위하여 형성된 관리 체제 - 막스베버

2) 관료제의 특징
① 규칙에 의한 직무 권한이 명확하게 규정되어 있으며 계층 질서를 가짐
② 문서로 직무나 책임을 수행함
③ 채용, 승진에 있어서 전문적 지식 및 능력을 중시함, 전문 기술 관료가 중요시 됨

3) 관료 조직의 병폐
① 책임 회피, 무사안일주의 : 책임을 지지 않고, 자신만 생각하는 것
② 관례 주의 : 시대의 변화에도 해왔던 것들만 고집
③ 법률 만능 주의 : 규칙에 없는 것은 하지 않고 거부
④ 섹셔널리즘 : 자신의 담당 이외에는 관여·간섭 받으려 하지 않음
⑤ 서류를 보관하는 것 자체가 주요 업무가 됨
⑥ 권위주의적 태도, 비밀주의

9 인권

빈칸 정답 292p

중요 포인트
- 사회권과 자유권의 의미를 정확히 알아 둡시다.
- 국제 사회의 주요 인권 조약을 알아 둡시다.
- 새로운 인권에 대해 알아 둡시다.

❶ 인권 선언

1) 13세기 영국 마그나 카르타, 17세기 권리 청원, 권리 장전
   - 인권 사상의 시초이나 근대적 인권 사상(천부 인권)은 아님

2) 18세기 말 ⇨ **근대적 인권 선언**
   ① 1776년 버지니아 권리 장전 : 세계 최초 근대적 인권 선언
   ② 1789년 프랑스 인권 선언

❷ 자유권

공권력의 부당한 간섭을 배제할 권리

1) **자유권의 등장** : 절대주의에 대한 불신감 -【국가로부터의 자유】
   ① 언론, 종교 등 정신적 자유   ② 재산권 등 경제의 자유   ③ 신체의 자유

2) **일본국 헌법의 자유권**
   ① 정신적 자유
      - 사상과 양심의 자유 : 침묵의 자유를 침해하는 것을 금지, 생각의 자유를 보장
      - 종교의 자유 : 정치와 종교는 분리되어야 함(_____의 원칙)
      - 표현의 자유 : 연설, 출판, 그림, 영상 등을 자유롭게 출판할 수 있으며 검열할
                    수 없음. 우편, 전화 등 통신의 비밀
      - 집회·결사의 자유
      - 학문의 자유 : 대학의 자유, 고수의 자유
   ② 경제의 자유
      - 거주·이동의 자유, 직업 선택의 자유(공공의 복지에 반하지 않는 한), 재산권 보장
   ③ 신체의 자유(人身の自由)
      - 영장 주의 : 현행범일 경우를 제외하고, 재판관의 체포 영장이 없으면 체포할
                   수 없음
      - 법률이 정한 절차에 의한 것이 아니면 체포나 처벌을 받지 않음
        (法定手続きの保障)
      - 노예적 구속 및 고역(苦役)으로부터의 자유 : 노예와 같은 비인격적인 구속
                                              상태나 고통스러운 행위 금지

✚ 신체의 자유
人身の自由

PLUS

죄형 법정 주의
"법률이 없으면 범죄도 없고, 법률 없이는 형벌도 없다"
범죄와 형벌은 미리 법률로 규정하여야 한다는 의미

일사부재리의 원칙
한번 무죄가 확정된 행위에 대해 형사 책임을 다시 묻는 것을 금지하는 원칙

소급 처벌(遡及処罰)의 금지
법률이 제정되기 이전 행위에 대해 바뀐 법률을 적용하여 처벌하지 않는 것

현대의 정치 33

+ 묵비권
黙秘権(もくひけん)

──────

PLUS

공공의 복지
큰 의미로는 사회 전체의 이익을 말하며, 인권이 상호 충돌하거나 모순이 발생할 때 조절하기 위한 원리를 말함 일본국 헌법 13조에는 '국민의 권리는 공공의 복지에 반(反)하지 않는 한 존중된다'라고 규정하고 있음

──────

- 피고인(被告人)의 권리 : 공개 재판을 받을 권리, 변호인 의뢰권, 묵비권, 무죄 추정의 원칙
- 자백의 증거 능력 : 고문의 금지, 부당한 억류와 구금 후의 자백은 증거 능력으로 인정하지 않음. 또한 자백만이 유일한 증거라면 유죄로 인정하지 않음
* 국선(国選) 변호사 제도 : 변호사를 고용하지 않을 경우 재판소가 국선 변호사를 선임

❸ 사회권

1) **사회권**
   - 사회적, 경제적 약자가 인간으로서의 최소한 이상의 생활이 가능하도록 나라에 요구하는 권리
   - 【국가에 의한 자유】: 국가가 개입하여 얻어지는 자유(사회 보장, 의무 교육, 노동권 등)

2) **사회권의 발전**
   18세기~19세기 자본주의의 등장과 발전 → 빈부 격차 → 복지 국가(사회권 발달)
   * _____(1919) : 최초로 사회권을 보장한 헌법

3) **일본국 헌법의 사회권**
   ① 생존권(생활 보장)
      - 모든 국민은 건강하고 문화적으로 최소한의 생활을 영위할 권리가 있음
   ② 교육을 받을 권리(교육 보장)
      - 의무 교육(중학교)
   ③ 노동 기본권(근로 보장)
      - 노동권 : 국민이 사회적으로 일할 기회를 보장받거나 요구하는 것
      - 노동 삼권 : 단결권, 단체 교섭권, 단체 행동권

❹ 참정권

1) **참정권**
   - 인권 보장을 위해 국민이 국정에 참가할 수 있는 권리

2) **참정권의 종류**
   ① 공무원의 선정(選定) : 파면권, 보통 선거, 비밀 선거, 평등 선거
   ② 최고 재판소 재판관의 국민 심사
   ③ 지방 특별법의 주민 투표
   ④ 헌법 개정의 국민 투표의 권리

❺ 청구권

인권 보장을 위해, 인권 침해의 구제 및 보상을 국가에게 요구하는 권리

1) 국가 배상 청구권 : 공무원의 부정 행위 등으로 손해를 입었을 때, 국가와 지방 공공 단체에 손해 배상을 청구할 수 있는 권리

2) 형사 보상법 : 형사 사건으로 억류 구류되었으나, 무죄의 판결을 받았을 경우, 피해를 입었던 손실을 나라에 청구함

✦ 형사 보상법
　刑事補償法

❻ 현대 사회의 새로운 인권

헌법에는 없으나, 시대의 흐름과 함께 발전

1) 알 권리(知る権利) : 국가와 지방 공공 단체가 보유하는 정보의 공개를 요구하는 권리

2) 프라이버시권 : 행복 추구를 위하여 개인의 생활이 공개되지 않을 권리

3) 초상권(肖像權) : 프라이버시권의 한 가지로, 본인의 승인을 받지 않은 사진 등의 촬영 및 게시를 거부하는 권리

4) 환경권(環境權) : 생명과 건강을 지키기 위해 맑은 물, 공기 등을 추구할 권리

5) 자기 결정권 : 국가나 타인의 간섭 없이 삶의 방식 등을 스스로 결정할 권리

❼ 국제 사회의 인권 보장

1) 국제 연합의 인권 선언(1948)
   - 자유권, 참정권, 사회권 등 인권의 보편성을 확인(단, 구속력 없음)

   ■ **세계 인권 선언 제1조**
   『すべての人間は、うまれながらにして自由であり、尊厳と権利について平等である』

2) _____ 채택(1966)
   민족 자결권, 사회권(A 규약), 자유권(B 규약)으로 나누어지고 구속력을 가짐
   (개인의 경우라도 인권 침해를 당했을 경우 국제 연합의 인권 위원회에 고소 가능)

3) 국제 연합의 기타 인권 조약

① 난민의 지위에 관한 조약(1951)
- 난민 : 인종적, 종교적, 정치적 이유로 박해의 우려가 있어, 자국의 보호를 받지 못하는 사람
- 난민의 추방, 송환의 금지
- 일본은 1981년 비준

② 인종 차별 철폐 조약(1965)
- 일본은 1995년 비준

③ 여성 차별 철폐 조약(1979)
- 일본은 1985년 비준, 남녀 고용 기회 균등법 제정

④ 어린이 권리 협약(1989)
- 일본은 1994년 비준
- 어린이를 권리 행사의 주체로 인정

⑤ 사형 폐지 조약(1989)
- 일본은 미비준, 사형 존속

✤ 남녀 고용 기회 균등법
男女雇用機会均等法
(だんじょ こ よう き かいきんとうほう)

10 각 국가의 정치 제도

빈칸 정답 292p

중요 포인트
- 영국과 미국의 정치 제도에 대해 구체적으로 알아 둡시다.
- 프랑스와 독일, 그 외 국가들의 특징을 알아둡시다.

❶ 영국의 정치 구조

마그나 카르타(1215), 권리 청원(1628), 권리 장전(1689) 등이 헌법을 대신하고 있음

1) **국왕** : 수상과 각료의 임명권, 하원의 해산권 등이 있지만 실질적 권력과 책임이 없음
   (형식적임)

2) **의회**

상원(귀족원)	귀족, 성직자로 되어 있으며 국왕이 의원을 선출
하원(서민원)	임기 5년(650명) 완전 소선거구제(직접 선거) 의회법(1911)에 따라 하원의 결의가 우월

  ∗ 영국(본회의 중심주의) ↔ 미국, 일본, 한국(위원회 중심주의)

3) **영국 내각의 특징**
   ① 내각은 의회에 대해 책임을 짐
   ② 내각은 하원의 신임을 필요로 하며, 하원이 불신임할 경우에는 존속하지 못함
   ③ 수상은 각료를 의원(하원) 중에서 선출하고, 국왕은 각료를 임명(형식적)
   ④ 각료는 의원을 겸직함
   ⑤ 야당은 언제든 정권을 담당할수 있도록, 그림자 내각이라고 불리는 모의 내각을
     구성 ⇨ 정부의 예산에 의해 운영되며, 멤버는 공직(公職)으로 임명

   ✚ 그림자 내각
   影の内閣
   (シャドウ・キャビネット)

4) **재판소**
   – 과거에는 상원의 법률 위원회가 대법원(최고 법원)의 기능을 하였음 [최고 재판소가
     없었고 상원(법률 귀족)이 대법원의 재판관을 겸직함] → 2009년 최고 재판소가 설치됨
     (사법권의 완전 독립)
     ※위헌 입법 심사권 없음 : 의회가 만든 법률을 재판소가 무효로 하지 못함
                         ⇨ 영국은 불문법 중심이기 때문

+ 토리당
  トーリー党

+ 휘그당
  ホイッグ党

5) 영국의 정당
   ① 보수당 : 토리당(1680년대) → 보수당(1840년대)
              지주와 귀족의 권리를 주장

   ② 자유 민주당 : 휘그당(1680년대) → 자유당(1830년대)
              부르주아 등의 지지를 받아 왕권의 억제와 의회의 권리를 주장
              20세기 들어서 쇠퇴 → 1989년 자유 민주당으로 개칭
              (현재는 제3의 정당으로 존재)

   ③ 노동당 : 의회제 민주주의 아래에서 복수 정당을 인정하고 평등을 중시하며,
              사회 변혁을 주장 (구 소련형 사회주의와는 다름)

❷ 미국의 정치 구조

1) 연방제
   ① 50개의 주(州)와 1개의 특별구로 구성
   ② 주(州) 정부에는 독자의 헌법과 정부, 의회, 재판소, 군대가 존재
   ③ 연방 정부가 국방, 외교, 경제에서 고유의 권한을 가짐

2) 미국의 정당
   ① 공화당 : 자유를 중시하며 정부의 개입을 최소화하고 작은 정부를 주장
   ② 민주당 : 평등을 중시하며, 격차를 줄이기 위해 큰 정부를 주장
   * 당의 구속(의원들이 소속된 정당의 의견에 구속되는 것)을 하지 않음

+ 당의 구속
  党議拘束

3) 연방 의회

상원	• 각 주에서 2명씩 선출(100명, 임기 6년. 단, 2년에 한 번 1/3씩 새로 선출) • 피선거권 30세 • 고급 공무원 및 연방 최고 재판관 등의 임명 동의권, 조약 동의권이 있음
하원	• 인구비에 따라 소선거구제로 선출(435명, 임기 2년) • 인구에 따라 각 주에 의석수가 배분(_____가 가장 의석수가 많음) • 피선거권 25세 • 예산안 선의결권을 가짐
대통령에 대한 권한	• 대통령에 대해 불신임 결의 없음 : 정책 실패를 이유로 대통령직을 그만두게 할 수 없음(대통령의 정치 책임이 없음) • 헌법 또는 법률을 위법하였을 경우 대통령을 탄핵하는 것은 가능 탄핵 소추(하원) → 해임(상원)

4) 미국의 대통령
   ① 임기는 4년으로 2선까지 가능(3선 금지)
   ② 국내외 정세를 보고하고, 법률 및 예산안에 관해 대통령의 의사를 표시하는 교서 송부권이 있음
   ③ 가결된 법률에 대해 법률안 거부권을 가지고 있음
      (단, 상하원 각각의 2/3 이상이 재가결에서 찬성할 경우 법안 성립)
   ④ 법안 제출권 및 의회 해산권은 없음
   ⑤ 행정부 장관의 임명권과 파면권이 있으며, 연방 최고 재판소의 재판관 임명권이 있음

+ 교서 송두권
  教書送付權

5) 대통령 선출 방법 : 대통령 선거인단에 의한 _____

각 주마다 대통령 선거인이 배분(각 주의 상원 의원수 + 하원 의원수)

⇩

각 정당은 각 주에 할당된 대통령 선거인의 수만큼 선거인 후보를 결정

⇩

투표로 해당 주에서 가장 득표수를 많이 받은 선거인단을 결정
승자 독식 방식(winner-takes-all)

⇩

선거인단의 투표로 과반수의 표를 획득한 후보가 대통령으로 선출
(단, 과반수의 후보가 없을 경우 하원에서 선출)

6) 재판소
   – 독립되어 있으며, 위헌 입법 심사권이 있음. 연방 최고 재판관은 임기가 없음(종신제)

❸ 프랑스의 정치 제도

1) 대통령과 수상이 함께 존재하며, 대통령제와 의원 내각제가 섞인 정치 시스템
   (대통령의 권한이 강함)

2) 특징
   ① 임기는 5년(1회 연임 가능), 국민에 의한 직접 선거
   ② 수상의 임명권, 하원의 해산권
   ③ 중요 사항에 대해 국민 투표 부의권을 가짐
   ④ 비상시에는 긴급 조치권(비상 대권)을 가지고 있음
   ⑤ 수상은 내정에 힘쓰며, 대통령은 국방 및 외교에 전념하는 것이 관례

🦉 PLUS

동거 정부 (코아비타시옹, コアビタシオン)
대통령이 하원의 다수파와 소속 정당이 다를 경우, 수상을 자신과 다른 당으로 임명하여, 좌파와 우파가 국정을 함께 운영하는 형태의 정부

❹ 독일의 정치 제도

대통령과 수상이 함께 존재하며, 수상의 권한이 강함

1) **수상** : 임기 4년으로 연방 의회(하원)에서 선출

2) **대통령** : 임기 5년(3선 금지), 실질적 권한 없음

3) **의회** : 상원(주 정부의 대표)과 하원(연방 의회)의 이원제이며, 임기는 4년

4) **연방제** : 주(州) 정부의 권한이 큼. 독자의 헌법을 비롯한 입법, 행정, 사법의 삼권이 주(州) 정부에 주어짐

❺ 기타 국가의 정치 제도

러시아	대통령의 권한이 수상보다 큼 하원 해산권, 법안의 거부권 등이 있음 수상은 대통령이 임명하고 의회가 승인
이탈리아	의원 내각제 성격이 강한 혼합 체제 수상의 권한이 대통령보다 큼

MEMO

1 현대의 정치 경제

현대의 경제

1 시장 경제

 빈칸 정답 292p

중요 포인트
- 경제 주체에 대해 알아봅시다.
- 주식회사에 대해 알아봅시다.
- 수요 공급 곡선을 이해합시다.

❶ 경제 주체와 경제 활동

1) 경제 주체

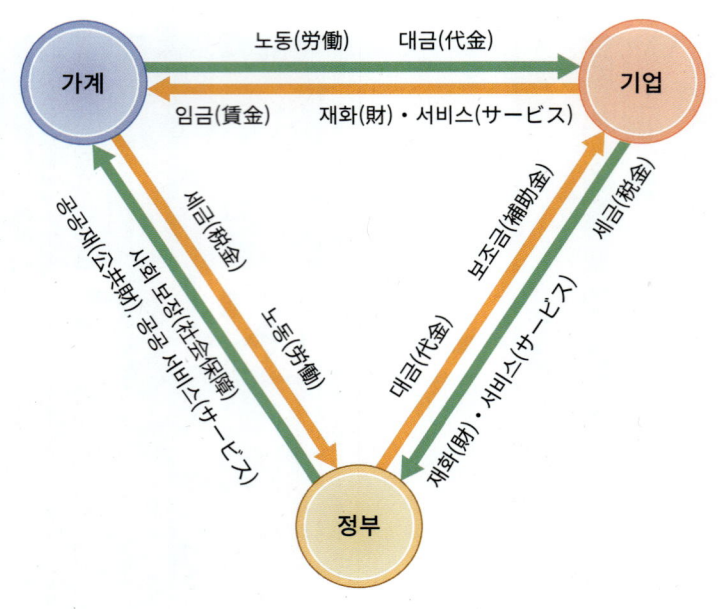

+ 주식회사
  株式会社(かぶしきがいしゃ)

+ 주주
  株主(かぶぬし)

+ 경영자, 대표 이사
  取締役(とりしまりやく)

+ 배당금
  配当金(はいとうきん)

PLUS

取締役会(とりしまりやくかい)
이사회. 주주 총회의 의향에 따라, 업무에 관한 의사 결정을 행하는 회의. 주주 총회에서 선출된 3명 이상의 이사에 의해 구성

代表取締役(だいひょうとりしまりやく)
대표 이사. 이사회에서 선임되어, 회사 업무 집행 등을 하는 회사의 대표자

2) 기업의 종류

공기업(公企業)	국영 기업, 지방 공영 기업(市バス・市営水道)
공사 혼합 기업(公私合同企業)	일본 은행, NTT, JT 등
사기업(私企業)	주식회사, 합자 회사, 개인 상점 등

3) 주식회사(株式会社) : 출자자의 자금에 의해 조직, 운영되는 회사
① 자본금 : 소액의 균등한 주식으로 분할하여, 출자자를 모집하여 자금 조달
② 주주 : 자금을 출자한 사람. 주식을 구입하여 자금을 제공한 사람
　- 출자금에 따라, 배당금을 받음(단, 모든 회사가 주는 것은 아님)
　- 주주는 유한 책임 사원(회사에 손실이 나면, 출자금에 한해서만 손실이 발생함)

③ _____ (주식회사 최고 결정 기관) : 이사(取締役) 선출, 경영 방침 결정,
1주 1 의결권, 감사(監査役) 선출

* 소유와 경영의 분리 : 과거에는 자본을 소유하는 자본가가 회사의 경영권을 가지는 경우가 많았으나 현재는 경영 규모의 확대 등으로 전문 경영인이 경영하는 경우가 많음

> **PLUS**
> **기업 통치**
> **コーポレート・ガバナンス**
> 기업의 불상사를 막고 주주를 도함한 이해 관계자(ステークホルダー)의 이익을 증대시키기 위해 사외 이사(社外取締役) 등을 통해 경영자를 감시, 감독하는 기업 경영 방식 또는 구조

❷ 시장의 종류

1) 시장
- 공급자(판매자)와 수요자(소비자)의 상품 거래가 이루어지는 곳
  상품 시장, 주식 시장, 외환 시장, 노동 시장

2) 시장 메커니즘
- 가격과 수량이 변동하여 수요, 공급이 균형을 이루게 되는 것 = 자원의 최적 배분

❸ 가격과 시장

1) 시장 가격 : 시장에서 수요와 공급에 의해 결정되는 가격

2) 수요와 공급 곡선
수요 곡선 : 가격이 상승하면, 수요는 하락 / 가격이 하락하면, 수요는 상승
공급 곡선 : 가격이 상승하면, 공급은 상승 / 가격이 하락하면, 공급은 하락

> **PLUS**
> **기업의 사회적 책임 (CSR)**
> 법률이나 기업 윤리의 준수(コンプライアンス)를 중시하며, 문화 예술 활동 등을 지원하는 메세나(メセナ), 봉사 활동과 같은 사회 공헌 활동(フィランソロピー)을 하는 등 사회적 책임을 늘리는 기업들이 증가하고 있다.

✦ 외환 시장
  為替市場

✦ 시장 메커니즘
  市場メカニズム

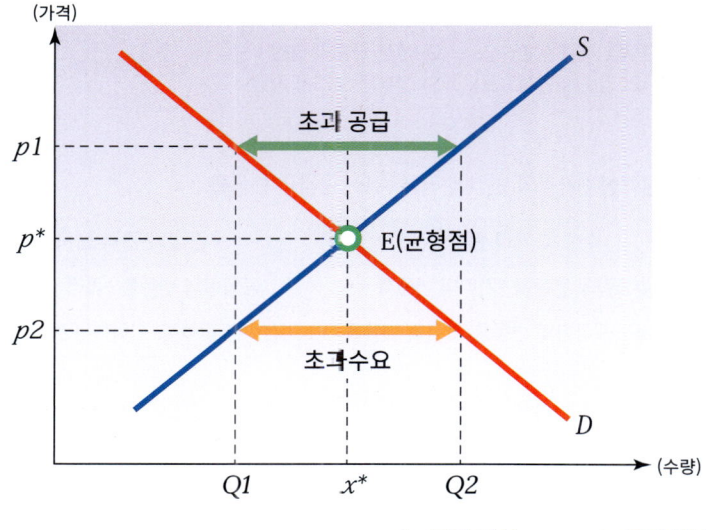

S : 공급 곡선　　p^* : 균형 가격
D : 수요 곡선　　x^* : 균형 수량

현대의 경제 **45**

+ 국부론(國富論)
  = 諸国民の富(しょこくみんのとみ)

+ 보이지 않는 손
  見えざる手(みえざるて)

🦉 PLUS

완전 경쟁 시장
다수의 거래자들이 참여하고 동질의 상품이 거래되며, 거래자들이 상품의 가격·품질 등에 대한 완전한 정보를 가지고 시장에 자유로이 들어가거나 나갈 수 있는 시장을 말한다.

3) 시장 가격의 결정

① 앞 그림에서 가격 $p*$를 균형가격, 수량 $x*$를 균형 수량이라고 하고 이 두 점에서 직선으로 연결하여 만나는 점을 균형점(E)이라고 한다.

② 가격이 p1일때 공급 곡선(S)과 만나는 지점의 수량은 Q2이고 수요 곡선(D)과 만나는 지점은 Q1이므로 Q2-Q1만큼, 초과 공급이 된다.
⇨ 수요 공급 법칙에 의해 <u>가격 하락</u>

③ 가격이 p2일때, 수요 곡선(D)과 만나는 지점의 수량은 Q2이고 공급 곡선(S)과 만나는 지점은 Q1이므로 Q2-Q1만큼, 초과 수요가 된다.
⇨ 수요 공급 법칙에 의해 <u>가격 상승</u>

  * 시장을 자유에 맡기면 자연히 균형 가격, 균형 수량이 된다 ⇨ 가격의 자동 조절 기능
  * _____ 『국부론(國富論)』: 완전 경쟁 시장에서 수요·공급은 보이지 않는 손에 의해 자연히 조절

4) 수요 공급 곡선의 이동

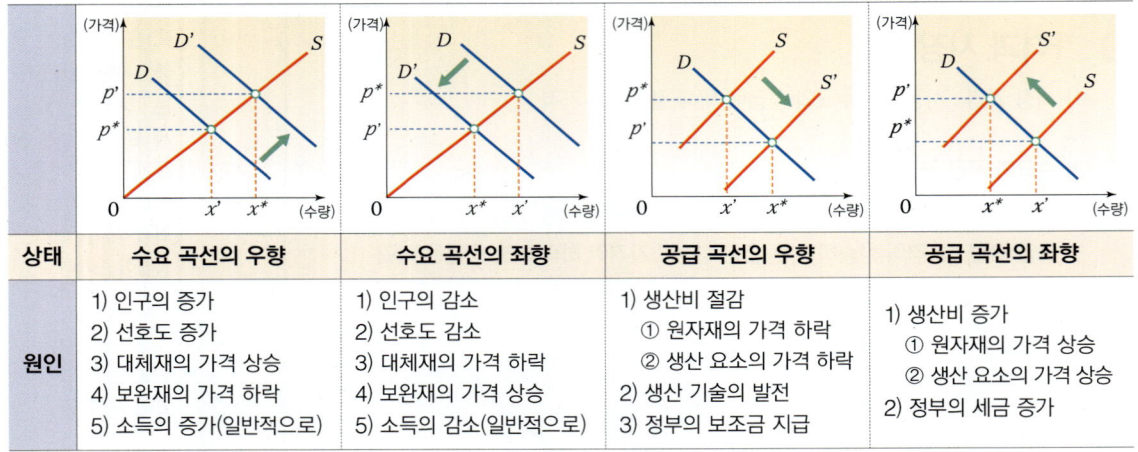

상태	수요 곡선의 우향	수요 곡선의 좌향	공급 곡선의 우향	공급 곡선의 좌향
원인	1) 인구의 증가 2) 선호도 증가 3) 대체재의 가격 상승 4) 보완재의 가격 하락 5) 소득의 증가(일반적으로)	1) 인구의 감소 2) 선호도 감소 3) 대체재의 가격 하락 4) 보완재의 가격 상승 5) 소득의 감소(일반적으로)	1) 생산비 절감 　① 원자재의 가격 하락 　② 생산 요소의 가격 하락 2) 생산 기술의 발전 3) 정부의 보조금 지급	1) 생산비 증가 　① 원자재의 가격 상승 　② 생산 요소의 가격 상승 2) 정부의 세금 증가

5) 가격 탄력성 : 가격의 변경에 따른 수요, 공급의 변동률

수요의 가격 탄력성	공급의 가격 탄력성
수요량의 변동률÷가격의 변동률	공급량의 변동률÷가격의 변동률
수요·공급량의 변동률/가격의 변동률 = 1 이상이면 탄력적, 1 이하이면 비탄력적	
탄력적 : 사치품 비탄력적 : 필수품	탄력적 : 공산품 비탄력적 : 농산물

2 시장의 실패

빈칸 정답 292p

중요 포인트
- 시장의 실패의 의미와 예에 대해 알아 둡시다.
- 독과점과 독점 금지법에 대해 알아 둡시다.

❶ 시장의 실패

시장 원리(시장 메커니즘, 수요와 공급의 법칙)에 의해 가격과 공급량이 적당히 정해지지 않는 것

1) 과점 : 시장이 소수의 기업에 의해 지배되는 상태

① _____ : 동일 업종의 기업이 협정을 맺고, 가격 유지를 꾀함
　　　　　⇨ 카르텔 가격, 과점 가격

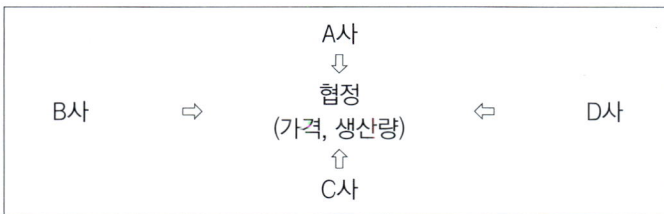

② 트러스트(기업 합동, 기업 병합) : 동일 업종의 기업이 합병을 통해 거대화하여 가격 지배력을 가짐

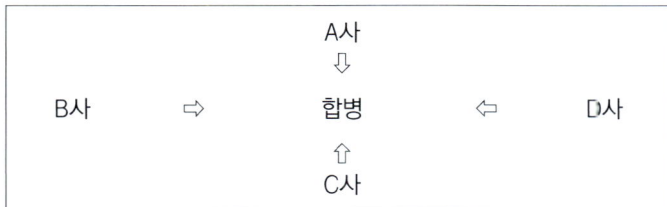

③ 콘체른 : 대기업이 각각 다른 업종의 복수 기업을 자회사로 두어, 다각면으로 독점력을 발휘하는 거대한 기업 집단

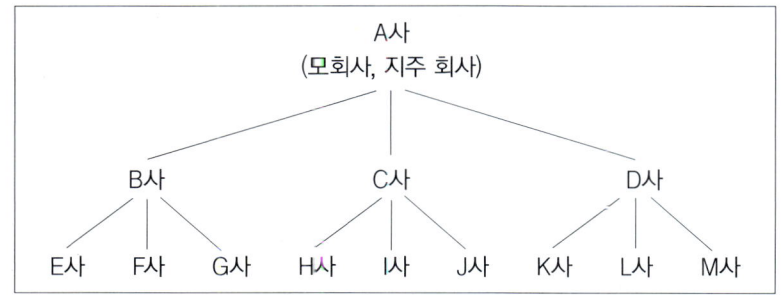

＋ 과점
　寡占(かせん)

＋ 카르텔
　カルテル

＋ 트러스트
　トラスト

PLUS

복합 기업
コングロマリット
원래의 업종과 관련이 없는 업종의 회사를 매수, 합병하여 규모를 확대해서 거대화를 꾀하는 기업 형태

＋ 콘체른
　コンツェルン

＋ 모회사
　親会社(おやがいしゃ)

＋ 자회사
　子会社(こがいしゃ)

＋ 지주 회사
　持株会社(もちかぶがいしゃ)

현대의 경제 **47**

+ 하방 경직성
　下方硬直性
　か ほうこうちょくせい

- 과점의 결과
  가격의 하방 경직성이 강함, 소비자, 중소기업의 압박

> ※ 관리 가격과 비가격 경쟁 :
> 　가격 선도 기업(프라이스리더)에 의한 관리 가격 발생 ⇨ 비가격 경쟁
> 　⇨ 시장 점유율 확대를 위한 과대 광고 ⇨ 가격 상승

+ 셔먼법
　シャーマン法

+ 공정 거래 위원회
　公正取引委員会
　こうせいとりひき いいんかい

2) 독점
　시장이 1개의 기업에 의해 지배되는 상태 ⇨ 독점 가격 발생(하방 경직성이 강함)

> ※ _____ - 1890년 미국에서 제정된 최초의 독점 금지법
> ※ 일본은 1947년 독점 금지법이 제정(공정 거래 위원회 설치)

3) 공공재 / 공공 서비스
　사회 자본(철도, 도로, 다리), 공공 서비스(소방, 경찰, 국방, 초등 교육) 등은
　사(私)기업으로는 경영이 어려움 ⇨ 공급이 원활하지 않음

4) 외부 효과
　경제 활동에 관계없는 제3자가 이익을 얻거나(외부 경제), 불이익(외부 불경제)을
　당하는 것
　예) 지하철역이 생김 → 주변의 토지 가격이 상승, 주민 이득(외부 경제)
　　　공장의 공해가 발생 → 주변 주민이 피해(외부 불경제)

5) 정보의 비대칭성
　경제 행위의 주체들이 소유하고 있는 정보의 양이 다름
　→ 자원이 효율적으로 배분되지 않음
　일반적으로 기업이 가지고 있는 정보가 가계가 가지고 있는 정보의 양보다 많음

PLUS

비배제성(非排除性)과 비경합성(非競合性)

공공재는 비용을 지불하지 않은 사람을 제외시킬 수 없고(비배제성), 누군가 소비하고 있더라도 다른 사람들도 이를 함께 소비할 수 있는 성질(비경합성)을 가지고 있다.

3 경기 변동과 물가

빈칸 정답 292p

중요 포인트
- 경기 변동이 일어나는 원인에 대해 알아 둡시다.
- 각 경기 국면의 특징을 알아 둡시다.
- 인플레이션과 디플레이션에 대해 알아 둡시다.

❶ 경기의 4국면

호경기, 후퇴기, 불경기, 회복기를 반복함

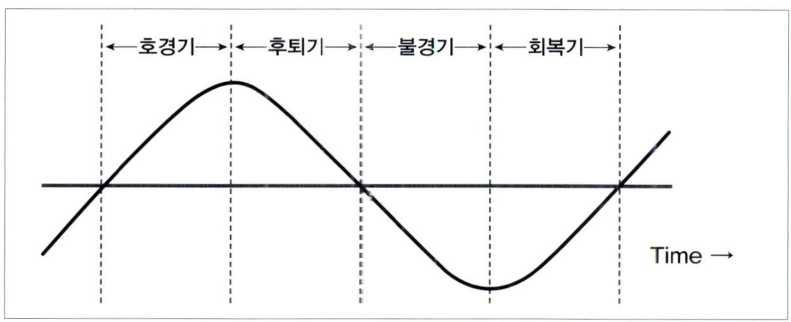

* 경기 파동의 종류

파동의 종류	주기	변동 원인
_____ 파동	50~60년	기술 혁신, 시장 개척
쿠즈네츠 파동	20년	건설 투자
주글라 파동	10년	고정 자본(기계, 설비)의 갱신
키친 파동	3~4년	재고의 조절

✚ 쿠즈네츠
　クズネッツ
✚ 주글라
　ジュグラー
✚ 키친
　キチン

1) **호경기(호황)** : 경제 활동이 매우 활발
   ① 상품의 수요가 많고 생산이 활발함
   ② 기업의 이윤이 증가하며, 설비 투자·노동력을 늘림
   ③ 임금이 상승하고 수요가 더욱 늘어남 → 인플레이션 - 지폐 가치 저하, 물가 상승

2) **후퇴기** : 경제 활동이 둔화됨 (급격한 후퇴 - 공황)
   ① 생산 설비의 확대로 생산 과잉이 됨
   ② 잉여 상품이 발생
   ③ 기업은 생산을 줄임

3) 불경기(불황) : 경제 활동이 쇠퇴함
　① 상품의 가격이 내려가고 기업의 이윤이 감소
　② 기업이 생산을 억제하고 시장이 축소됨
　③ 기업의 도산이 늘고 실업자가 증가함
　　→ 디플레이션 – 화폐 유출량의 감소, 물가 하락

4) 회복 : 경제 활동이 다시 활기를 띰
　① 생산의 감소가 진행되고, 수요가 공급을 상회함
　② 생산이 활발해 지고, 실업자가 감소

	호경기	후퇴기	불황기	회복기
물가	최고	하락	최저	상승
주가	최고	하락(폭락)	저가	상승(급등)
이자율	고수준	하락	저수준	상승
파업	적음	많음	많음	적음

> **PLUS**
> **경기 동향 지수**
> 경기 변동에 민감한 통계를 이용하여 경기를 예측하기 위한 지수
> • 선행 지수(先行指數)
> 주가 지수, 신규 구인 수, 실질 기계 수주 등
> • 일치 지수(一致指數)
> 유효 구인 배율, 영업 이익, 소정외 노동 시간지수 등
> • 지행 지수(遲行指數)
> 법인세 수입, 가계 소비 지출, 완전 실업률 등

❷ 물가

시장에서 거래되는 재화, 서비스의 평균적인 가격 수준

1) 인플레이션

　호경기에 물가가 상승하는 현상 → 통화의 가치 하락

　– 발생 원인

수요 측면	공급 측면
재정 지출에 의한 유효 수요 증가(재정 인플레) 은행에 의한 대출 증가(신용 인플레) 수출의 급격한 증가(수출 인플레)	임금, 원자재 등의 코스트 상승(코스트 인플레) 산업 구조의 생산성 차이(구조 인플레) 수입품 가격이 상승(수입 인플레)

　– 영향 : 부와 소득의 재편성, 수입의 증가, 수출의 불리(환율이 일정할 경우)

✚ 나선형 디플레이션
　デフレ・スパイラル

2) 디플레이션

　경기 침체 시에 물가가 하락하는 현상 → 통화의 가치 상승

　＊＿＿＿＿＿＿ : 1990년 후반의 일본 경제 – 디플레이션 경제의 악순환

✚ 스태그플레이션
　スタグフレーション

3) 스태그플레이션

　경기가 후퇴하여 실업이 증가해도 물가가 상승하는 현상(1970년대 오일 쇼크)

4 금융 정책과 통화

빈칸 정답 292p

중요 포인트
- 중앙은행의 역할을 알아 둡시다.
- 중앙은행이 하는 금융 정책에 대해 알아 둡시다.
- 금본위제와 관리 통화 제도의 특징에 대해 이해합시다.

❶ 금융의 구조

1) 금융 : 자금이 여유 있는 곳에서 필요로 하는 곳으로 이동하는 것

2) 직접 금융과 간접 금융

직접 금융	기업이 금융 기관을 통하지 않고 주식, 채권 등을 발행하여 개인 투자자로부터 자금을 조달하는 방법
간접 금융	은행 등의 금융 기관이 개입하여 예금 등으로 자금을 모은 뒤, 기업 등에 대출 또는 증권 투자를 하는 것

3) 신용 창조(예금 창조) : 예금의 일부를 대출하여, 최초 예금액(본원적 예금)의 몇 배의 예금을 만드는 것

+ 신용 창조
  信用創造

+ 본원적 예금
  本源的預金

+ 지급 준비율
  支払い準備率

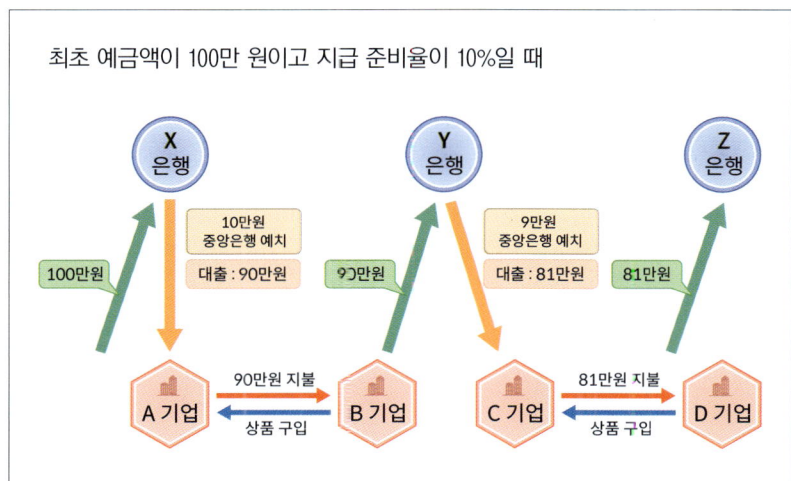

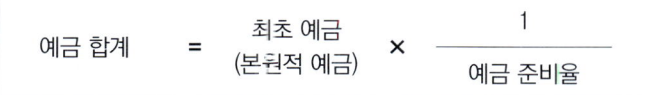

🦉 PLUS

슘페터
(Joseph Alois Schumpeter)
오스트리아 출신의 경제학자로 저서 『경제 발전의 이론』에서 신제품의 개발, 신기술이나 새로운 판매 방법의 도입 등 기업가의 이노베이션(기술 혁신)이 자본주의 경제를 발전시키는 요인이라고 함

현대의 경제 51

❷ 금융 정책

중앙은행이 통화 공급량을 늘리거나(金融緩和), 감소(金融引き締め)시켜 경기를 조절하는 것

1) 중앙은행(일본 은행)의 역할
  ① 유일한 발권 은행 - 일본 은행권(지폐)을 발행
  ② 은행의 은행 - 시중 은행과 거래(기업 또는 개인과는 거래하지 않음)
  ③ 정부의 은행 - 국고금의 출납, 국채 발행의 사무 등 정부의 창구 역할

2) 금융 정책
  ① _____ 조작
    일본 은행이 금융 시장에서 유가 증권(국채·어음)을 거래하여 시중의 통화량을 조절하는 제도. 현재 가장 중심적으로 이루어지는 금융 정책
    - 매입 오퍼레이션(買いオペ) :
      일본 은행이 시중의 유가 증권을 매입하여 시중 은행으로 자금을 공급하는 정책
    - 매각 오퍼레이션(売りオペ) :
      일본 은행이 시중의 유가 증권을 판매하여 시중 은행으로부터 자금을 회수하는 정책

  ② 예금 준비율(지급 준비율) 조절
    일반 은행이 예금액의 일정 비율을 중앙은행에 맡기는 제도를 예금 준비율이라 하고, 그 비율을 조절하여 경기를 조절
    - 예금 준비율 인상(引き上げ) : 시중의 통화량 감소
    - 예금 준비율 인하(引き下げ) : 시중의 통화량 증가

  ③ 금리 정책 - 공정 보합 조작
    일본 은행이 시중 은행에게 자금을 대출할 때의 금리
    - 공정 보합의 인상(引き上げ) : 시중의 통화량 감소
    - 공정 보합의 인하(引き下げ) : 시중의 통화량 증가
    * 단, 공정 보합 조작은 금리의 자유화에 따라 최근에는 실시하지 않음
    * 공정보합의 명칭도 「基準割引率および基準貸付利率」로 변경되었음

✦ 공정 보합
　公定歩合

❸ 통화 제도

1) 통화의 역할
  ① 가치 척도 기능
  ② 가치의 저장 수단
  ③ 교환의 수단
  ④ 지불 수단

2) 통화의 분류
① 현금 통화 : 지폐와 동전으로 구성
② 예금 통화 : 보통 예금과 당좌 예금과 같은 요구불 예금
　　*일본은 예금 통화 비율이 현금 통화보다 높음

3) 금본위제와 관리 통화 제도
① 금본위제 (19C~20C전반, 영국에서 시작)
- 화폐를 금에 고정 : 금이 통화의 기준
- 정부가 보유하는 금의 양 = 통화량
- 태환 지폐
- 화폐 가치가 안정되며 국제 수지의 균형이 자동으로 유지됨
- 금의 보유량이 자유롭지 못함 : 통화량 조절이 어려움

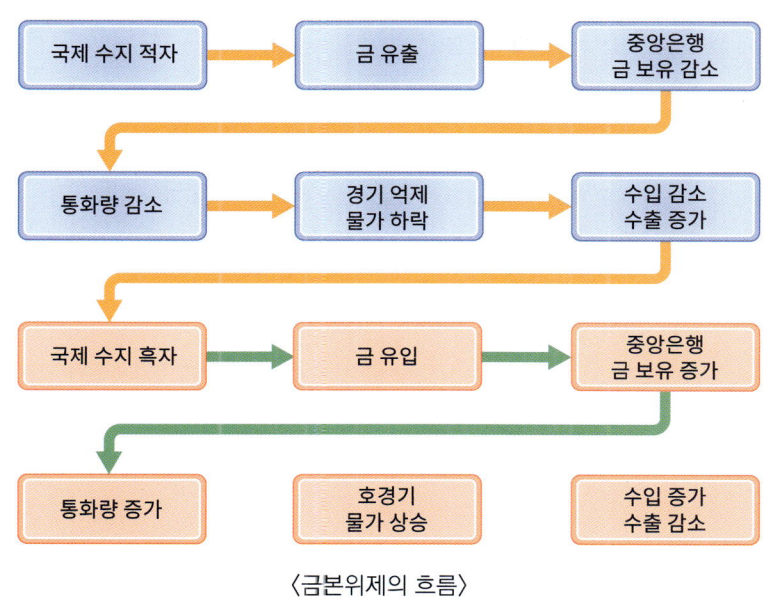

〈금본위제의 흐름〉

② 관리 통화 제도 (1930년대~)
- 세계 대공황을 계기로 경기 회복을 중시하며 도입
- 중앙은행이 발행량을 조절하는 제도
- 불환 지폐
- 인플레이션을 초래하기 쉬움(정부가 통화량을 늘리는 경향이 있음)

◆ 동전
　こう か
　硬貨

◆ 요구불 예금
　ようきゅうばら　よ きん
　要求払い預金

◆ 금본위제
　きんほん い せい
　金本位制

◆ 태환 지폐
　だ かん し へい
　兌換紙幣

🦉 PLUS
1차 세계 대전과 금본위제

1차 세계 대전 당시 영국을 포함한 유럽 국가들은 무기 수입 등으로 대량의 금이 유출되자 금본위제를 일시적으로 정지하였다.
미국과 일본도 당시 금본위제를 정지하였고, 전쟁 이후 다시 금본위제로 복귀하게 되는데, 이것을 금해금(金解禁)이라고 한다.

◆ 불환 지폐
　ふ かん し へい
　不換紙幣

5 재정 정책

빈칸 정답 292p

중요 포인트
- 세금의 종류에 대해 알아 둡시다.
- 일본의 재정 특징과 국채에 대해 알아 둡시다.
- 재정의 역할 및 재정 정책에 대해 알아 둡시다.

+ 세입과 세출
  歳入と歳出

+ 인지 수입
  印紙収入

PLUS
공평의 원칙
- 수직적 공평
  부담 능력이 큰 사람이 더 많은 세금을 내야 한다는 원칙
- 수평적 공평
  조세 부담 능력이 동일한 사람들은 같은 금액의 세금을 부담해야 한다는 원칙

PLUS
일반 회계와 특별 회계
일반 회계란 정부의 통상적인 세입과 세출을 말하며, 연금 특별 회계, 동일본 대지진 부흥 특별 회계와 같이 특정 사업이나 특정 자금을 보유해서 운영하는 경우는 특별 회계로 구분함

+ 샤우프 권고
  シャウプ勧告

❶ 재정

1) 세입과 세출

세입	세출
조세 공채(국채, 지방채) 인지 수입 등	사회 보장 국채비(国債返済) 지방 교부세 교부금 공공사업 등

2) 세금의 종류
- 국세 – <u>소득세</u>, 법인세, <u>상속세</u>, <u>증여세</u>, 소비세, 주세, 담배세 등
- 지방세 – 주민세, 고정 자산세, 자동차세 등

- 직접세 – <u>소득세</u>, 법인세, 상속세, 증여세, 주민세 등
- 간접세 – 소비세, 주세, 담배세, 관세 등

* 직접세는 납부자와 부담자가 일치하지만, 간접세는 납부자와 부담자가 일치하지 않음 (조세의 전가)
* _____ – 소득이 높아지면 세율이 상승함(소득세, 상속세, 증여세)

❷ 일본 재정 및 세금의 특징

1) 국채 의존도가 높음 : GDP 대비 정부의 채무 잔액이 선진국 중 가장 높음

2) 소비세(간접세)의 증가 : 1949년 샤우프 권고(직접세 중심주의) → 1989년 소비세 도입(3%) → 1997년 인상(5%) → 2014년 인상(8%) → 2019년 인상(10%)
   * 직간 비율 : 세수에서 차지하는 직접세와 간접세의 비율
   * 일본은 원래 직간 비율이 7:3 정도였으나 현재는 소비세 인상 등으로 5:5에 가까워지고 있음

3) 유럽 국가들에 비해 조세 부담률이 낮음
   조세 부담률 : 국민 소득에 대한 조세 총액의 비율

❸ 공채

공채 : 정부가 재정 자금 조달을 위해 지는 빚. 국가에 의한 국채와 지방 공공 단체에 의한 지방채가 있음

1) 국채의 종류 : 건설 국채와 적자 국채
   ① 국채 발행은 원칙적으로 금지되어있음(균형 재정의 원칙)
      ⇨ 예외적으로 건설 국채의 발행은 가능. 적자 국채의 경우에도 엄격하게 제한되어 있지만 특례법을 통해 매년 발행하고 있음
   ② 중앙은행의 국채 매입은 원칙적으로 금지(시중 소화의 원칙)
      ⇨ _____의 우려가 있기 때문에

2) 국채 발행 문제
   ① 국채비가 증대해서 재정의 경직화를 초래함
   ② 미래 세대의 조세 부담을 증가시킴
   ③ 재정의 비대화, 비효율화를 초래
   ④ _____을 초래 : 국채의 대량 발행으로 금융 시장 및 자본 시장에서의 민간 기업의 자금 조달이 어려워짐

❹ 재정의 역할

1) 자원 배분 기능 : 공공재, 공공 서비스 제공
2) 소득 재분배 기능 : 누진 과세 제도, 사회 보장 제도 ⇨ 소득 격차 감소
3) 경제 안정 기능 : 경기 조절

	신축식 재정 정책 (フィスカル・ポリシー)	자동 안정 장치 (ビルト・イン・スタビライザー)
호경기	증세, 공공사업 등 재정 지출 삭감	소득 상승에 의한 증세, 실업자의 감소로 사회 보장비 감소
불경기	감세, 공공사업 등 재정 지출 확대	소득 감소에 의한 감세, 실업자의 증가로 사회 보장비 증가

✦ 건설 국채
建設国債(けんせつこくさい)

✦ 적자 국채
赤字国債(あかじこくさい)

✦ 시중 소화의 원칙
市中消化の原則(しちゅうしょうかのげんそく)

🦉 PLUS
일본의 국채 발행

일본은 1965년 불황 대책으로 전후 처음으로 적자 국채를 발행하였고, 그 이후에는 발행하지 않다가 1975년부터 1989년까지 매년 발행함. 1990년에는 적자 국채 의존에서 탈피하였으나 1994년부터 다시 적자 국채를 발행하기 시작함.
건설 국채는 1966년 이후 발행하고 있음

🦉 PLUS
기초적 재정 수지 프라이머리 밸런스

사회보장, 공공사업과 같은 세출(정책적 지출)을 국채 발행 없이 충당할 수 있는지를 나타내며, 국채 수입을 제외한 세입과 국채비를 제외한 일반 세출의 차액을 말한다.
(세입-국채 수입) - (세출-국채비)로 나타낼 수 있으며, 재정의 건전성을 알려주는 지표이다.

6 경제 체제

빈칸 정답 292p

중요 포인트
- 수정 자본주의와 신 자유주의에 대해 알아 둡시다.
- 주요 경제학자와 주장한 내용을 파악해둡시다.
- 사회주의의 특징에 대해 알아 둡시다.

PLUS
케네 ケネー
프랑스 출신으로 저서 『경제표』에서 농업을 유일한 부의 원천으로 하는 중농주의를 주장하였음

❶ 자본주의의 특징

1) 노동력의 상품화
2) 생산 수단(자본·토지)의 사유 재산제
3) 이윤 획득을 목적으로 함
4) 상품 생산의 비계획성

✦ 아담 스미스
　アダム・スミス

✦ 보이지 않는 손
　見えざる手

✦ 케인즈 ケインズ

❷ 경제 체제의 변천

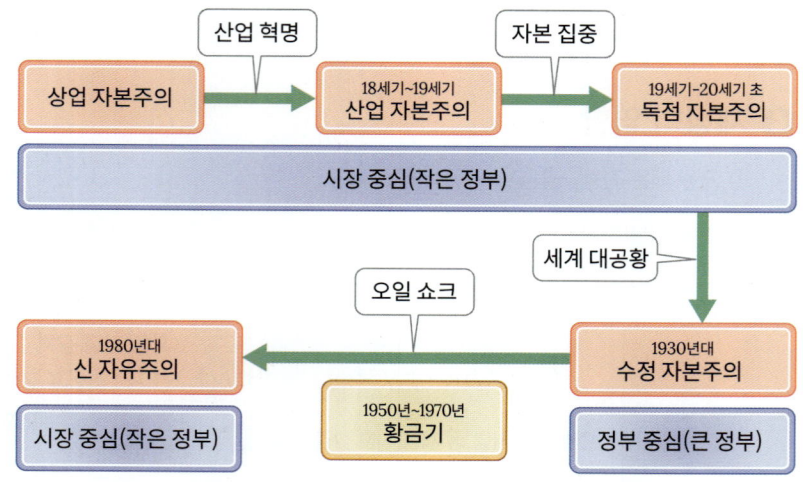

1) 산업 자본주의(産業資本主義)
　① 아담스미스 『국부론』 – 인간의 이기심이야말로 경제를 움직이는 기본이며, 경제는 가격의 자동 조절 기능인 '보이지 않는 손'에 의하여 조화를 이루며 발전한다고 주장
　② 자유 방임주의 – 작은 정부(국방, 치안, 외교), 야경국가

2) 독점 자본주의(独占資本主義, 19세기 말)
　① 자본의 집중, 축적
　② 공장제 수작업 → 기계화 대량 생산
　③ 다양한 부호(富豪) 등장 → 록펠러(석유), 카네기(철강)

56 현대의 정치 경제

3) 수정 자본주의(修正資本主義)
  ① 세계 대공황(1929)으로 인한 대두 - 큰 정부 주장
  ② _____『고용·이자 및 화폐의 일반 이론』
    - 보이지 않는 손 부정
    - 유효 수요(有效需要) 이론
      생산량이 떨어지고 실업자가 증가하는 것은 실제 화폐의 지출을 뒷받침하는 유효 수요가 부족하기 때문 ⇨ 정부가 개입하여 유효 수요 창출(공공 투자 등)이 필요하다고 주장
      * 유효 수요란? 화폐의 지출을 동반하는 총 수요
    - 완전 고용
  ③ F.루즈벨트 → _____ 정책 (1933)

전국 산업 부흥법 (NIRA)	기업의 생산을 규제 노동자의 단결권과 단체 교섭권을 인정 최저 임금을 결정	
농업 조정법 (AAA)	농업 생산을 감소시켜, 농산물 가격을 안정시킴 → 농민의 구매력 상승	⇨ 유효 수요의 증가
테니시강 유역 개발 (TVA)	대규모 공공사업 및 댐건설	

  ④ 복지 국가 : _____ 보고서 『요람에서 무덤까지』
  ⑤ 황금기(1950~1970년대) : 큰 정부에 의한 경제 번영

4) 신 고전학파(新古典學派) - 신 자유주의
  ① 오일 쇼크로 인한 스태그플레이션 → 신 고전학파의 등장
  ② 밀턴 프리드먼 : 정부의 역할 축소, 규제 완화 및 감세, 민영화 등을 주장
  ③ 영국 마가렛 대처 수상 : 대처리즘 - 기업의 _____, 복지 축소, 규제 완화
  ④ 미국 레이건 대통령 : 레이거노믹스 - 건실한 금융, 규제 완화, 감세, 세출 삭감

❸ **사회주의**

1) 마르크스 『_____』
  ① 자본주의의 모순(공황, 실업, 빈곤)과 병폐(개인주의)를 폐지
  ② 생산 수단의 사회적 소유, 계획 경제
2) 러시아 혁명(1917, 레닌)에 의한 실현
3) 세계 대공황 속의 사회주의 → 영향을 받지 않고 발전
4) 20세기 이후에 쇠퇴

✦ 유효 수요 이론
  有効需要理論

✦ F.루즈벨트
  ルーズベルト

✦ 요람에서 무덤까지
  揺りかごから墓場まで

✦ 마가렛 대처
  サッチャー

✦ 레이건
  レーガン

🦉 PLUS
머니터리즘
マネタリズム
화폐 공급, 금리 조작 등 금융 정책을 중시하며, 정부의 시장 개입을 비판하는 주의를 말함. 밀턴 프리드먼을 포함한 시카고 학파가 중심

✦ 마르크스
  マルクス

7 국제 경제

빈칸 정답 292p

중요 포인트
- 리카도의 비교 생산비설을 알아 둡시다.
- 엔고와 엔저의 원인과 결과를 알아 둡시다.
- 브레튼우즈 체제와 GATT에 대해 이해해 둡시다.
- 경상 수지와 플라자 합의에 대해 알아 둡시다.

+ 리카도
  リカード

❶ 국제 경제

1) _____ 설(리카도 『정치 경제학과 조세의 원리』)

각국에서 생산성이 높은 상품을 특화(전문화)하여 무역을 하면 상호 이익이 된다는 이론
→ 자유 무역의 중요성을 주장

상품 / 노동력	영국	포르투갈	2개국의 총 생산량
X 상품	100人	90人	2 단위
Y 상품	120人	80人	2 단위

특화(전문화)하면

상품 / 노동력	영국	포르투갈	2개국의 총 생산량
X 상품	220人	-	2.2 단위
Y 상품	-	170人	2.125 단위

PLUS
리스트 (Friedrich List)
19세기 독일의 경제학자로 산업이 늦게 발전한 국가의 유치산업을 보호하고 공업화를 위해 선진국으로부터의 수입을 제한해야 한다는 보호 무역을 주장함. 대표 저서로는 『정치 경제학의 국민적 체계』가 있음

2) 대외 투자
 ① 대외 간접 투자 : 외국의 주식이나 채권에 투자하여 배당과 이자를 목적으로 함
 ② 대외 직접 투자 : 기업의 경영권 획득을 목적으로 하며 외국 기업을 매수하거나 함

❷ 외환 및 환율

1) 환율
 ① 고정 환율제 : 환율을 고정하여 변동폭을 제한하는 것
 ② 변동 환율제 : 변동폭을 고정하지 않고 환율의 변동을 자유롭게 함

+ 고정 환율제
  固定相場制

+ 변동 환율제
  変動相場制

2) 엔고와 엔저

원인 : 엔(円)과 달러(ドル)의 수요 공급에 의해 결정됨

구분	엔고(円高)	엔저(円安)
	엔(円) 수요의 증가	엔(円) 공급의 증가
원인	수출의 증가 외국인의 엔 기준(円建て) 국채 매입 증가 외국인 관광객의 증가 일본 은행의 엔(円) 매입과 달러(ドル) 매각 개입 일본의 금리가 외국보다 높을 경우	수입액 증가, 인플레이션 일본의 달러 기준(ドル建て) 국채 매입의 증가 일본 기업의 해외 진출 증가 일본 은행의 엔(円) 매각과 달러(ドル) 매입 개입 일본의 금리가 외국보다 낮을 경우
결과	일본의 수출 감소, 수입의 증가, 국내 물가 안정, 외국인 관광객 감소, 대외 직접 투자 증가	일본의 수출 증가, 국내 물가 상승, 대외 직접 투자 감소, 외국인 관광객 증가, 외국 기업의 일본으로의 대외 투자 증가

❸ 2차 세계 대전 후의 무역 체제

1) 브레튼우즈 체제(IMF 체제) → 자유 무역주의 재건이 목적

① 브레튼우즈 회의(1944) : 달러를 기축 통화로 하는 금 달러 본위제(1온스 = 35달러)

② 국제 통화 기금(IMF, 1945) : 고정 환율제에 의한 자유 무역 촉진과 환율의 안정
(1달러=360엔, 변동폭 1% 이내)

③ 국제 부흥 개발 은행(IBRD, 1945) : 전쟁 부흥과 발전 도상국에 대해 개발 원조, 장기적인 자금 융자

✦ 브레튼우즈 회의
ブレトンウッズ会議(かいぎ)

2) 브레튼우즈 체제의 붕괴

미국의 달러 부족(60년~70년대초) → 금·달러의 일시 교환 정지 (닉슨 쇼크,1971)
* 달러 부족의 원인 : 베트남 전쟁, 해외 투자 증대, 무역 적자로 인한 금 유출

⇩

스미소니언 체제(1971)
금 1온스 = 38달러로 평가 절하(변동폭 1% → 2.25%) (1달러 : 360엔 → 308엔)

✦ 스미소니언 체제
スミソニアン体制(たいせい)

⇩

스미소니언 체제 붕괴(1973)

⇩

킹스턴 합의(1976) : 금 달러 본위제 폐지, 변동 환율제의 승인

> **PLUS**
>
> **GATT 기본 원칙의 예외**
>
> *특혜 관세 제도
> 개발 도상국의 수입품을 선진국이 특별히 낮은 관세 또는 무관세로 우대하여 수입하는 제도
>
> *세이프 가드
> 특정 상품의 수입 급증으로, 국내 산업에 심각한 피해 발생 우려가 있을 때, 일시적으로 수입을 제한하는 제도

✦ 경상 수지
  経常収支(けいじょうしゅうし)

3) 관세와 무역에 관한 일반 협정(GATT, 1947~95)
   자유, 무차별, 다각의 원칙
   ① 케네디 라운드(1964~67) : 공업 제품의 평균 관세를 35%로 인하
   ② 도쿄 라운드(1973~79) : 비관세 장벽의 철폐, 공업 제품 평균 관세를 33%로 인하
   ③ _____ 라운드(1986~94)
      - 농산물 무역의 자유화, 서비스 무역의 국제적 자유화, 지적 소유권의 보호 기준 강화
      - 세계 무역 기구(WTO) 설립 결정 : 분쟁 처리 기능, 강제성, 지적 재산권 보호

❹ 국제 수지
한 국가가 일정 기간(1년)에 실시한 외국과의 화폐 거래

1) 경상 수지
   ① 무역 수지 : 상품의 수출입
   ② 서비스 수지 : 무역 이외의 서비스 거래, 운송, 보험, 여행 등
   ③ 제1차 소득 수지 : 비거주자에게 주어지는 임금, 해외 투자로부터의 이자 및 배당
   ④ 제2차 소득 수지 : 정부 개발 원조(ODA), 국제기구 출납금

2) 자본이전 등 수지 : 대가없는 외국으로의 지원(인프라), 채무 면제 등

3) 금융 수지
   ① 직접 투자 : 일본 기업의 해외로의 투자 및 외국 자본의 도입
   ② 증권 투자 : 주식, 채권 등의 거래
   ③ 외화 준비 : 정부 및 중앙은행이 가지고 있는 외화
   ④ 금융 파생 : 금융 파생 상품의 거래
      *금융 수지는 자산과 부채를 기준으로 표시함. 즉, 일본에서 해외로 투자를 하면 +로 표시되고(자산 형성), 해외에서 일본으로 투자를 하면 −로 표시됨(부채)

4) 오차 탈루 : 통계상의 오차를 조절하기 위한 항목

> 경상 수지 + 자본이전 등 수지 − 금융 수지 + 오차 탈루 = 0

❺ 일본의 무역 수지

1) 일본의 무역 수지 : 대미(対米) 수출 흑자 → 무역 마찰

   * 연도별 주요 마찰 물품

60년대	70년대	80년대	90년대
섬유	철강, TV	자동차, 반도체	하이테크

2) _____ 합의(1985) : 미국의 대일 무역 적자 해소를 위해 G5(미·영·프·(서)독·일)에 의해 열린 회담

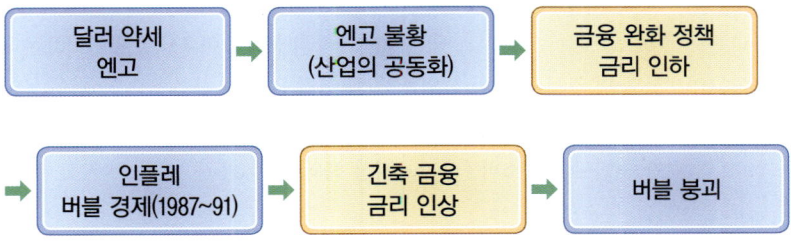

〈플라자 합의 이후 일본 경제〉

> **PLUS**
>
> **G5**
> 오일 쇼크로 인한 위기 대처를 계기로 모인 미국, 영국, 독일(당시 서독), 프랑스, 일본을 부르는 말. 이후 캐나다와 이탈리아를 포함하여 G7으로 발전

8 국민 소득

빈칸 정답 292p

중요 포인트
- GNP와 GDP의 차이 및 특징을 파악해 둡시다.
- 플로와 스톡에 대해 알아 둡시다.

❶ 삼면 등가의 법칙

1) 국민 소득 : 국민 전체가 얻는 소득의 총액, 경제 활동 규모를 나타냄

2) 생산·분배·지출 국민 소득 : 국민 소득은 생산·분배·지출의 측면에서 볼 수 있으며, 국민 경제의 순환에 따라 이론상 같은 금액이 된다는 법칙
   ① 생산 국민 소득 = 제1차 산업 + 제2차 산업 + 제3차 산업
   ② 분배 국민 소득 = 고용자 보수 + 재산 소득 + 기업 소득
   ③ 지출 국민 소득 = 소비 + 투자 + 경상 해외 잉여

❷ 국민 총생산(GNP)과 국민 순생산(NNP)

◆ 부가 가치
　付加価値

◆ 감가상각비
　減価償却費

1) 국민 총생산(GNP) : 어떤 국가의 국민이 일정 기간(통상 1년)동안 생산한 부가 가치의 합
   * 최근의 통계에서는 GNP 대신 국민 총소득(GNI)을 이용하고 있음

2) 국민 순생산(NNP) : GNP에서 공장의 설비나 기계 등 고정 자산의 경제적 가치 감소(고정 자본 감모)를 뺀 것
   = 국민 총생산(GNP) - 고정 자본 감모(감가상각비)

3) (작은 의미로의) 국민 소득(NI) : NNP에서 간접세와 보조금을 계산한 것
   = 국민 순생산(NNP) - 간접세 + 보조금

❸ 국내 총생산(GDP)

한 나라의 모든 경제 주체가 일정 기간(통상 1년) 동안에 생산한 부가 가치의 합
1993년 이후 GNP보다 널리 사용하게 됨

> ※ GNP : 어떤 나라의 국민이 생산한 부가 가치의 합
> ※ GDP : 어떤 나라의 국내에서 생산된 부가 가치의 합
> 　　　　(GNP에서 해외로부터의 순소득을 뺀 값)

① 명목 GDP : 물가 변동의 영향을 고려하지 않은 GDP
　　　　　　(해당 년도 시장 가격 × 최종 생산물)
② 실질 GDP : 물가 변동의 영향을 고려한 GDP(기준 년도 시장 가격 × 최종 생산물)

③ GDP 디플레이터 : 국민 경제의 물가 수준

$$GDP\ 디플레이터 = \frac{명목\ GDP}{실질\ GDP} \times 100$$

	2024년(기준 년도)		2025년(해당 년도)	
상품	A	B	A	B
가격	1,000	2,000	1,500	3,000
생산량	15	10	20	15

2025년 명목 GDP : _____ / 2025년 실질 GDP : _____
GDP 디플레이터 = _____ (즉, 물가가 50%상승)

* 위 국민 소득 계산은 모든 경제 활동을 포함하는것은 아님
  봉사 활동, 가사 노동, 주식, 토지의 상승 이득, 친구와의 개인적 거래, 사회 보장 급부(연금), 불법으로 번 돈 등은 해당되지 않음

+ GDP 디플레이터
  GDPデフレーター

PLUS
농가의 자가 소비
농가가 생산한 농산물을 시장에 팔지 않고 스스로 소비한 자가 소비의 경우는 일단 시장에 판 것으로 간주하여 GDP에 포함시킴

❹ 경제 성장률

1) 경제 성장률 = 경제 성장의 정도를 측정하는 수치(GDP를 이용한 전년도 대비 증가율)

$$경제\ 성장률 = \frac{(올해\ GDP - 전년도\ GDP)}{전년도\ GDP} \times 100$$

① 명목 경제 성장률 : 물가 변동을 고려하지 않은 GDP 증가율
② 실질 경제 성장률 : 물가 변동을 고려한 GDP 증가률

PLUS
가처분 소득 可処分所得
개인 소득 중 직접세와 사회 보험료를 제외한 남은 부분을 말함. 즉, 개인이 자유롭게 사용 가능한 소득을 의미

❺ 국부

한 나라의 정부, 기업, 가계가 보유하는 실물 자산과 대외 순자산의 합계

실물 자산(주택, 생산 설비, 재고, 사회 자본) + 대외 순자산(대외 자산 - 대외 부채)

* 자국의 금융 자산은 국부에 포함되지 않음
* 일본은 토지의 비중이 가장 높음

+ 국부
  国富

❻ 플로와 스톡

1) 플로(flow) : 일정 기간의 경제 활동 성과를 나타내는 수치
   - 월급, 국제 수지, 국민 소득 등

2) 스톡(stock) : 어떤 특정 시점에 존재하는 자산의 축적을 나타내는 수치
   - 국부, 국채 잔액, 외환 보유액 등

+ 플로
  フロー

+ 스톡
  ストック

2

세계사·지리

- 세계사
- 지리

2 세계사·지리

세계사

1 산업 혁명과 시민 혁명

빈칸 정답 293p

중요 포인트
- 산업 혁명의 배경 및 과정을 알아 둡시다.
- 미국 독립 혁명의 원인에 대해 알아 둡시다.
- 프랑스 혁명이 일어난 원인에 대해 알아 둡시다.

❶ 산업 혁명

1) 배경
① 자본의 축적 - 모직물 산업을 중심으로 상공업 발달
　　　　　　　　삼각 무역으로 인한 영국으로의 자본 집중

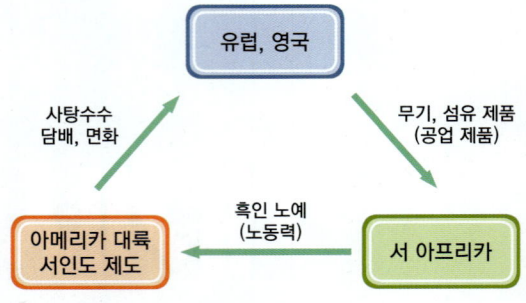

〈17~18세기의 삼각 무역〉

② 광대한 원료 공급지 및 시장 - 인도, 북미
③ 정치적 안정 - 청교도 혁명과 명예혁명으로 정치적 불안 해소
④ 풍부한 자원 - 철광석과 석탄 매장량이 많음
⑤ 풍부한 노동력 - 곡물 증산을 위한 인클로저 운동으로 노동자의 도시 집중

+ 청교도 혁명
　ピューリタン革命

+ 명예혁명
　名誉革命

+ 인클로저 운동
　囲い込み運動

2) 과정
① 면직물 공업의 발달

년도	내용
1733년	존 케이 : 나는 북(플라잉 셔틀) - 생산 속도 향상
1764년	하그리브스 : 제니 방적기 - 한 사람이 여러 방적기 조작 가능
1769년	아크라이트 : 수력 방적기 - 대량 생산 가능
1779년	크럼프턴 : 뮬 방적기 - 완전 자동화로 가늘고 튼튼한 실을 생산
1785년	카트라이트 : 역직기 - 증기를 동력으로 사용

② 동력 : 제임스 와트가 증기 기관 개량
③ 교통수단의 발달 : 트레비식 증기 기관차 발명(1804) → 스티븐슨이 개량
　　　　　　　　　　로버트 풀턴 증기선 발명(1807)

+ 제임스 와트
　ジェームズ・ワット

3) 산업 혁명의 영향

구분	내용
자본주의의 발달	산업 자본주의에서 독점 자본주의로 전환
도시의 인구 집중	공해의 발생, 치안의 악화
자본가와 노동자의 대립	러다이트 운동(노동자에 의한 기계 파괴 운동)
식민지 획득 경쟁	원료 공급지, 시장을 위한 식민지 점령 → 제국주의
타국에 영향	프랑스(1830년대), 미국(1830년대), 독일(1840년대), 러시아(1860년대), 일본(1890년대) 등

+ 러다이트 운동
  ラダイト運動

PLUS

올리버 트위스트
올리버 트위스트는 산업 혁명 시기를 배경으로 한 유명 작가 찰스 디킨스의 소설. 19세기 영국 런던 뒷골목을 배경으로 사회의 불평등함과 산업화의 폐해를 비판하고 있다.

❷ 미국의 독립 혁명

1) 영국의 식민지
   ① 원인 : 영국인(청교도)들이 자유를 위해 이주, 이민 → 13 식민지
   ② 한계 : 식민지마다 정치·경제적 배경이 다르므로 독자적으로 발전

2) 식민지와 본국과의 항쟁
   7년 전쟁 → 재정 위기 타개를 위한 식민지 정책 강화(세금 징수)

구분	비고	
설탕 조례 (砂糖法)	외국산 설탕에 고관세, 밀무역 단속	9개 식민지가 연합하여 대항 [대표없이 과세없다]
인지 조례 (印紙法)	법률, 상업상의 서류, 신문, 광고 등에 인세를 책정	
차 조례 (茶法)	영국의 동인도 회사가 차의 무역을 독점 → 1773년 보스턴 차 사건	

식민지와 본국의 항쟁이 격화 및 표면화 → 제1차 대륙 회의(1774) : 영국 상품 불매

+ 대표 없이 과세 없다
  代表なくして課税なし

+ 동인도 회사
  東インド会社

+ 보스턴 차 사건
  ボストン茶会事件

PLUS

렉싱턴 전투
1775년 4월, 미국 독립 전쟁 최초의 전투. 영국군이 보스턴 근교의 콩코드에 있던 식민지 민병대 무기고 접수 작전을 실시, 이 과정에서 민병대와 충돌한 전투. 영국군이 패배

3) 독립 전쟁의 발발
   ① 제2차 대륙 회의(1775) : 조지 워싱턴을 총사령관으로 임명으로 독립 전쟁
   ② 미국 독립 선언(1776.7.4) : 천부 인권, 행복 추구의 권리, 혁명권(로크) 등이 포함
      　　　　　　　　　　　　 토마스 제퍼슨, 존 아담스, 프랭클린 등에 의해 만들어짐
   ③ 프랑스(1778), 스페인(1779), 네덜란드(1780) → 식민지 측 참전
   ④ 파리 조약(1783) : 영국이 미국의 독립을 승인(전쟁 종결)

4) 미합중국 헌법 제정(1787)
   – 세계 최초의 근대적 성문 헌법, 강력한 삼권 분립, 연방주의

+ 조지 워싱턴
  ジョージ・ワシントン

+ 연방주의
  連邦主義

+ 앙시앵 레짐
　アンシャン・レジーム

+ 삼부회
　三部会

+ 로베스 피에르
　ロベスピエール

+ 총재
　総裁

+ 브뤼메르 18일 쿠데타
　ブリュメール18日の
　クーデタ

+ 나폴레옹 1세
　ナポレオン1世

❸ 프랑스 혁명

1) 프랑스 혁명의 배경
   ① 구 제도(앙시앵 레짐)의 모순 - 신분제
   ② 재정난 : 미국 독립 전쟁 참전, 사치스러운 생활, 대외 전쟁

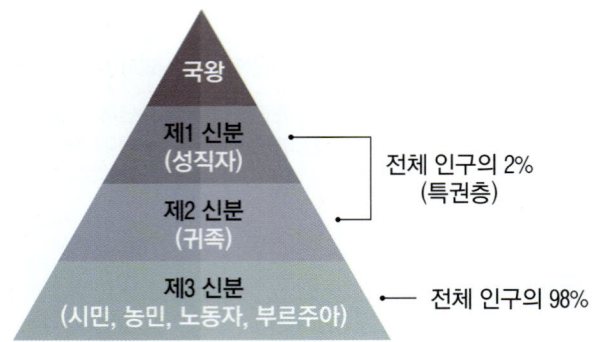

2) 프랑스 혁명의 전개
   ① 삼부회 소집(성직자 300명, 귀족 300명, 제3 신분 600여 명)
      - 174년 만의 삼부회 소집(제3부 의원과 제1, 2 신분 사이의 대립)
   ② 국민 의회 : 제3신분의 의원이 모여 테니스코트 선언(1789) - 헌법 제정 주장
   ③ 바스티유 감옥 습격(1789) : 민중의 봉기 → 국민 의회가 개혁
                              (봉건제 폐지, 프랑스 인권 선언)
   ④ 입헌 군주제 헌법 제정(1791) : 제한 선거 실시 → 입법 의회(온건파인 지롱드파) 성립
   ⑤ 혁명 전쟁 발발(1792) : 프랑스 혁명에 간섭하는 오스트리아, 프로이센과의 전쟁
   ⑥ 민중 폭동으로 국민 공회 성립 : 자코뱅(급진파)당의 우세, 공화정(제1 공화정)
                                루이 16세 사형 → 급진적인 개혁 → 공포 정치

3) 공포 정치
   ① _____의 공포 정치 : 급진적인 개혁 추진(징병제, 의무 교육)
   ② 테르미도르의 반동 → 로베스 피에르의 처형
   ③ 공화정, 제한 선거, 로베스 피에르의 독재 정치 반성 ⇨ 권력의 분산, 5명의 총재에
      의한 합의제 정치 → 정국의 불안정

4) 나폴레옹의 대두
   ① 나폴레옹의 등장 : 이집트 원정 후 브뤼메르 18일의 쿠데타 → 통령 정부의 탄생
                     → 국민 투표로 황제 등장(제1 제정)
   ② 나폴레옹의 업적 : 나폴레옹 법전(프랑스 민법전) 편찬, 프랑스 은행 설립,
                     국민 교육 제도 제정, 유럽 제패

5) 나폴레옹의 몰락
   _____(영국 고립을 목적) → 러시아 원정 실패(1812) → 엘바섬으로 귀양
   → 복귀(100일 천하) → 워털루 전쟁 패배(1815) → 세인트헬레나섬으로 귀양

2 국민 국가의 형성

중요 포인트
- 빈 체제의 내용에 대해 알아 둡시다.
- 빈 체제의 붕괴 과정에 대해 알아 둡시다.
- 독일과 이탈리아의 통일 과정에 대해 알아 둡시다.

❶ 빈 회의

1) 빈 회의(1814~1815)
   - 나폴레옹 몰락 이후의 유럽 체제를 결정(오스트리아 메테르니히 주최)
     ① 정통주의 : 프랑스 혁명 이전의 왕정으로 복고
     ② 세력 균형 : 프랑스와 같은 강력한 국가 등장을 견제
     ③ 4국 동맹 : 영국, 러시아, 프로이센, 오스트리아
        당초는 프랑스 견제 → 빈 체제 유지 목적(프랑스 가입으로 5국 동맹이 됨)
     ④ 신성 동맹 : 알렉산드르 1세가 군주 간의 우호를 목적으로 제창

2) 빈 의정서
   ① 영국 : 네덜란드로부터 케이프 식민지와 실론섬 획득
   ② 오스트리아 : 롬바르디아, 베네치아 등 북이탈리아 획득, 벨기에 포기
   ③ 러시아 : 핀란드 영유, 폴란드 국왕을 겸함
   ④ 프랑스, 스페인 : 부르봉 왕가로 왕정복고
   ⑤ 독일 연방의 성립 : 35개 군주국 + 4개 자유시
   ⑥ 스위스 : 영세 중립국으로 국제적 승인

- 빈 회의
  ウィーン会議
- 메테르니히
  メッテルニヒ

PLUS

그리스 독립 전쟁
1821년~1829년까지 오스만 제국에 대항하여 일으킨 독립 전쟁. 오스만 지배하의 종교 억압에 대한 불만과 자유주의, 민족주의 의식이 높아진 것이 배경이다. 러시아, 영국, 프랑스의 지원을 받아 1829년 독립했다.

❷ 라틴 아메리카의 독립

1) 라틴 아메리카의 독립 : 크리올(식민지에서 태어난 백인)을 중심으로 독립운동이 일어남

1804년	프랑스로부터 아이티 독립(중남미 최초의 독립국)	
1816년	아르헨티나 독립	
1818년	칠레 독립	산 마르틴이 독립운동 주도
1821년	페루 독립	
1819년	베네수엘라 독립 콜롬비아 독립	시몬 볼리바르가 독립운동 주도
1825년	볼리비아 독립	
1821년	멕시코 독립	
1822년	포르투갈로부터 브라질 독립 (1899년까지 브라질 제국으로 존재)	

- 아이티
  ハイチ
- 산 마르틴
  サン・マルティン

- 시몬 볼리바르
  シモン・ボリバル

> **PLUS**
>
> **크림 전쟁 (クリミア戦争, 1853~1856)**
>
> 러시아의 부동항 확보를 위한 남하 정책으로 인해 오스만 제국과 충돌하여 일어난 전쟁으로 영국과 프랑스가 오스만 제국을 지원. 러시아는 전쟁에서 패배 이후 유럽에 비해 뒤처진 사회를 대대적으로 개혁하였는데, 대표적으로 농노 해방령(1861) 등이 발표되었다.
>
> 러시아 VS 오스만제국 영국 프랑스

+ 애로호 전쟁
  アロー戦争

+ 보불 전쟁
  普仏戦争
  (フランス-プロイセン戦争)

+ 카르보나리당
  カルボナリ党

+ 사르데냐 왕국
  サルデーニャ王国

+ 가리발디
  ガリバルディ

+ 미회수 이탈리아
  未回収のイタリア

+ 남티롤
  南チロル

+ 트리에스테
  トリエステ

❸ 빈 체제의 붕괴

1) 7월 혁명(1830) : 샤를 10세의 구 체제 고집
   → 국민의 불만(7월 혁명)
   → 부르봉 왕정 붕괴 → 루이 필리프

2) 2월 혁명(1848) : 제한 선거에 대한 노동자, 농민의 불만
   → 무장 봉기(2월 혁명)
   → 남자 보통 선거, 노동자의 발언권 증대
   → _____이 대통령으로 당선(제2 공화정 탄생)
   → 황제 등극(쿠데타, 나폴레옹 3세)
   → 프랑스 제2 제정

3) 빈 체제 붕괴 : 오스트리아의 3월 혁명 등 유럽 각지에 퍼짐

❹ 프랑스의 제2제정

1) 위대한 프랑스 건설 : 파리 시가지 정비, 철도망 확대, 적극적인 외교 정책

2) 적극적인 외교 정책 : 크림 전쟁(1853), 애로호 전쟁(1856), 인도차이나반도 출병(1858), 멕시코 출병(1861), 보불 전쟁(1870~1871)

3) 제2정정의 붕괴 : 보불 전쟁의 패배로 나폴레옹 3세의 제2제정 붕괴
   → 파리코뮌(노동자에 의한 자치 정부)
   → 제3공화국

❺ 이탈리아의 통일

1) 통일 과정 : 빈 체제 이후 분열, 일부 오스트리아의 지배
   → 카르보나리당의 반란(실패)
   → 사르데냐 왕국의 외교 교섭 및 독립 전쟁(북이탈리아 통일)
   → 가리발디가 남이탈리아를 사르데냐 왕국에게 양보
   → 이탈리아 왕국 성립(1861)

2) 미회수 이탈리아 : 이탈리아계 주민이 거주하는 남티롤, 트리에스테 지역이 오스트리아 영토로 남음

❻ 독일의 통일 및 통일 독일의 외교

1) 대독일 주의(오스트리아 중심) VS 소독일 주의(프로이센 중심)

2) 통일의 과정 : 소독일 주의

  ① 빈 의정서(1815) : 독일 연방 성립(35개의 국가 + 4개의 자유시)

  ② 독일 관세 동맹(1834) : 경제적인 통일

  ③ 프랑크푸르트 국민 의회(1848~1849)
    - 독일 통일을 위한 논의 : 소독일 주의와 대독일 주의의 대립

  ④ 비스마르크 등장
    - 철혈 정책 : 군비 확장, 무력을 이용한 독일 통일
    - 보오 전쟁(1866) : 프로이센 승리로 독일 연방 해체
    - 보불 전쟁(1870) : 프랑스와의 전쟁에서 프로이센이 승리

  ⑤ 빌헬름 1세를 황제로 하는 독일 제국 성립(1871)

3) 통일 독일의 외교

  ① 비스마르크 - 삼국 동맹, 독-러 재보장 조약(1887~1890) 등으로 프랑스를 고립

  ② 빌헬름 2세 - 비스마르크 실각(1890), 재보장 조약의 취소,
       세계 정책, 3B 정책(베를린, _____, 비잔티움)

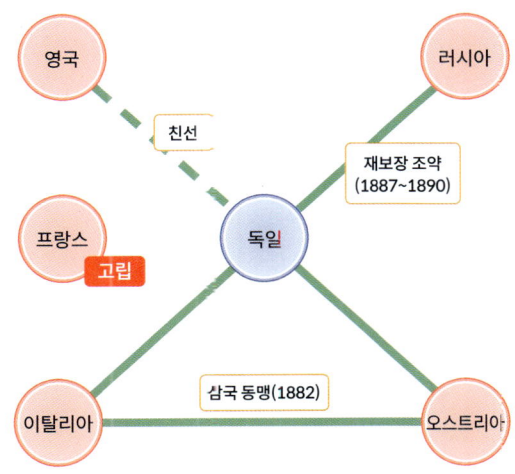

〈통일 독일의 외교 : 비스마르크〉

+ 소독일 주의
  小ドイツ主義

+ 대독일 주의
  大ドイツ主義

+ 비스마르크
  ビスマルク

+ 보오 전쟁
  普墺戦争
  (プロイセン-オーストリア戦争)

🔍 PLUS

오스트리아-헝가리 제국

1866년 보오 전쟁에서 패배한 오스트리아가 국내의 민족 독립운동을 억압하기 어려워지자 헝가리 귀족들과 '대타협'하여 만들어진 이중 제국. 1차 대전의 결과 해체하였음

3 제국주의와 식민지화

빈칸 정답 293p

중요 포인트
- 제국주의가 일어난 배경을 알아 둡시다.
- 서구 열강들의 식민지 정책을 알아 둡시다.
- 삼각 무역과 아편 전쟁에 대해 알아 둡시다.
- 미국의 영토 확장과 남북 전쟁에 대해 알아 둡시다.

- ✦ 캘커타
  カルカッタ
- ✦ 세포이
  シパーヒー/セポイ
- ✦ 무굴 제국
  ムガル帝国

PLUS
영일 동맹(1902)
러시아의 진출을 경계하여 영국과 일본이 맺은 동맹, 영국의 '영광스런 고립'의 포기

PLUS
보어 전쟁
(南アフリカ戦争, ブール戦争)
영국이 남아공 내륙 지역에 있었던 트랜스발 공화국, 오렌지 자유국의 금광과 다이아몬드 광을 획득하기 위해 일으킨 전쟁. 트랜스발 공화국과 오렌지 자유국은 네덜란드계의 보어인에 의해 건설된 국가였음

❶ 제국주의 시대

1) 제국주의 : 강대국이 무력으로 약소국을 침략하여 식민지 지배

2) 제국주의의 배경과 경과
   ① 자본주의 발전으로 자본의 집중 → 독점 자본주의 → 잉여 자본 해외 투자
      ⇨ 단순히 상품의 수입, 수출이 목적이 아닌 금융 자본(투자 수익)을 위한 식민지 획득 경쟁
   ② 군사 기술의 혁신 → 식민지 침략에 사용(다이너마이트 발명)
   ③ 산업 혁명을 배경으로 한 경제력 발달 : 독일, 미국 중심(1870년 제2차 산업 혁명)
   ④ 장기 불황 - 장기적 디플레이션(1873~20세기 초)
      ⇨ 자본, 시장 확보를 위한 식민지 획득 경쟁

3) 각국의 식민지 정책
   ① 영국 : 3C 정책(_____, 캘커타, 케이프타운)
      - 인도 제국(1877) : 세포이의 항쟁 → 무굴 제국 멸망 → 인도 제국 성립
                        (빅토리아 여왕이 인도의 황제로 즉위)
      - 아프가니스탄 보호국화(1880)
      - 이집트의 보호국화(1875)
      - 미얀마를 인도 제국에 편입(1886)
      - 말레이시아 반도를 말레이 연방으로 직할(1895)
   ② 프랑스 : 나폴레옹 3세의 대외 확대 정책(중국, 인도차이나 반도 등)
   ③ 독일 : 빌헬름 2세(3B 정책) -베를린, 바그다드, 비잔티움
   ④ 러시아 : 남하 정책 - 오스만 제국·영국과 대립, 동방 정책
   ⑤ 오스트리아 : 발칸 정책 - 세르비아·러시아와 대립

❷ 아프리카의 분할

1) 영국의 종단 정책 : 이집트 보호국(1875), 보어 전쟁(1899~1902)

2) 프랑스의 횡단 정책
   - 영국과 프랑스의 충돌 : _____사건(1898) → 프랑스와 영국이 친선 관계가 됨

3) 독일 : 카메룬, 토고, 독일령 동아프리카(현재의 탄자니아), 독일령 남서아프리카
(현재의 나미비아)

4) 이탈리아 : 리비아, 에리토리아, 에티오피아 침략(실패)

5) 포르투갈 : 앙골라, 동아프리카(현재의 모잠비크)

6) 벨기에 : 벨기에령 콩고

  * 에티오피아, 리베리아는 독립국

> **PLUS**
>
> **베를린 회의 (1884~1885)**
>
> '베를린 서아프리카 회의'라고도 한다. 비스마르크가 주최한 회의로서 [소점권] [실효지배] 등 아프리카 분할 원칙을 확립하였고, 이러한 원칙은 아프리카 식민 지배를 더욱 가속화 시켰다.

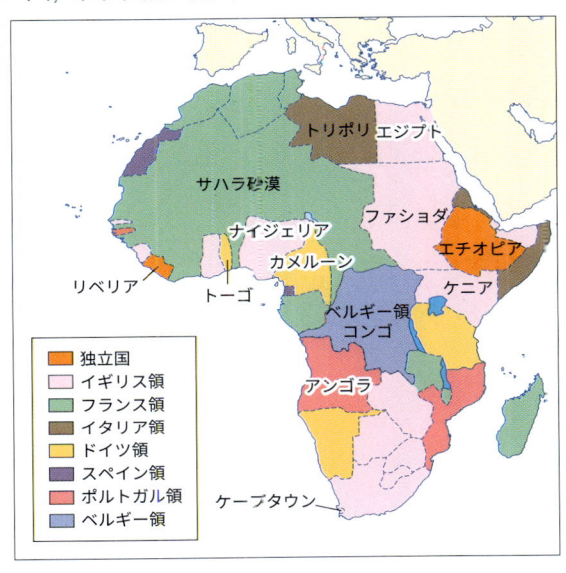

〈아프리카의 식민지 지배〉

❸ 아시아 분할

1) 동남아시아

① 영국 : 미얀마, 말레이반도(싱가포르)

② 네덜란드 : 인도네시아

③ 프랑스 : _____ 반도(현재의 베트남, 라오스, 캄보디아)

④ 미국 : 미서 전쟁(미국-스페인전쟁)으로 필리핀을 획득(1898)

  * 타이는 유일한 독립국

✚ 미서 전쟁
べいせいせんそう
米西戦争

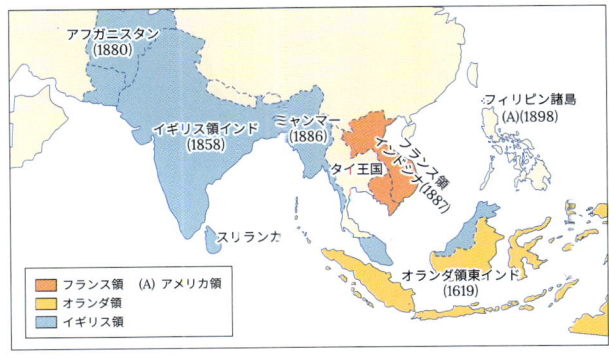

〈아시아의 식민지 지배〉

세계사 75

2) 중국의 반 식민지화
① 영국과 중국 사이의 무역 불균형으로 은 유출
② 삼각 무역 발생 ⇨ 아편을 중국으로 수출
③ 아편 전쟁(1840~42) : 영국과 중국의 전쟁
④ 난징(南京) 조약(1842) : _____의 할양, 5개 항구의 개항, 불평등 조약

+ 아편 전쟁
アヘン戦争

PLUS

2차 아편 전쟁
(第2次アヘン戦争, アロー戦争)

영국의 애로호 사건과 프랑스 선교사 살인 사건을 배경으로, 영국-프랑스 연합군과 중국(청) 사이에서 일어난 전쟁. 1858년 난징을 포함한 10개 항구 개항, 크리스트교 포교의 자유, 외국 공사의 베이징 주재 등을 포함한 톈진 조약(天津条約)이 맺어졌다.

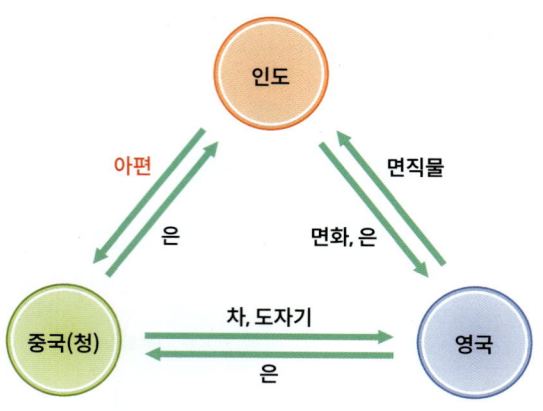

〈19세기의 삼각 무역〉

❹ 미국의 영토 확장

1) 서진(西進)하는 미국(프론티어의 탄생)
① 프랑스로부터 루이지애나를 구입(1803), 스페인으로부터 플로리다를 구입(1819), 텍사스 합병(1845), 오리건 병합(1846), 미국-멕시코 전쟁으로 캘리포니아 획득(1848)
② _____ 선언(1823) : 아메리카 대륙과 유럽 대륙의 상호 불간섭(고립주의)
③ 인디언 이주법(1830) : 동부에 사는 인디언이 서부의 황야로 이주됨

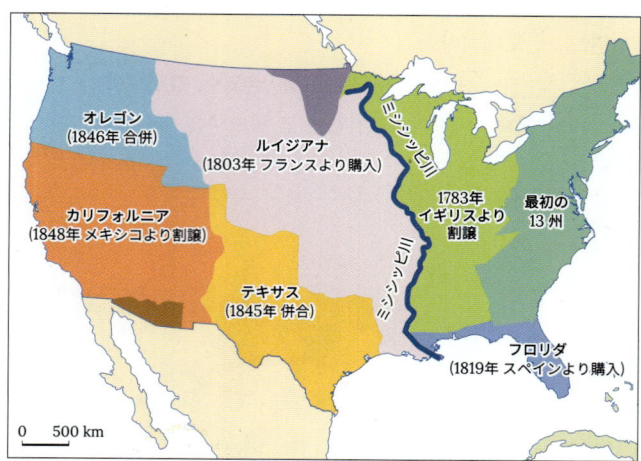

〈미국의 영토 확장〉

2) 남북 전쟁

① 남북의 차이

구분	산업	무역 정책	노예제	지지 정당	비고
북부	상공업	보호 무역	반대	공화당	연방 중심
남부	면화 산업 (플랜테이션)	자유 무역	찬성	민주당	주(州)권 중심

② 남북 전쟁(1861~1865) : 북부의 승리
- 링컨 대통령의「노예 해방 선언」(1863)
- _____ 연설(인민의, 인민에 의한, 인민을 위한 정치) ⇨ 국민 주권

③ 남북 전쟁 이후
- 러시아로부터 알래스카 매입(1867)
- 대륙 횡단 철도 완성(1869)

3) 미국의 제국주의

① 프런티어 소멸 선언(1890)

② 매킨리 대통령(1897~1901)
- 미서(미국-스페인) 전쟁(1898) : 미국의 승리
  - 원인 : 쿠바의 독립을 둘러싸고 일어난 전쟁
  - 결과 : 필리핀, 괌, 푸에르토리코 획득 → 미국의 영토
- 하와이 합병(1898)
- 문호 개방 선언(1899~1900)
  중국과 관련하여「문호 개방」,「기회 균등」,「영토 보전」주창

③ T.루즈벨트 대통령(1901~1909)
- 곤봉 외교
- 파나마 운하 건설(1904년 착공, 1914년 완성)
  콜롬비아로부터 파나마를 독립시킨 후, 건설권과 영구 조차권 획득

✦ 게티스버그 연설
ゲティスバーグ演説(えんぜつ)

🦉 PLUS

톰 아저씨의 오두막 (Uncle Tom's Cabin)
스토 부인의 작품으로 흑인 노예의 비참한 생활과 운명을 묘사한 소설로서 큰 인기를 얻었으며, 노예 해방 운동에 많은 영향을 주었다.

✦ 매킨리
マッキンリー

✦ T.루즈벨트
セオドア・ローズヴェルト

✦ 곤봉 외교
梶棒外交(こんぼうがいこう)

✦ 영구 조차권
永久租借権(えいきゅうそしゃくけん)

4 1차 세계 대전과 러시아 혁명

빈칸 정답 293p

중요 포인트
- 1차 세계 대전이 일어나는 배경과 과정에 대해 알아 둡시다.
- 러시아 혁명의 성격에 대해 알아 둡시다.

👀 PLUS

모로코 사건(1905, 1911)
모로코의 지배를 둘러싼 독일과 프랑스의 충돌

제1차 1905년 프랑스가 모로코에 진출하는 것에 반대하며 독일의 빌헬름 2세가 탕헤르(Tangier)를 방문해 모로코의 영토 보전과 문호 개방을 주장

제2차 1911년 모로코에서 반란이 일어나자 독일이 군함을 파견하여 프랑스군을 위협한 사건

두 차례 모두 영국이 프랑스를 지지하여 독일의 진출을 억제하였음

+ 범게르만 주의
  パン・ゲルマン主義
+ 범슬라브 주의
  パン・スラヴ主義
+ 사라예보 사건
  サライェヴォ事件

👀 PLUS

총력전, 거국 일치 체제
제1차 세계 대전은 군사력 만으로 승패가 좌우되었던 과거의 전쟁과는 달리, 경제력, 정치력, 국민의 심리까지 전쟁에 동원되는 총력전이었다. 또한, 국가와 국민의 단결도 전쟁 승리의 중요한 요소였으므로, 일치 단결한 거국 일치 체제가 형성되었다.

❶ 제국주의 열강의 대립

1) 제국주의 열강의 대립

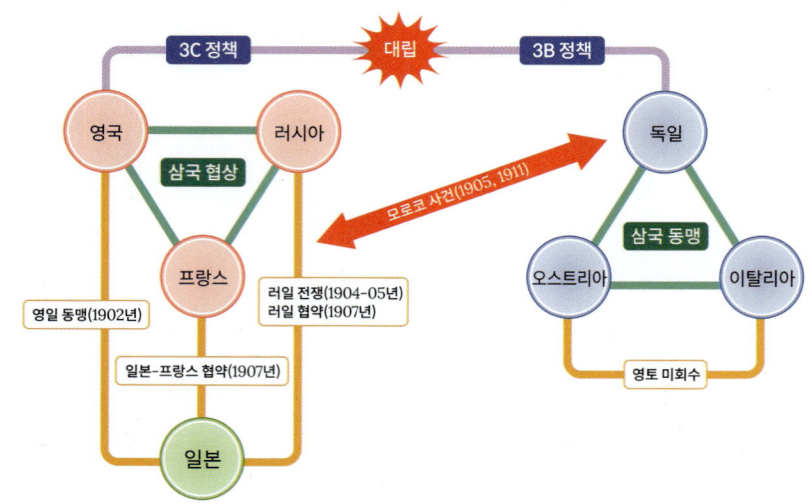

2) 발칸반도(유럽의 화약고)를 둘러싼 대립
- 범게르만(독일, 오스트리아) 주의와 범슬라브(러시아) 주의의 대립

3) 사라예보 사건(1914)
- 세르비아 청년이 오스트리아 황태자 암살 → 제1차 세계 대전의 발발

4) 대전의 경과

협상국 측	동맹국 측
세르비아, 러시아, 영국, 프랑스, 일본(영일 동맹), 이탈리아(영토 미회수 문제), 미국(독일의 무제한 잠수함) 등	오스트리아, 독일, 불가리아, 오스만 제국 등

* 러시아는 혁명으로 인하여 도중 이탈

(괄호안은 참가 이유)

78 세계사・지리

❷ 러시아 혁명

러시아혁명

1) _____(1905) : 러일 전쟁(1904~05) 중에 일어남
   - 민중들의 차르(황제)에 대한 불만 → 피의 일요일 → 일본과 휴전(포츠머스 조약)

2) **3월 혁명(1917)** : 1차 세계 대전 중에 일어남
   - 전쟁으로 인한 피폐 → 폭동(소비에트 성립) → 로마노프 왕조 멸망 → 임시 정부 수립

3) **11월 혁명(1917)**
   - 임시 정부와 소비에트의 이중 권력 → 레닌의 무장 혁명 → 레닌(볼셰비키)에 의한 사회주의 공화국 연방 성립
   - 브레스트리토프스크 조약(1918) : 독일과 단독 강화 조약(1차 대전에서 이탈)

4) **내전 발발(1918~21)**
   - 백군(반혁명군, 외세 지원) ↔ 적군(볼셰비키)
   - 전시 공산주의(war communisum)
     ① 모든 기업의 국유화
     ② 농산물 강제 징수

5) **신경제 정책(NEP)**
   - 부분적으로 자본주의 도입, 농민 수확물 자유 판매, 소상업 허용

✦ 볼셰비키
ボリシェヴィキ

✦ 브레스트리토프스크 조약
ブレス ゝリトフスク
条約

❸ 독일 혁명(1918)

1) **배경** : 1차 세계 대전 중 동맹국의 패배와 이탈

2) **경과** : 킬 군항의 수병 반란이 전국으로 확산

3) **제정 붕괴** : 빌헬름 2세 망명

4) **바이마르 공화국 탄생**

✦ 킬 군항
キール軍港

✦ 바이마르 공화극
ワイマール共和国

5 베르사유 체제와 세계 대공황

중요 포인트
- 베르사유 체제의 특징과 문제점에 대해 알아 둡시다.
- 세계 대공황의 원인과 각국의 대응에 대해 알아 둡시다.

❶ 파리 강화 회의와 베르사유 체제

PLUS

윌슨의 14개조
미국의 28대 대통령 우드로 윌슨이 발표한 것으로, 민족 자결, 국제 연맹 창설, 비밀 외교 폐지, 공정한 국제 통상, 군비 축소 등의 내용을 담고 있다.

1) 파리 강화 회의(1919) ⇦ 윌슨의 14개조의 영향
   - 베르사유 조약(대 독일 강화 조약)
     ① 독일의 전 식민지 포기
     ② 영토의 일부 손실(알자스 로렌 → 프랑스 영토, 회랑 지대 → 폴란드 영토)
     ③ 거액의 배상금(1,320억 골드 마르크)
     ④ 군비의 제한(공군, 잠수함 등 불가)
     * 생제르맹 조약(대 오스트리아 강화 조약), 뇌이 조약(대 불가리아 강화 조약)

2) 베르사유 체제의 문제점
   ① 승전국의 이익 우선, 패전국에 가혹한 희생 요구
   ② 민족 자결 - 패전국의 식민지에만 적용
   * 독립국(8개)

   > 러시아로부터 독립 - 핀란드, 에스토니아, 라트비아, 리투아니아, 폴란드
   > 오스트리아로부터 독립 - 체코슬로바키아, 헝가리, 유고슬라비아

   ③ 국경선의 불합리 - 민족 문제 발생의 여지(수데텐 지역)

✚ 회랑 지대
回廊地帶(かいろうちたい)

3) 국제 연맹의 설립(1920)
   ① 의의 : 평화를 위한 최초의 국제기관(본부 : _____)
   ② 한계 : 미국의 불참(의회의 미비준)
            총회와 이사회의 의사 결정이 만장일치제
            무력 제재 불능 - 경제 제재 이상의 제재가 불가능

4) 군비 축소 및 평화 조약
   ① _____ 회의(1921~22)
      - 9개국 조약 : 중국의 주권 존중, 영토 보전, 일본이 1차 대전 중 점령한 산동 지역을 돌려줌
      - 4개국 조약 : 태평양 지역의 각국 현상 유지, 영일 동맹 파기
      - 해군 군축 조약 : 주력함의 비율을 [미:영:일 = 5:5:3], 일본의 세력 확장 억제

② 로카르노 조약(1925) : 베르사유 조약에 있던 독일-프랑스, 독일-벨기에 국경 현상 유지, 라인란트 지역 비무장 재확인, 지역적 집단 안전 보장 조약 → 독일의 국제 연맹 가맹(1926)
③ 제네바 군축 회의(1927)
④ 파리 부전 조약(켈로그-브리앙 조약, 1928) : 분쟁 해결의 수단으로 전쟁을 이용하지 않음
⑤ 런던 군축 회의(1930)

+ 제네바 군축 회의
  ジュネーブ軍縮会議
+ 파리 부전 조약
  パリ不戦条約

5) 독일 배상 문제 → 1,320억 골드 마르크
① 천문학적 금액의 배상액 → 독일의 혼란 → 채무 불이행
② 루르 지방 점령(프랑스, 벨기에) → 심각한 인플레이션
③ 슈트레제만의 등장 → 도스안(1924) : 지불 기간 연장 및 미국으로부터 자금 조달
④ 영안(1929) : 배상금을 358억 마르크로 삭감
⑤ 세계 대공황(1929)으로 인해 나치즘 대두(1933)

+ 루르 지방
  ルール地方
+ 도스안
  ドーズ案
+ 영안
  ヤング案

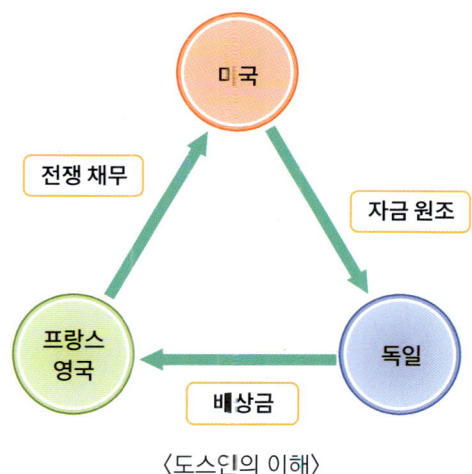

〈도스안의 이해〉

❷ 세계 대공황

1) 뉴욕 주식 대폭락(1929.10.24 = 검은 목요일)

2) 원인 : 미국 기업의 번영에 따른 자본 집중 및 생산 과잉과 시장 축소

3) 각국의 대응
① 블록 경제(식민지와 본국의 연결) - 보호무역
 - 영국 : 파운드 블록(오타와 연방 회의), 금본위제 정지(1931)
 - 프랑스 : 프랑 블록
 - 미국 : 라틴 아메리카와 달러 블록

PLUS

블록 경제
본국, 자치령, 식민지 사이에는 무관세 또는 낮은 관세를 설정하고, 타국에 대해서는 높은 관세를 부과하여 공황을 극복하려는 보호 무역주의

✦ F.루즈벨트
　フランクリン・ルーズベルト

✦ 선린 외교
　善隣外交
　ぜんりんがいこう

② 미국의 정책 (F.루즈벨트 대통령)
　- _____정책(1933) : 전국 산업 부흥법(NIRA), 농업 조정법(AAA),
　　　　　　　　　　　테네시강 유역 개발(TVA)
　- 선린 외교 : 무력 행사 억제, 내정 불간섭 등 라틴 아메리카에 대한 외교 정책의
　　　　　　　전환
③ 전체주의(일당 독재) - 강력한 국가 권력으로 개인의 희생 요구
　- 독일 : 나치즘(히틀러) - 중산, 농민, 노동자, 대자본가, 군부의 지지,
　　　　　　　　　　　　베르사유 조약 파기, 국제 연맹 탈퇴, 계획 경제,
　　　　　　　　　　　　재군비 선언(1935)
　- 이탈리아 : 파시즘(무솔리니) → 에티오피아 침공 및 병합(1935~36)
　　　　　　　→ 국제 연맹 탈퇴 → 알바니아 병합
　- 일본 : 군국주의 → 만주 사변(1931) → 만주국 건설, 국제 연맹 탈퇴(1933)

6 2차 세계 대전

중요 포인트
- 파시즘의 성격에 대해 알아 둡시다.
- 2차 세계 대전의 흐름을 파악해 둡시다.
- 2차 세계 대전 전후의 주요 회담에 대해 알아 둡시다.

❶ 파시즘의 대두

1) 파시즘
   폭력을 정치의 수단으로 하여, 개인의 이익보다 국가의 이익을 우선함
   강력한 지도자에 의해 국민을 통합하여 독재 정치를 행함
   (자민족 우월적, 군비 확장, 대외 침략)

2) 파시즘 등장의 원인
   자본주의 발달이 늦음 → 시민 계급 미성장 → 민주주의의 불완전함
   → 세계 불황의 불안 → 강력한 카리스마를 가진 독재자의 탄생

3) 국가별 등장 배경
   ① 이탈리아 : 1차 세계 대전 이후의 혼란 → 1923년 무솔리니가 로마 진군(정권 탈취)
               → 1935년 에티오피아 침공 → 1937년 국제 연맹 탈퇴
   ② 독일 : 1923년 히틀러에 의한 뮌헨 폭동(쿠데타) 실패
           → 1933년 나치의 정권 획득(국제 연맹 탈퇴) → 군비 확장, 대외 침략
   ③ 일본 : 1931년 만주 사변 → 만주국 건국 → 리튼 조사단 → 1933년 국제 연맹 탈퇴

✦ 무솔리니
ムッソリーニ

✦ 리튼 조사단
リットン調査団

✦ 만주국
満州国

❷ 스페인 내전(1936)

1) 스페인 혁명(1931) : 왕정 폐지, 공화정 성립

2) 인민 전선 내각의 성립(1936)

3) 프랑코 장군의 반란

4) 국제적 지원
   - 인민 전선 내각 : 국제 의용군, 소련이 지원
   - 프랑코 반란군 : 독일, 이탈리아가 지원
   - 불간섭 정책 : 영국, 프랑스

세계사 83

5) 프랑코의 독재 정권 수립(1939)

〈스페인 내전을 배경으로 한 피카소 『게르니카』〉

✦ 방공 협정
防共協定

❸ 3국 방공 협정(1936)

1) 독일, 이탈리아, 일본이 맺은 협정

2) 당초는 소련에 대항하기 위한 협정이었으나 이후 미국, 프랑스, 영국에 대항하는 성격으로 바뀜 → 삼국 동맹(1940)

❹ 2차 세계 대전의 흐름

✦ 수데텐 지방
スデーテン地方
(ズデーテン)

✦ 뮌헨 회담
ミュンヘン会談

1) 독일의 팽창
① 오스트리아 병합(1938)
② 수데텐 지역 요구 - 독일계 주민이 많이 거주하는 체코슬로바키아의 수데텐 지방 요구
③ 뮌헨 회담(1938) - 수데텐 문제를 해결하기 위해 열린 정상 회담. 체임벌린(영), 무솔리니(이), 히틀러(독), 달라디에(프) 참석 → 유화 정책
④ 히틀러가 체코 병합 후 폴란드 회랑 지대 요구 → 강경 정책으로 전환
 → 폴란드-프랑스, 폴란드-영국 상호 원조 조약 체결

✦ 독소 불가침 조약
独ソ不可侵条約

⑤ 독소 불가침 조약(1939) : 폴란드를 독일과 소련이 분할 점령, 발트 3국의 소련 영유권을 승인
⑥ 폴란드 침략(1939. 9.1) → 2차 대전의 발발

2) 이탈리아의 알바니아 병합

✦ 노구교 사건
(루거우차오 사건)
盧溝橋事件

3) 일본과 제2차 세계 대전
① 중일 전쟁(1937~1945) : 노구교 사건 → 2차 국공 합작
② ABCD 라인(미국, 영국, 중국, 네덜란드) : 일본 봉쇄
③ 하와이 진주만 습격(1941) : 태평양 전쟁의 발발

4) 연합군의 반격

① 이탈리아 - 연합군의 시칠리아 상륙(무조건 항복, 1943)

② 독일 - 스탈린그라드 전투(1942~43)에서 소련에게 독일이 패배, 연합군의 노르망디 상륙 작전, 연합군의 베를린 입성(항복, 1945.5)

③ 일본의 미드웨이 해전 패배, 원자 폭탄(히로시마, 나가사키) (포츠담 선언 수락, 무조건 항복, 1945.8.15)

5) 주요 회담

① 대서양 회담(1941)
- 미국(루즈벨트), 영국(처칠) : 대서양 헌장(국제 연합, 전후 평화 구성)

② 카사블랑카 회담(1943)
- 미국(루즈벨트), 영국(처칠)
- 전쟁 종결은 독일의 무조건 항복으로 결정, 시칠리아 상륙 작전 결정

③ 카이로 회담(1943)
- 미국(루즈벨트), 영국(처칠), 중국(장제스)
- 대일(対日)전 작전 회의, 전후 일본 영토 처리(조선 독립 결정)

④ 테헤란 회담(1943)
- 미국, 영국, 소련(스탈린)
- 노르망디 상륙 작전을 결정

⑤ _____ 회담(1945)
- 미국, 영국, 소련
- 독일의 전후 처리(4개국 점령 관리), 대일(対日)전에 소련 참전

⑥ 포츠담 회담(1945) : 미국(트루먼), 영국(애틀리), 소련
- 독일, 일본의 처리 방침 재확인
- 포츠담 선언(일본의 무조건 항복 요구 → 일본의 묵살 → 원자 폭탄)

✦ 스탈린그라드 전투
スターリングラード
攻防戦(こうぼうせん)

✦ 얄타 회담
ヤルタ会談(かいだん)

✦ 애틀리
アトリー

7 냉전과 제3 세계

빈칸 정답 293p

중요 포인트
- 냉전의 주요 사건을 알아 둡시다.
- 민주화 운동과 제3 세계에 대해 알아 둡시다.
- 냉전의 붕괴 과정을 알아 둡시다.

◆ 철의 장막
　鉄のカーテン

◆ 트루먼 독트린
　トルーマン・ドクトリン

◆ 해리 트루먼
　ハリー・S・トルーマン

◆ 코민포름
　コミンフォルム

◆ 마셜 플랜
　マーシャル・プラン

◆ 공수 작전
　空輸作戦

❶ 냉전(Cold War)과 냉전의 격화

1) 냉전의 시작 : 소련의 팽창주의
 - 철의 장막 : 영국의 수상 처칠의 연설(1946)

2) 유럽의 동서 대립

자유주의(西側)	사회주의(東側)
트루먼 독트린(1947) - 그리스, 튀르키예에 대한 미국의 경제 원조	코민포름(1947~56) - 국제 공산당 정보 기관
＿＿＿＿＿(1947) - 미국의 원조에 의한 서유럽의 부흥 계획	경제 상호 원조 회의(COMECON, 1949~1991) - 소련 중심의 경제 협력 기구
북대서양 조약 기구(NATO, 1949) - 집단적 자위권(군사 동맹)	바르샤바 조약 기구(WTO) - NATO에 대항하는 군사 동맹

3) 베를린 분할 점령과 베를린 봉쇄
 ① 미·영·프·소련에 의한 4개국 점령(얄타 회담)
　　서측 관리 지구(미·영·프) ↔ 소련 관리 지구
　　소련 관리 지구에 있던 베를린도 동베를린과 서베를린으로 나뉨
 ② 서측 관리 지구 단독 통화 개혁 ↔ 소련에 의한 베를린 봉쇄(1948)
 ③ 공수 작전 : 수송기로 물자 보급 → 해제(1949)
 ④ 독일 연방 공화국(서독)과 독일 민주 공화국(동독) 건설(1949)

4) 인도차이나 전쟁(1946~1954), 베트남 전쟁(1964)
 - 1945년 일본군 철수 후 베트남 민주 공화국 성립(호치민)
 - 1946년 프랑스의 개입으로 독립 전쟁 발발(프랑스 vs 베트남)
　 ⇨ 제네바 휴전 협정에서 북위 17도선으로 분할
 - 1955년 남베트남에서 단독 선거의 결과 베트남 공화국 수립(미국 관리)
 - 1960년 남베트남 민족 해방 전선(베트콩 결성)

　　　　북베트남 + 남베트남 민족 해방 전선 VS 남베트남 + 미국

 - 1965년 지상군 파견(한국, 호주, 필리핀 등 참전)
 - 1973년 미군 철수(재정 적자의 확대, 대규모 반전 운동 등의 이유)
 - 남베트남의 사이공 함락 ⇨ 베트남 사회주의 공화국 성립

5) 중화 인민 공화국의 성립(1949)
   - 1937년~1945년 : 국민당(장제스)과 공산당(마오쩌둥)의 대일 항전 ⇨ 국공 합작
   - 1946년 : 국민당과 공산당의 내전 개시
   - 1949년 : 중화 인민 공화국 성립(공산당의 승리), 국민당은 타이완으로 ⇨ 중화민국 건국

6) 한국 전쟁(1950)
   - 38도선 이남(以南)은 미국, 이북(以北)은 소련이 군사 관리
   - 북: 조선 민주주의 인민 공화국, 남: 대한민국
     ⇨ 한국 전쟁(1950.6.25)
   - 중국군의 개입과 소련군의 지원 / 맥아더의 군사 개입으로 1953년 휴전

7) 쿠바 위기(1962)
   ① 피델 카스트로에 의한 혁명(1959)
      - 토지 개혁 : 미국 자본가의 토지 몰수
      - 미국의 대응 : 경제 봉쇄, 국교 단절 등
   ② 소련으로의 접근 - 사회주의 선언(1961)
   ③ 소련의 지원으로 미사일 기지 건설 ↔ 미국의 해상 봉쇄(케네디 대통령)
      ⇨ 핵전쟁 위기
   ④ 미소(米ソ) 정상의 타협으로 해결
      - 튀르키예에서의 미사일 기지 철거와 쿠바 불침공 약속
      - 핫라인 설치

8) 부분적 핵 실험 정지 조약(PTBT) 체결(1963)
   - 미국·영국·소련이 맺은 조약
   - 대기권, 우주, 수중에서 핵 실험 금지(단, 지하는 가능)
   - 미소(米ソ) 간에 평화 공존의 움직임

9) 미국과 중국의 접근
   - 미국·중국 교류(1971)
   - 닉슨 대통령의 방중(訪中) : 미중 공동 성명 발표(1972)
   - 국교 회복(1979)

❷ 민주화 운동

1) 헝가리 동란(1956)
   - 노동자, 시민, 학생을 중심으로 한 반체제 봉기
   - 복수 정당제 도입, 바르샤바 조약 기구 탈퇴 등
   - 소련군에 의해 진압

+ 장제스(장개석)
  しょうかいせき
  蔣介石
+ 마오쩌둥(모택동)
  もうたくとう
  毛沢東
+ 한국 전쟁
  ちょうせんせんそう
  朝鮮戦争

🦉 PLUS
미국의 아시아 군사 동맹
1951년 미국은 일본과 미일 안전 보장 조약을 맺었으며, 같은 해 필리핀과 상호 방위 조약을 체결하였음. 또한 오스트레일리아, 뉴질랜드와 함께 태평양 안전 보장 조약(ANZUS)을 체결하였고, 1954년에는 미국, 오스트레일리아, 뉴질랜드, 영국, 프랑스, 필리핀, 타이, 파키스탄이 동남아시아 조약 기구(SEATO)를 결성하였음

+ 피델 카스트로
  フィデル・カストロ
+ 핫라인
  ホットライン

🦉 PLUS
스탈린의 죽음과 비판
1953년 소련의 독재자 스탈린의 죽음으로 평화 공존의 분위기(雪解け)가 만들어져 한국 전쟁의 휴전(1953), 제네바 휴전 협정(1954) 등이 맺어졌다. 이후 등장한 흐루쇼프는 1956년 전당 대회에서 스탈린이 했던 개인 숭배 및 반대파 숙청 등을 비판하였으며, 이것은 공산권의 동요로 이어졌다.

- 바르샤바 조약 기구
  ワルシャワ条約機構

- 네루
  ネルー

- 저우언라이(주은래)
  周恩来

- 고르바초프
  ゴルバチョフ

- 페레스트로이카
  ペレストロイカ

- 글라스노스트
  グラスノスチ

- 벨벳 혁명
  ビロード革命

- 몰타 회담
  マルタ会談

- 부시
  ブッシュ

- 옐친
  エリツィン

2) 프라하의 봄(1968)
  - 체코슬로바키아에서 일어난 민주화 운동
  - 검열의 금지, 언론의 자유 등 노선 채택
  - 바르사바 조약 기구의 군사 개입

❸ 제3 세계의 대두

1) 제3 세계의 등장 – 중립, 비동맹, 아시아 아프리카 국가
   ⇨ 반제국주의, 반식민지주의, 민족 자결, 동서(東西) 어디에도 속하지 않는 세력 형성
   ① 평화 5원칙(1954) : 인도 네루 수상과 중국의 저우언라이가 발표
     영토·주권의 상호 존중, 상호 불가침, 내정 불간섭, 평등·호혜, 평화 공존
   ② _____회의(AA, 인도네시아 반둥 회의, 1955)
     - 기본적 인권, 국제 연합 존중 등 평화 10원칙 발표
     - 수카르노(인도네시아), 네루(인도), 나세르(이집트) 등 29개 국가가 참가
   ③ 비동맹 정상 회의(1961) : 유고슬라비아의 베오그라드에서 개최

❹ 냉전의 붕괴

1) 고르바초프 등장(1985)
   ① 페레스트로이카(개혁) : 복수 정당제, 시장 경제 도입
   ② 글라스노스트 : 언론의 자유, 정보 공개

2) 동유럽의 민주화(1989)
   ① 폴란드 : 자주 관리 노조 '연대'에 의한 민주화
   ② 체코슬로바키아 : 벨벳 혁명
   ③ 루마니아 : 독재자 차우세스쿠 처형

3) 베를린 장벽 붕괴(1989) → 독일 통일(1990)

4) _____회담(1989)
   - 냉전 종결 선언 : 부시 대통령(미국), 고르바초프 서기장(소련)

5) 발트 3국 독립(1991) : 리투아니아, 라트비아, 에스토니아 독립

6) 소련 해체(1991) : 러시아를 중심으로 독립 국가 공동체(CIS) 결성

8 2차 대전 이후의 세계

빈칸 정답 293p

중요 포인트
- 2차 대전 이후의 아시아·아프리카 지역의 움직임을 파악합시다.
- 2차 대전 이후의 미국에 대해 알아 둡시다.

❶ 냉전 시대의 미국

1) 트루먼(1945~1953, 민주당)
   - 대(對) 소련 봉쇄 정책, 트루먼 독트린, 마셜 플랜, NATO 결성
2) 케네디(1961~1963, 민주당)
   - 뉴프론티어 정책(복지 정책, 흑인의 공민권 확대), 쿠바 위기(1962)
3) 존슨(1963~1969, 민주당)
   - 위대한 사회 정책, 흑인 차별 철폐의 공민권법 제정(마틴 루터 킹), 베트남 전쟁 개입(도미노 이론)
4) 닉슨(1969~1974, 공화당)
   - 금-달러 교환 정지(1971), 중국 방문(1972), 파리 평화 협정, 워터게이트 사건
5) 카터(1977~1981, 민주당)
   - 미국-중국의 국교 수립(1979), 미대사관 인질 사건(이란, 1979)
6) 레이건(1981~1989, 공화당)
   - 레이건노믹스, _____적자(무역과 재정)로 세계 최대의 채무국

+ 존슨 대통령
ジョンソン

+ 닉슨 대통령
ニクソン

+ 레이건 대통령
レーガン

+ 카슈미르
カシミール

❷ 서아시아·중동 국가

1) 인도, 파키스탄의 독립
   ① 영국 노동당 애틀리 수상의 인도 독립 승인
   ② 국민 회의파와 전인도-무슬림 연맹의 대립
      - 파키스탄, 인도 연방으로 분할
   ③ 카슈미르 귀속 문제
      - 인구 70%가 이슬람교도 → 힌두 지도자가 인도로 통치권 귀속
         → 무력 충돌(1947~48, 1965)
   ④ 인도 공화국 : 인도 연방의 입헌 공화국 선언
      - 중국 VS 인도 국경 분쟁
      - 네루의 비동맹 정책
      - 74년 핵실험 성공
      - 핵 보유국

세계사 **89**

> **PLUS**
> **소련의 아프가니스탄 침공**
> 1979년 아프가니스탄의 친(親) 소련 정권을 지원하고 이슬람 원리 주의의 확산을 억제하기 위해 소련이 개입한 사건. 미국이 강하게 반발하여 다시 대립이 격화되었다. 군비 축소와 서방과의 협조를 강조한 고르바초프의 '신사고 외교'로 1989년 아프가니스탄에서 철수하였다.

> **PLUS**
> **맥마흔 협정(1915)**
> 1차 대전 중 영국이 팔레스타인 지역에 아랍인들의 독립 국가 건설을 약속한 협정
>
> **밸푸어 선언(1917)**
> 1차 대전 중 팔레스타인 지역에 유대인들의 국가 건설을 인정한 선언

> **PLUS**
> **아프리카의 독립**
> 아프리카의 국가들은 대부분 2차 대전 이후 독립하였으며, 그 전에 독립한 나라(또는 독립 및 자치를 유지했던 나라)는 에티오피아, 리베리아, 남아프리카 공화국 정도이다.
> 리비아는 종주국이었던 이탈리아가 2차 대전에서 패배하여 1951년에 독립, 알제리는 1954년부터 프랑스와 독립 전쟁을 통해 1962년 독립하였다.

+ 만델라
  マンデラ
+ 아파르트헤이트
  アパルトヘイト

2) 이란 혁명
  - 팔레비 왕조 : 미국의 지원과 막대한 석유 이득 ⇨ 이슬람 전통 탄압, 특권층의 부패
  - 호메이니에 의한 이란 혁명(1979) : 국왕 추방, 이슬람 원리에 입각한 국가 건설
    ⇨ 제2차 오일 쇼크 발생

3) 이란-이라크 전쟁(1980~1988)
  - 미국의 지원을 받은 이라크의 사담 후세인이 페르시아만의 패권을 위해 일으킨 전쟁

❸ 팔레스타인 문제

1) 팔레스타인 지역 : 유대인(유대교) VS 팔레스타인인(아랍 민족, 이슬람교)

2) 이스라엘과 아랍국의 대립(제1차~4차 중동 전쟁)
  ① 제1차 중동 전쟁(1948~49) : 이스라엘 건국 선언
  ② 제2차 중동 전쟁(1956~57) : 이집트 나세르 대통령 수에즈 운하의 국유화
  ③ 제3차 중동 전쟁(1967) : 이스라엘이 이집트, 시리아, 요르단을 공격
  ④ 제4차 중동 전쟁(1973) : 이집트와 시리아가 영토 회복을 목적으로 반격
    ⇨ 제1차 오일 쇼크 발생
  → 이후, 이스라엘이 PLO(팔레스타인 해방 기구)를 인정하고, PLO도 이스라엘의 존재 근거를 인정(1993년 _____ 협정)

❹ 아프리카 제국의 독립

1) 아프리카의 해(1960) : 나이지리아, 카메룬, 세네갈 등 17개국 독립

2) 식민지형 경제 구조 : 풍부한 자원이 있지만, 외국 자본의 지배, 모노컬쳐(단일 재배)

3) 아프리카 통일 기구(OAU, 1963)
  아프리카 연대 의식 강화(남아프리카 공화국은 1994년 가입)
  → 2001년 아프리카 연합(AU) 설립

4) 남아프리카 공화국 : 16%의 백인이 84%의 유색 인종을 차별 (아파르트헤이트)
  → 91년 법적 폐지,
    94년 최초의 흑인 만델라 대통령 취임

〈만델라 대통령〉

❺ 냉전의 이후의 현대 사회

1) **1990년 전후의 사건**
   ① 천안문 사건(1989) : 중국에서 일어난 민주화 운동
   ② 걸프전(1991) : 이라크 사담 후세인의 쿠웨이트 침공 → 다국적군 파견
   ③ 유고슬라비아 분쟁(1991) : 티토가 죽은 이후, 민족 대립 격화로 내전 발발
      - 슬로베니아, 크로아티아 독립 선언. 마케도니아 독립 선언(1991)
      - 보스니아-헤르체코비나 독립 선언(1992)
         → 세르비아인, 무슬림, 크로아티아인의 대립(인종 청소)
         → NATO 개입(1995) → 종결(1995)
      - 신 유고슬라비아 연방 성립(1992)
      - 2006년 세르비아와 몬테네그로로 분리 독립

2) **초강대국 미국**
   ① 클린턴 정권(1993~2001) : 북미 자유 무역 협정(NAFTA), 경제 재건 및 번영
   ② 부시 정권(2001~2009) : 동시다발 테러 발생(2001.9.11)
      - 아프가니스탄 전쟁(2001) : 탈레반 공격
      - 이라크 전쟁(2003) : 부시의 [악의 축] 발언 → 단독 행동 주의

3) _____의 봄(2010)
   - 튀니지에서부터 이집트, 리비아로 퍼진 중동 지역의 민주화 운동

✦ 사담 후세인
  サダム・フセイン

✦ 걸프전
  湾岸戦争(わんがんせんそう)

✦ 티토
  チトー

2 세계사 · 지리

지리

1 지구와 지도

빈칸 정답 293p

중요 포인트
- 지구본과 지도의 종류 및 특징을 파악합시다.
- 표준시와 시차에 대해 알아 둡시다.
- 거리와 방위, 지리에 관한 전반적인 상식을 쌓아 둡시다.

PLUS
지구본(地球儀)
지구본은 지구의 모양을 본뜬 것으로, 지도로는 한번에 파악하기 어려운 면적, 거리, 방위, 형태가 정확하다. 하지만 어떤 특정 지역을 자세히 파악하는 것은 지도에 비해 어렵다.

PLUS
위도가 60도인 곳의 지구 둘레 = 2만km

일본의 위치
북위 약 20~46도, 동경 약 122~154도

✦ 메르카토르 도법
　メルカトル図法

❶ 지구
1) 반경 = 약 6,400 Km
2) 적도의 길이 = 약 _____ Km
3) 바다와 육지의 비율 = 7 : 3
4) 표면적 : 5.1억㎢

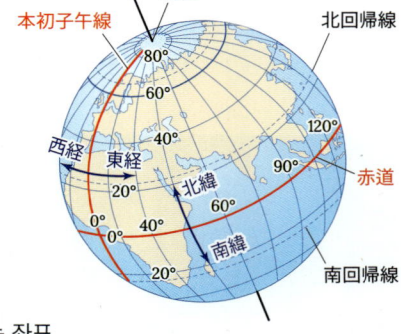

❷ 위도와 경도
1) 위도 : 적도를 중심으로 남북으로 표시하는 좌표
2) 경도 : 본초 자오선을 기준으로 동서를 나타내는 좌표

❸ 지도의 종류
지도의 4요소 : 거리, 면적, 방위, 각도 (한 장의 지도에 정확하게 전부 그릴 수 없음)

1) 메르카토르 도법

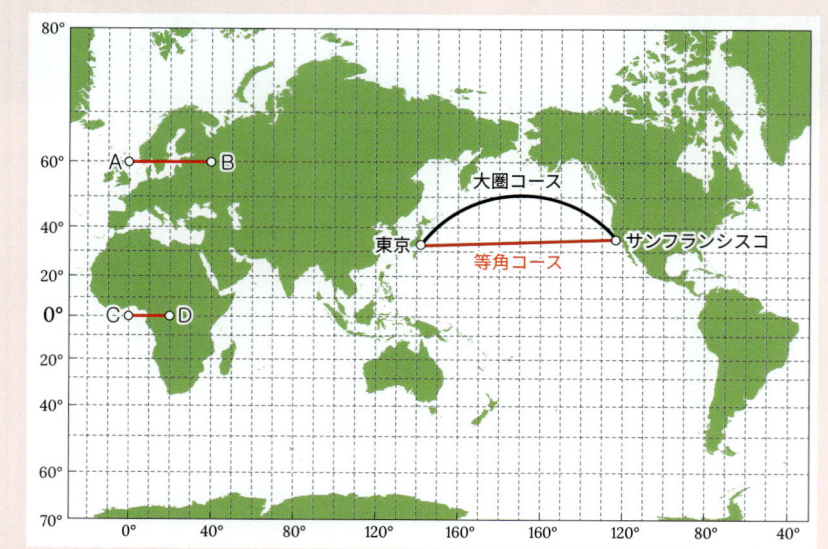

원통 도법
- 각도가 정확함, 항해도에서 사용
- 극점으로 갈수록 거리·면적의 오차가 심해짐
- 위 지도상 A-B의 거리는 C-D거리와 같음
- 임의의 두 지점 사이의 직선이 등각 항로(등각 코스)가 됨

2) 정적 도법(상송 도법, 몰바이데 도법, 구드 도법)

サンソン図法　　モルワイデ図法　　グード図法

면적이 정확함, 형태가 뒤틀어짐

3) 정거 방위 도법

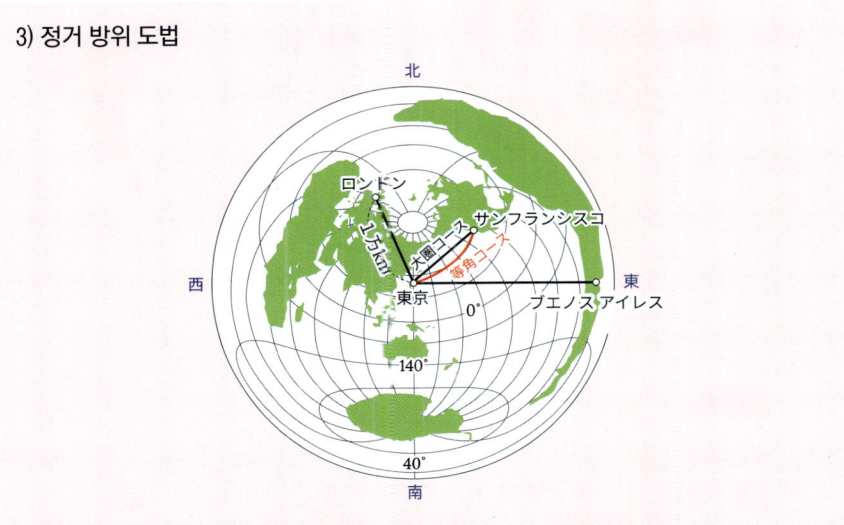

✦ 정거 방위 도법
　正距方位図法

중심으로부터 거리와 방위가 정확함(중심점 이외의 거리는 부정확함)
면적이 부정확, 항공도 이용, 중심에 있는 한 점과 다른 지역 사이를 직선으로 연결하면 대권 항로(대권 코스)가 되고, 최단 거리가 됨.

❹ 표준시와 시차

1) 본초 자오선
　　- 영국 런던 교외의 그리니치 천문대를 통과하는 경선

2) 세계 표준시
　　- 본초 자오선을 기준으로 정한 시간. 동쪽으로 15도 가면 한 시간이 빨라지고,
　　　서쪽으로 15도 이동하면 한 시간이 느려짐

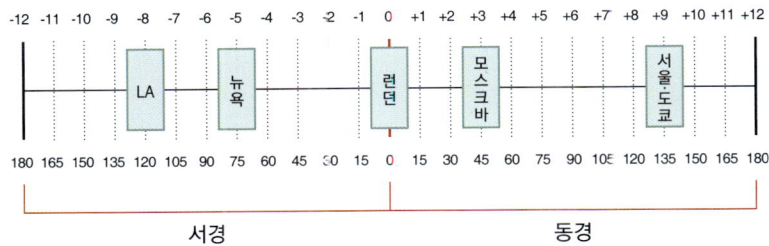

3) 일본의 표준시 : 동경 135도를 표준시로 사용(세계 표준시보다 9시간 빠름)

4) 날짜 변경선 : 경도 180도 부근에 설정되어 있는 경계선

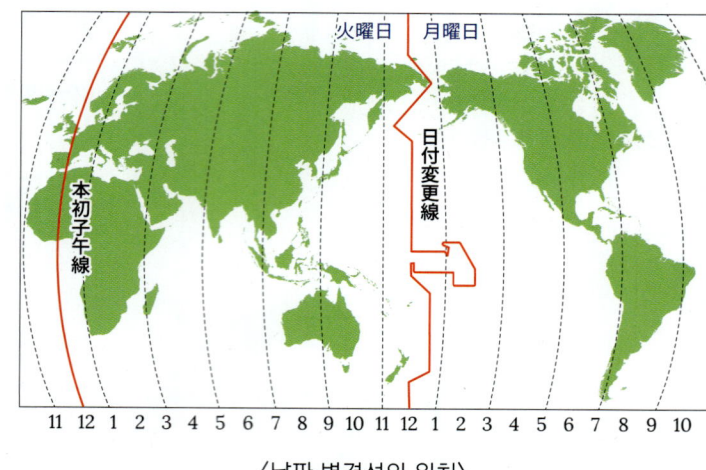

〈날짜 변경선의 위치〉

PLUS
서머 타임
(SUMMER TIME)
위도가 높은 나라는 여름에 일출 시간이 빠르기 때문에, 일조 시간을 활용하여 에너지 절약을 위해 한 시간을 앞당김

✛ 날짜 변경선
　日付変更線
　ひづけへんこうせん

PLUS
영토가 넓은 나라에서는 복수의 표준시를 사용함. 미국은 4개의 표준시(알래스카, 하와이를 포함하면 6개)를 사용. 또한, 같은 경도상에 두 도시가 있다고 해도 반드시 같은 시간인 것은 아님

> **시차 문제**

1. 도쿄에서 일하고 있는 야마다 씨는 런던 현지 시각으로 목요일 오후 3시에 전화를 해야 한다. 현재 런던은 서머 타임이 시행 중이다. 야마다 씨는 무슨 요일 몇 시에 전화를 해야 하는가? _____

2. 야마다 씨는 5월 7일 서울에서 오후 2시에 로스앤젤레스행 비행기에 탑승했다. 로스앤젤레스는 서경 120도를 표준시로 하고 있으며, 비행 시간은 약 13시간이다. 야마다 씨는 며칠 몇 시에 로스앤젤레스에 도착하는가? (서울은 동경 135도를 표준시로 이용하고 있다) _____

3. 이후 야마다 씨는 로스앤젤레스에서 도쿄로 가기 위해 5월 8일 오전 11시에 비행기에 탑승했다. 도쿄에 며칠 몇 시에 도착하는가? 비행 시간은 약 11시간이다.
_____

2 기후

중요 포인트
- 기후의 3요소에 대해 알아 둡시다.
- 지역별 일본의 기후의 특징을 알아 둡시다.

❶ 기후 3대 요소 - 기온, 강수량, 바람

1) **기후 인자** : 기후에 영향을 주는 요인
   ① 위도 : 저위도는 고온, 고위도로 갈수록 저온이 됨(적도로 갈수록 고온)
   ② 수륙 분포(水陸分布) : 내륙 지역은 연교차와 일교차가 크고 해양 지역은 작음
   ③ 해류 : 난류의 영향을 받으면 온난 습윤, 한류의 영향을 받으면 한랭 건조
   ④ 해발 고도 : 고도가 높아질수록 기온이 낮아짐(100m 상승 시 0.6도 내려감)
   ⑤ 지형 : 바람받이 지형은 다우(多雨), 바람 그늘 지역은 소우(小雨)
   ⑥ 격해도(隔海度) : 바다와 가까우면 수증기 유입이 많으므로 다우,
                     바다에서 멀면 소우 지역이 됨

> **PLUS**
> **해류**
> 일정 방향으로 움직이는 바다 표층의 흐름을 해류라고 하며, 지구의 자전에 의한 전향력과 대기의 대순환에 따라 중위도 지역의 북반구는 시계 방향, 남반구는 반시계 방향으로 움직임

❷ 기온

1) 저위도의 경우는 고온, 고위도의 경우는 저온이 됨

2) 해발 고도가 높아질수록 저온이 됨

3) 연교차와 일교차
   ① 연교차 : 최난월과 최한월의 차이 - 북반구 > 남반구, 고위도 > 저위도,
                                      내륙 > 해안, 대륙 동(東)안 > 대륙 서(西)안
   ② 일교차 : 하루의 최고 기온과 최저 기온의 차이 - 저위도 사막 기후가 일교차가 큼

4) 대륙 서안(해양성 기온)과 대륙 동안(대륙성 기온)
   ① 대륙 동안 : _____의 영향 ⇨ 연교차가 큼
   ② 대륙 서안 : 편서풍의 영향, 북대서양 해류(난류) ⇨ 연교차가 작음

❸ 바람

1) **항상풍** : 항상 같은 방향으로 부는 바람 – 무역풍, 편서풍, 극동풍

2) **계절풍(몬순 기후)** : 계절에 따라 바람이 바뀜, 대륙 동안에 영향

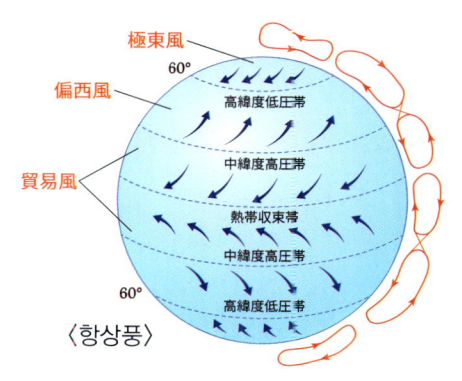
〈항상풍〉

여름 : 해양 → 대륙(고온 다습)
겨울 : 대륙 → 해양(저온 건조)

3) 지방풍
① 고온 건조(푄 바람) : 알프스 북부에 부는 고온 건조한 바람
② 한랭 습윤(야마세) : 초여름 일본의 도호쿠 지역에 부는 한랭 습윤한 바람
③ 건조 열풍(시로코) : 아프리카에서 남유럽으로 부는 고온 건조한 바람
④ 한랭풍 등

4) **열대 저기압** : 태풍, 허리케인, 사이클론 등

❹ 강수량

1) 강수의 종류

지형성 강수	습윤한 공기가 산지를 넘으면서 수증기가 응결되어 나타나는 강수 현상 예 인도 아쌈 지방
대류성 강수	강한 복사열로 대류 현상이 발생하여 나타나는 강수 현상 예 스콜, 소나기
전선성 강수	두 개의 기단이 만나, 따뜻한 기단이 차가운 기단위로 가면서 내리는 강수 현상 예 장마
저기압성 강수	저기압의 중심부에 상승 기류가 발생하여 나타나는 강수 현상 예 태풍, 허리케인, 윌리윌리, 사이클론

2) **세계의 평균 강수량** : 800mm(일본 1,800mm, 도쿄 1,500mm)
① 적도 저압대 - 다우 지역
② 중위도 고압대(위도 20~30도) - 소우 지역
③ 고위도 저압대(위도 50~60도) - 다우 지역

3) 사막의 발생 원인

회귀선 사막	중위도 고압대의 영향 예 사하라 사막
내륙 사막	격해도가 큰 내륙 지역에는 수증기 공급이 적음 예 고비 사막
한류의 영향	한류(차가운 해류)의 영향으로 지표면의 공기가 차가워 상승 기류가 발생하지 않음 예 아타카마 사막
산지의 영향	산맥의 바람 그늘 지역은 비가 내리지 않음 예 파타고니아 사막

❺ 일본의 기후

1) 일본 기후의 특징 : 남북으로 긴 지형으로 인해 다양한 기후대가 존재
   - 오키나와(沖縄) - 아열대 기후
   - 홋카이도(北海道) - 냉대 습윤 기후

2) 대륙의 동쪽에 위치 : 계절풍의 영향을 받음 ⇨ 연교차가 큼
   - 여름 - 태평양으로부터 불어오는 남동 계절풍 (고온 다습)
   - 겨울 - 시베리아에서 불어오는 북서 계절풍 (저온 건조)

3) 강수량이 많음
   오호츠크 기단과 오가사와라 기단 사이에 장마 전선 발생, 열대 저기압(태풍)의 영향이 있음

4) 지역별 기후 특징
   ① 태평양 측 기후 : 여름에 고온 다습(장마, 태풍, 계절풍의 영향). 겨울은 건조
   ② 동해 측(日本海側) 기후 : 겨울에 다량의 눈이 내림(겨울 강수량이 많음)
   ③ 중앙 고지 기후 : 내륙성 기후, 강수량이 적고 기온의 일교차와 연교차가 심함
      예 나가노(長野)
   ④ 세토우치(瀬戸内) 기후 : 산지로 둘러싸여 있어 연간 따뜻한 편이며, 강수량이 조금 적은편
   ⑤ 홋카이도(北海道) 기후 : 냉대. 태풍과 장마의 영향이 거의 없으며 기온차가 큼.
   ⑥ 난세이(南西) 제도 기후 : 기온이 높고 강수량이 많음   예 오키나와(沖縄)

✤ 오호츠크 기단
オホーツク気団

✤ 오가사와라 기단
小笠原気団

〈일본 주변의 기단〉

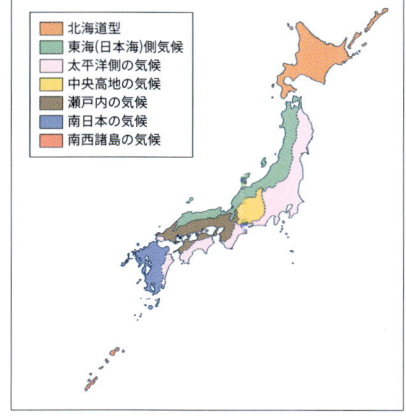

〈지역별 기후 분포〉

3 기후 구분과 식생

빈칸 정답 293p

중요 포인트
- 기후 구분과 분포 지역을 알아 둡시다.
- 기후와 그 지역의 주요 작물을 연관해서 알아 둡시다.
- 기후에 따른 식생을 파악하고, 주요 지역들을 알아 둡시다.

+ 쾨펜
　ケッペン

❶ 쾨펜의 기후 구분

식생 분포의 경계와 일치하는 평균 기온과 강수량을 기초로 1차 구분, 이를 세분하여 2, 3차 구분

1차 구분		2차 구분	기후형
수목 기후	열대 기후 : A (최한월 평균 기온 18℃ 이상)	f : 연중 습윤 s : 하계 건조 w : 동계 건조 m : 몬순(계절풍) 기후	열대 우림 기후(Af) 열대 계절풍 기후(Am) 사바나 기후(Aw)
	온대 기후 : C (최한월 평균 기온 −3~18℃)		온난 습윤 기후(Cfa) 서안 해양성 기후(Cfb) 온대 하계 건조 기후(지중해성 기후, Cs) 온대 동계 건조 기후(Cw)
	냉대 기후 : D (최한월 평균 기온 −3℃ 미만 최난월 평균 기온 10℃ 이상)		냉대 습윤 기후(Df) 냉대 동계 건조 기후(Dw)
무수목 기후	건조 기후 : B (연 강수량 500mm 미만)	S : 스텝(연 강수량 250mm이상) W : 사막(연 강수량 250mm 미만)	스텝 기후 (BS) 사막 기후(BW)
	한대 기후 : E (최한월 평균 기온 −3℃ 미만 최난월 평균 기온 10℃ 미만)	T : 툰드라(최난월 평균 기온 0℃ 이상) F : 빙설(최난월 평균 기온 0℃ 미만)	툰드라 기후(ET) 빙설 기후(EF)
	고산 기후 : H (해발 고도 2,000m 이상) : 연중 10℃ 내외 유지		

❷ 열대 기후(A)

1) Af(열대 우림 기후) : 싱가포르
   ① 고온 다우(스콜), 일교차가 연교차보다 큼(계절 변화 없음)
   ② 밀림, 정글, 상록 광엽수, 라테라이트
   ③ 상품 작물 : _____, 천연고무, 기름야자 등

2) Am(열대 몬순 기후) : 마이애미
   ① 여름 고온 다습, 겨울 온난 건조(약한 건기), 벼농사(동남아시아 중심)

3) Aw(열대 사바나) : 방콕
   ① 건기, 우기가 뚜렷(태양의 회귀로 인해)
   ② 바오밥, 아카시아 등 소림(疏林), 장초 초원, 낙엽 광엽수
   ③ 상품 작물 : 커피, 사탕수수, 면화

✚ 상록 광엽수
  常緑広葉樹

✚ 라테라이트
  ラテライト

✚ 낙엽 광엽수
  落葉広葉樹

✚ 사탕수수
  さとうきび

❸ 온대 기후(C)

1) Cfb(서안 해양성 기후) : 런던, 파리, 켈버른
   ① 연교차가 작음(편서풍의 영향), 영국을 포함한 북유럽
   ② 혼합 농업(곡식 + 가축), 낙농업, 원예 농업, 낙엽 광엽수림

2) Cs(지중해성 기후) : 로마, 샌프란시스코, 케이프타운
   ① 여름 : 고온 건조, 겨울 : 온난 습윤
   ② 수목 농업(오렌지, 포도, 코르크, 올리브), 곡물(밀)
   ③ 지중해 부근(아프리카 북부도 포함), 남아공 케이프타운, 오스트레일리아 남부, 미국 서부 캘리포니아, 칠레 연안

3) Cfa(온난 습윤 기후) : 도쿄, 뉴욕, 시드니
   ① 대륙 동안. 연교차가 큼, 계절풍의 영향

🦉 PLUS

팜파스(パンパ)

팜파스는 아르헨티나 부에노스아이레스 인근에 펼쳐진 광활한 온대 초원으로 비옥한 토양을 바탕으로 밀, 옥수수 등의 작물 재배와 소, 양 등의 가축 사육이 활발하게 이루어지는 농업 및 목축업의 중심지이다.

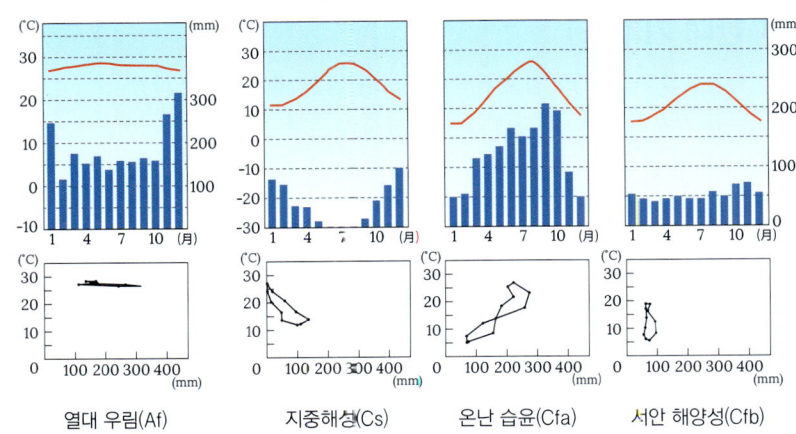

열대 우림(Af)　　지중해성(Cs)　　온난 습윤(Cfa)　　서안 해양성(Cfb)

〈각 기후의 기온, 강수량 그래프 및 하이서 그래프〉

PLUS

가상 대륙

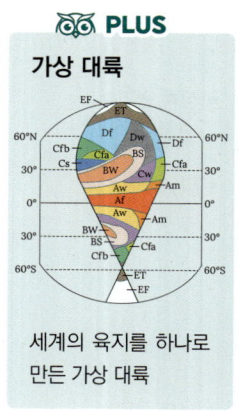

세계의 육지를 하나로 만든 가상 대륙

PLUS

북극권과 남극권

위도가 66° 33′ 이상의 고위도 지역을 극권이라 하며, 북위 66°33′ 이상, 남위 66° 33′ 이상의 지역을 각각 북극권, 남극권이라고 한다. 극권에서는 여름에 하루 종일 태양이 떠있는 백야(白夜) 현상이, 겨울에는 하루 종일 태양이 뜨지 않는 극야(極夜) 현상이 일어난다.

✚ 타이가
　タイガ

✚ 툰드라
　ツンドラ

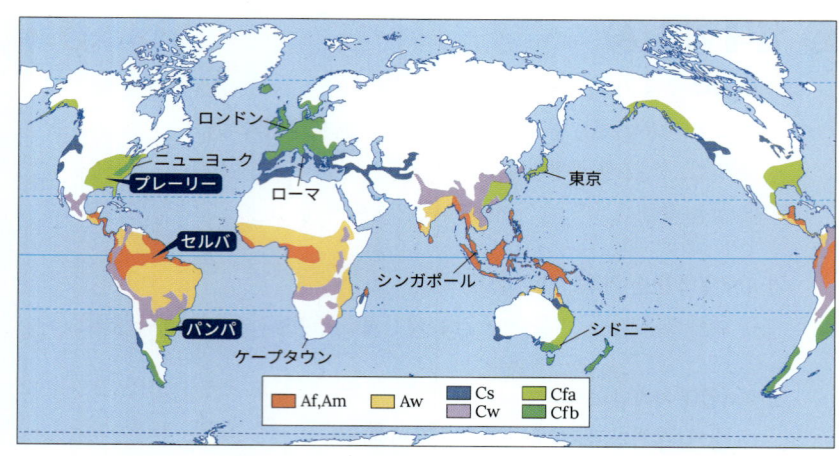

〈열대 및 온대 기후 분포〉

❹ 건조 기후(B)

1) 회귀선 부근에 분포하며, 연 강수량 250mm를 기준으로 사막 기후(BW)와 스텝 기후(BS)로 나뉘어짐
　① 스텝 기후 : 사막 기후 주변에 분포하여, 단초가 존재하고 유목 생활을 함
　　　　　　　 과도한 방목과 경작으로 인한 사막화 문제도 발생
　② 사막 기후 : 식생이 없음

❺ 냉대 기후(D)

1) 냉대 습윤 기후(Df), 냉대 동계 건조 기후(Dw)로 구분
　① 남반구에는 존재하지 않음
　② 침엽수림의 타이가가 존재

❻ 한대 기후(E)

1) 툰드라 기후(ET)와 빙설 기후(EF)가 최난월 0℃를 기준으로 나뉨
　① 툰드라 기후 : 북극해 연안, 이끼 등이 존재
　② 빙설 기후 : 남극 대륙, 그린란드 내륙부

4 지형

빈칸 정답 293p

중요 포인트
- 판 구조론을 통하여 전 세계 지형을 알아 둡시다.
- 신기 조산대와 고기 조산대를 구분하고 여러 지형을 알아 둡시다.
- 일본의 해류, 하천 등 지형의 특징을 알아 둡시다.

❶ 판 구조론

각각의 판이 맨틀의 대류에 따라 움직임 ⇨ 지각 변동

경계의 종류	특징	구체적 예
발산형 경계 (広がる境界)	해령(바다속의 산맥)	대서양 중앙 해령 동아프리카 대지구대
수렴형 경계 (狭まる境界)	해양판 + 대륙판 : 해구, 호상 열도, 대산맥 대륙판 + 대륙판 : 대산맥	일본 해구, 일본 열도 안데스산맥 히말라야산맥
보존형 경계 (ずれる境界)	변환 단층	_____ 단층

✤ 판 구조론
　プレートテクトニクス

✤ 해령
　かいれい
　海嶺

✤ 해구
　かいこう
　海溝

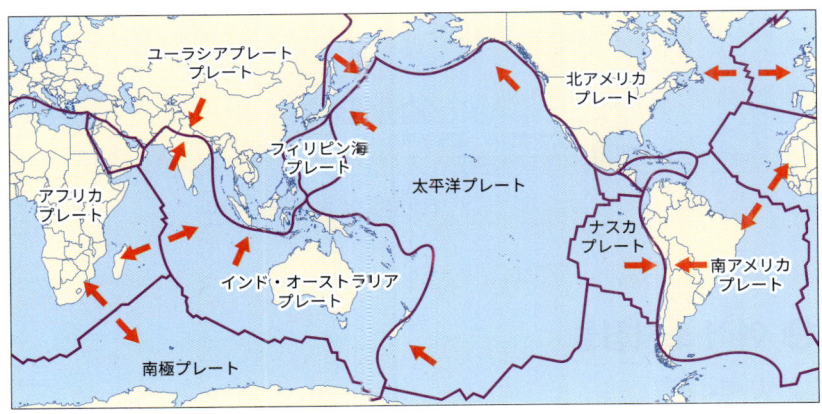

〈판 구조론〉

❷ 대지형의 분류

지대 구분	지형	예	자원
안정육괴 (安定陸塊)	순상지, 탁상지	미국 중앙, 브라질, 아프리카 대륙, 유럽 평원, 오스트레일리아 서부	철광석
고기 조산대 (古期造山帶)	구릉성 산지	애팔래치아, 우랄산맥 스칸디나비아산맥, 그레이트디바이딩산맥 드라켄즈버그산맥	석탄
신기 조산대 (新期造山帶)	험한 산지, 열도	환태평양 조산대 알프스·히말라야 조산대	석유

+ 구릉성 산지
  丘陵性山地
  きゅうりょうせいさんち

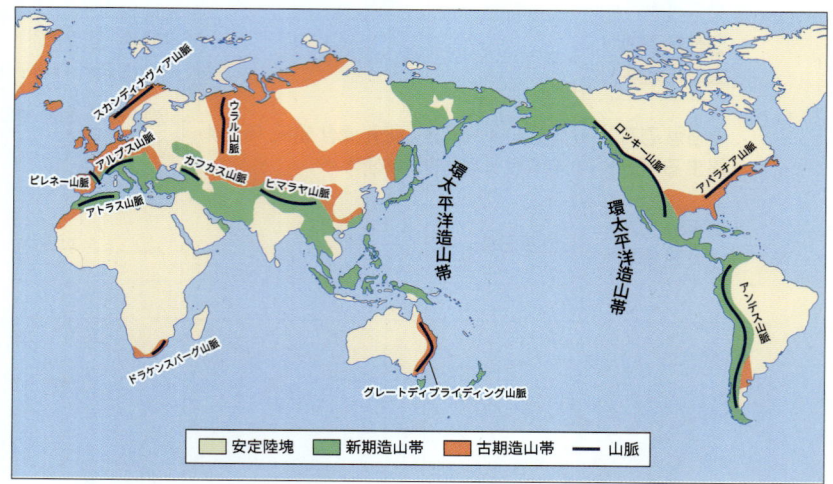

〈대지형의 분류〉

❸ 여러 소지형들

1) 해안 지형

① _____ 해안 : 육지의 침강 또는 해수면 상승으로 육지의 일부가 바다 속에 잠겨 이루어진 복잡한 해안
   예 스페인 북서부, 일본의 산리쿠 해안(三陸海岸)

② 피오르드 해안 : 빙식곡(빙하가 흘러내리면서 침식 작용에 의해 생성된 U자형 계곡)이 침수되면서 폭이 좁은 협만이 형성된 해안 지형
   예 노르웨이 서안, 캐나다/알래스카의 태평양 연안

③ 삼각강 : 기복이 낮은 지형의 하천이 침수되어 형성된 바다 쪽으로 열린 나팔 모양의 하구, 일본에는 없으며 큰 항구가 발달
   예 영국의 템즈강

+ 리아스식 해안
  リアス式海岸
  しきかいがん

+ 피오르드
  フィヨルド

+ 삼각강
  三角江(エスチュアリー)
  さんかくこう

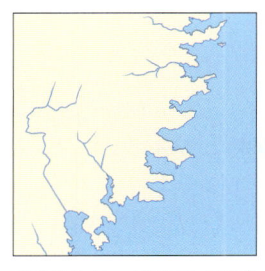
〈리아스식 : 산리쿠 해안〉

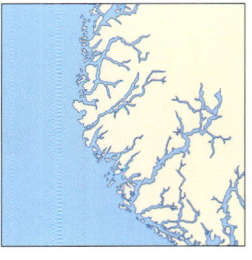
〈피으르드 : 노르웨이〉

〈삼각강 : 템즈강〉

2) 평야 지대

① _____ : 하천의 상류에서 산지와 평지 사이의 경사 급변점에서 유속의 감소로 인하여 모래와 자갈 등의 토사가 쌓여 형성된 부채꼴 모양의 퇴적 지형

② 범람원 : 하천의 중하류 지역에서 하천의 범람으로 운반 물질이 하천 양안에 퇴적되어 형성된 평탄 지형. 자연 제방, 배후 습지, 하적호 등이 나타남

③ 삼각주 : 하천의 하류에서 유속이 급격히 느려져 작은 입자의 자갈과 모래가 쌓여서 만들어진 평야 지역

+ 선상지
  せんじょうち
  扇状地

+ 범람원
  はんらんげん
  氾濫原

+ 삼각주
  さんかくす
  三角州

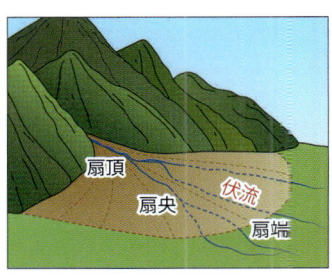
〈선상지〉   〈범람원〉

〈삼각주〉

+ 사취
  さし
  砂嘴

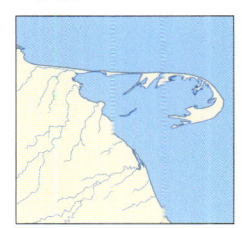

3) 모래의 충적 지역

① 사취 : 모래가 해안을 따라 운반되다가 바다 쪽으로 계속 쌓여 형성된 뻗어 있는 부리 모양의 지형

② 육계사주 : 사취의 발달로 인해(모래의 충적) 섬과 이어져서 만들어진 지형 이때 연결된 섬을 육계섬이라고 함
  예) 하코다테(函館, 홋카이도), 아마노하시다테(天橋立, 교토부)

+ 육계사주 (하코다테)
  りくけいさす
  陸繋砂州

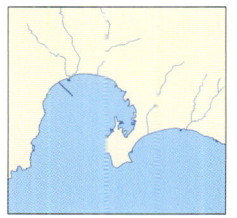

❹ 일본의 지형

1) 판(プレート)

<u>태평양판, 필리핀판</u>, <u>북아메리카판, 유라시아판</u>
    해양판   대륙판

2) **지형** : 국토의 72.8%가 산지

3) **산지**
열도의 등골(중앙 부분)에 산맥이 이어짐 ⇨ 태평양과 동해(日本海) 측으로 나뉨

4) **바다** : 태평양, 동해(日本海), 오호츠크해, 동중국해(東シナ海)로 둘러싸임

- 난류(暖流) : 구로시오(黒潮) 해류(일본 해류), 쓰시마(対馬) 해류
- 한류(寒流) : 리만(リマン) 해류, 지시마(千島) 해류

〈일본과 판의 이동〉 〈일본 주위의 해류〉

5) **하천**
- 하천의 속도가 빠름, 계절에 따라 수량(水量)의 증감이 심함
- 주위의 지대보다 높은 천정천(天井川)이 많음
- 일본에서 가장 긴 하천은 시나노가와(信濃川), 유역 면적이 가장 넓은 하천은 도네가와(利根川)

6) **해안** : 리아스식 해안
- 산리쿠 해안(三陸海岸, 도호쿠), 시마 반도(志摩半島), 나가사키현(長崎県) 등에서 나타남

7) **화산**
활화산(新燃岳, 阿蘇山 등), 휴화산(富士山), 사화산 등 108개가 존재

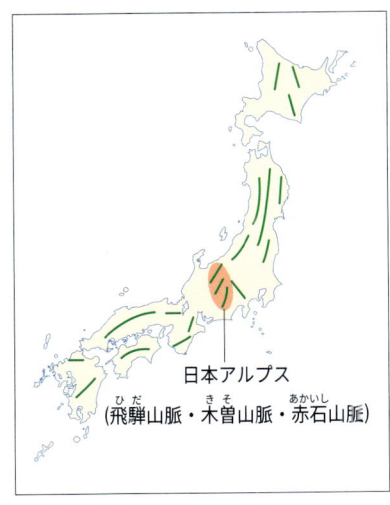

〈일본의 산맥 분포〉

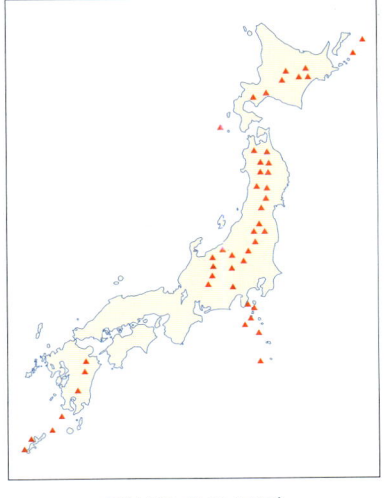

〈일본의 화산 분포〉

8) 평야

대부분이 충적(沖積) 평야로써 선상지, 삼각주가 많음 예 関東平野

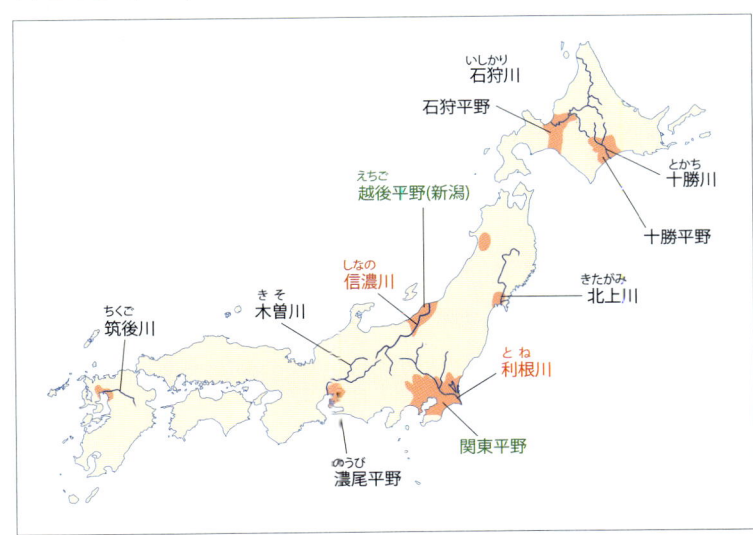

〈일본의 하천과 평야〉

9) 지진

① 해구형(海溝型) 지진 : 해안판이 대륙판의 아래로 들어가면서 대륙판이 튀어 올라 생기는 지진. 규모가 큼

예 동일본 대지진(2011)

② 직하형(直下型) 지진 : 내륙의 단층 활동으로 인해 발생하는 지진 규모가 작으나 국지적으로 피해가 큼

예 고베 대지진(阪神淡路大震災, 1995)

5 자원과 에너지

빈칸 정답 293p

중요 포인트
- 주요 자원의 생산(수출) 국가를 파악해 둡시다.
- 주요 국가의 발전 방법을 알아 둡시다.

❶ 자원

1) 석탄
- 석유보다 매장량이 많음, 고기 조산대에 주로 분포
- 연료, 화력 발전, 제철 등에 사용

주요 산출국	중국(전 세계의 50%이상), 인도, 인도네시아, 오스트레일리아 등
주요 수출국	인도네시아, 오스트레일리아, 러시아 등
수입국	중국, 인도, 일본, 한국 등
일본의 수입	_____, 인도네시아 등에서 70% 이상 수입

2) 석유(원유)
- 산출 지역이 고르게 분포되어 있지 않음, 중동 지역에 50% 이상의 매장이 집중

주요 산출국	미국, 러시아, 사우디아라비아, 중국 등
주요 수출국	사우디아라비아, 러시아, 이라크, 미국 등
수입국	중국, 미국, 인도 한국, 일본 등
일본의 수입	사우디아라비아, UAE, 쿠웨이트 등 중동의 의존도가 높음

3) 천연가스
- 오염 물질 배출이 적은 클린 에너지, 파이프라인, 전용 저장 탱크 등으로 수송

주요 산출국	미국, 러시아, 이란, 카타르 등
주요 수출국	러시아, 미국, 카타르, 노르웨이 등
수입국	중국, 일본, 독일, 미국 등

PLUS

자원 내셔널리즘
(資源ナショナリズム)

자국내의 천연자원에 대한 주권 확립과 그것을 바탕으로 경제 발전을 꾀하려는 움직임. 자원 보유 국가들이 생산, 판매 등의 이익을 꾀하기 위해 OPEC(석유 수출국 기구, 1960), OAPEC(아랍 석유 수출 기구, 1968) 등이 설립되었다.

✚ UAE(아랍 에미리트)
アラブ首長国(しゅちょうこく)

4) 주요 광물 자원 산출량

철광석	오스트레일리아, 브라질, 중국, 인도, 러시아 등
금광	중국, 오스트레일리아, 러시아, 미국, 캐나다 등
은광	_____, 페루, 중국, 러시아 등
동광	_____, 페루, 중국, 콩고민주, 미국 등
다이아몬드	러시아, 콩고 민주, 보츠와나, 오스트레일리아 등

> **PLUS**
> **희소 금속 (レアメタル)**
> 희소 금속은 첨단 기술 산업에 필수적인 리튬, 코발트, 티타늄 등의 금속으로 매장량이 적고 채굴과 공급이 어려운 물질이다. 대부분이 아프리카, 중국, 오스트레일리아 등에 매장되어 있다.

❷ 에너지

1) 에너지 자원의 변천

산업 혁명 이전	⇨	산업 혁명	⇨	에너지 혁명
인력, 축력(畜力), 풍력, 수력 등 자연 에너지		증기 기관의 발전 등에 따라 석탄이 주요 에너지 자원으로 등장		1950~60년 전기, 내연 기관의 발달에 따라 석탄에서 석유, 천연가스로 전환

석유 위기	⇨	대체 에너지 원자력 에너지
1973년 4차 중동 전쟁으로 OAPEC의 수출 제재, 1979년 이란 혁명에 의해 선진국에서 대체 에너지와 원자력 에너지 개발이 진전		태양열, 태양광, 지열, 풍력 등 환경에 부담 없는 대체 에너지와, 우라늄·플루토늄의 핵분열을 이용한 원자력 발전이 사용됨

2) 발전(發電)의 종류

① 화력 발전
- 석탄, 석유 등을 태워 발생한 증기로 터빈을 돌리는 방식
- 수력, 원자력 발전에 비해 입지 조건이 까다롭지 않음
- 전력 소비가 많은 대도시 부근에 입지
- 화력 발전 중심의 국가 : 미국, 러시아, 인도, 중국, 일본 등 공업이 발달하여 전력 수요가 큰 나라, 석탄·석유가 풍부한 나라
- 한계 : 화석 연료의 고갈, 산성비, 지구 온난화의 원인

② 수력 발전
- 물을 낙하시켜 터빈을 돌림
- 수력 발전 중심의 국가 : 브라질, 캐나다, 스위스, 노르웨이 등
- 강수량이 풍부하고, 지형이 험준한 나라
- 한계 : 입지 제약, 소비지에서 떨어져 있음, 건설비가 많이 듦

③ 원자력 발전
- 핵분열로 얻어지는 열에 의해 증기를 발생시켜 터빈을 돌림
- 고도의 기술과 거대한 자본이 필요함
- 원자력 발전의 비율이 큰 나라 : 프랑스, 스웨덴, 한국, 미국 등
  * 원자력 비율은 프랑스가 가장 높지만 발전량은 미국이 가장 많음
- 한계 : 체르노빌, 후쿠시마 등 방사능 오염과 사고의 위험, 방사성 폐기물 처리 문제 등

④ 지열 발전
- 미국, 인도네시아, 멕시코, 일본 등 화산이 많은 국가에서 이용

⑤ 풍력 발전
- 중국, 미국, 독일, 스페인 등이 이용
- 편서풍 등 바람이 안정적으로 불어오는 나라에서 이용
- 덴마크는 전체 전력 소비량의 약 50%를 풍력 발전으로 생산

6 농림 수산업

빈칸 정답 293p

중요 포인트
- 국가별 주요 작물을 알아 둡시다.
- 일본 농업의 특징을 파악합시다.
- 일본 수산업의 특징을 알아 둡시다.

❶ 세계의 농업

1) 세계 3대 곡물 : 쌀, 밀, 옥수수

구분	원산지	특징
쌀	중국 남부 인도 북동부	- ㅇ-시아가 전 세계 총생산량의 90% 이상 - 여름의 고온 다우 기후에서 재배 - ㅈ-급 작물, 수출량이 적음
밀	서아시아	- 열대 기후를 제외한 다양한 기후와 지역에서 재배 - 수출을 목적으로 하는 생산이 많음(수출량이 많음)
옥수수	멕시코 고원	- ㅅ진국에서는 사료로 이용, 개발 도상국에서는 식재료 이용이 많음 - ㅅ산량이 증가 추세 - ㅂ-이오 연료 이용

+ 쌀
こめ
米

+ 밀
こむぎ
小麦

+ 옥수수
とうもろこし

		1위	2위	3위	4위
쌀	생산국(2021)	중국	인도	방글라데시	인도네시아
	수출국(2021)	인도	타이	베트남	파키스탄
	수입국(2021)	중국	필리핀	방글라데시	모잠비크
밀	생산국(2021)	중국	인도	러시아	미국
	수출국(2021)	러시아	오스트레일리아	미국	캐나다
	수입국(2021)	인도네시아	중국	튀르키예	알제리
옥수수	생산국(2021)	미국	중국	브라질	아르헨티나
	수출국(2021)	미국	아르헨티나	우크라이나	브라질
	수입국(2021)	중국	멕시코	_____	한국

지리 111

2) 그 외의 작물 생산량

	1위	2위	3위	4위
카카오	코트디부아르	가나	인도네시아	브라질
커피	————	베트남	인도네시아	콜롬비아
사탕수수	브라질	인도	중국	파키스탄
차(茶)	중국	인도	케냐	튀르키예
포도	중국	이탈리아	스페인	미국
올리브	스페인	이탈리아	튀르키예	모로코
보리	러시아	오스트레일리아	프랑스	독일
와인	이탈리아	프랑스	스페인	중국
천연고무	타이	인도네시아	베트남	중국
팜유(기름야자)	인도네시아	말레이시아	타이	콜롬비아
대두	브라질	미국	아르헨티나	중국
대추야자	이집트	사우디아라비아	이란	알제리
면화	인도	중국	미국	브라질

(2021년 기준. 단, 와인은 2020년)

+ 보리
  大麦(おおむぎ)

+ 팜유
  パーム油(ゆ)

+ 대추야자
  なつめやし

PLUS

녹색 혁명
(緑の革命)
(みどり かくめい)

1960년대 후반, 인도 및 동남아 지역에서는 폭발적인 인구 증가에 따라 식량 자급을 위해 고수량 품종의 개발과 관개 시설 정비, 농업 기술 혁신 등이 이루어졌는데 이를 녹색 혁명이라고 한다.

❷ 지역별 농업

1) 동남아시아
   ① 메콩강(캄보디아, 베트남), 차오프라야강(타이), 이라와디강(미얀마)의 삼각주가 대표적인 쌀 생산지
   ② 타이, 인도네시아 등에서 천연고무 생산이 많음
   ③ 인도네시아, 말레이시아 등 팜유(기름야자) 생산이 많음

2) 남아시아 : 아쌈 지역과 스리랑카에서 차 생산이 번성

3) 아프리카
   ① 카카오(코트디부아르, 가나), 기름야자, 차(케냐) 등 플랜테이션 농업
   ② 에티오피아 고원 - 커피 생산지

4) 유럽
   ① 지중해식 농업(여름에 건조, 겨울에 습윤) - 포도, 오렌지, 올리브, 레몬
   ② _____ : 서유럽 최대의 농업국, 밀, 보리, 포도, 와인 등의 생산이 많음
   ③ 영국 : 낙농업 중심, 혼합 농업

5) 미국 : 대규모 기계화, 높은 노동 생산성, 상품적 작물 재배 중심

6) 라틴 아메리카 : 브라질 - 커피, 카카오, 사탕수수
   아르헨티나 - 밀, 옥수수
   콜롬비아 - 커피
   에콰도르 - 바나나
   쿠바 - 사탕수수

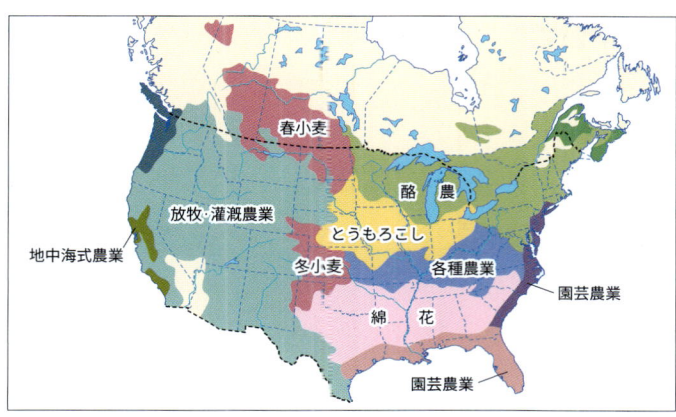

〈미국의 농업 구분〉

7) 오세아니아 : 오스트레일리아 – 세계적인 목양(牧羊) 지역, 밀, 소고기
   뉴질랜드 – 낙농 중심(북), 목양(남)

❸ 일본의 농업

1) 일본 농업의 특징
   ① 영세 경영 : 농가의 경영 면적이 타 외국에 비해 매우 작음
   ② 집약 농업 : 작은 경지에 많은 자본 및 노동과 비료로 생산성을 극대화
   ③ 저생산성 : 토지 생산성은 높으나 노동 생산성이 낮음 ⇨ 가격 상승
     * 일본에서는 품종 개량에 의해 북쪽 지역에서도 쌀 생산이 많음
       예) 니가타(新潟), 홋카이도(北海道), 아키타(秋田) 등

❹ 일본의 식량 문제

1) 식량 관리 제도 : 정부가 식량을 관리하여 생산자를 보호하는 제도
2) 농업 기본법 제정(1961) : 생산성 향상과 농가의 소득 증대 목적
3) 식생활의 서구화(1960년대) : 쌀 소비량 감소, 생산 과잉
4) 감반 정책 실시(1971~2018) : 쌀 경작지와 생산량을 줄이는 정책
5) 미일 무역 마찰의 격화(1980년대) : 농산물의 수입 개방 압력
   * _____ 라운드(1986~94) : 농산물의 예외 없는 관세화
6) 소고기, 오렌지 수입 자유화(1991)
7) 쌀 수입의 부분 자유화(1995) → 식량 관리 제도 폐지
   쌀의 관세화(1999) → 자유화
8) 식량, 농업, 농촌 기본법(1999) : 식량의 안정적 공급 확보, 농업의 지속적 발전,
   자연 환경 보전 등 농촌의 다면적(多面的) 기능 발휘
9) 식량 자급률의 저하 : 79%(1960) → 38%(2021)   ※ 공급 열량 기준

PLUS

토지 생산성과 노동 생산성

토지 생산성은 단위 면적당 수확량을 나타내며, 노동 생산성은 농민 한 사람당 수확량을 나타낸다.
미국은 대규모 기계화 등으로 한 사람의 농민이 수확하는 농산물이 많으므로 노동 생산성은 높으나 토지 생산성은 높지 않으며, 일본은 농지 면적이 작으므로 농지에 대한 노동력과 자본의 투입이 많기 때문에 토지 생산성은 높으나 노동 생산성은 낮다.

✦ 영세 경영
　零細経営
　れいさいけいえい

✦ 감반 정책
　減反政策
　げんたんせいさく

> **PLUS**
> **페루와 엘니뇨**
> 페루는 멸치류 중심의 어획량이 높은 대표적인 국가이지만, 1970년대에는 페루 연안의 수온이 상승하는 엘니뇨의 영향으로 어획량이 급감하였다.

❺ 세계의 수산업

	1위	2위	3위	4위
어획량(2021)	중국	인도네시아	인도	베트남
수출량(2021)	중국	_____	베트남	인도
수입량(2021)	미국	중국	일본	스페인

❻ 일본의 수산업

1) 세계에서 높은 어패류 소비국
   - 식생활의 서구화에 따라 감소하였으나, 여전히 높은 수준

2) 세계 최고의 어획량이었으나 감소
   - 석유 위기로 인한 연료 가격 급등과 200해리 경제 수역 설정 등으로 원양 어업이 쇠퇴
   - 현재는 미국, 중국에 이어 전 세계 수입 3위(2021)

❼ 일본의 임업

1) 국토의 2/3가 산림

2) 임업 경영의 어려움으로 인해 목재 자급률이 낮음(41.1%, 2021)
   → 최근에는 정부의 정책 등으로 회복 추세

3) 캐나다, 미국, 스웨덴, 핀란드 등에서의 수입이 많음

7 공업

중요 포인트
- 일본의 공업 지대의 특징을 알아 둡시다.
- 일본의 시대별 주요 산업을 알아 둡시다.

❶ 공업의 발달

1) 공업의 발달 단계
   ① 산업 혁명 이전의 형태 : 공장제 수공업
   ② 산업 혁명 : 도구(인력)에서 기자(증기 기관)로 기술 혁신
   ③ 19세기 : 경공업(섬유, 식료품 등)에서 중공업(제철업, 기계 공업) 발전으로 이행
   ④ 2차 세계 대전 후 : 자원 및 에너지를 대량으로 소비하는 자원 다소비형 공업(철강, 조선, 기계, 석유 화학 등) 발달
   ⑤ 오일 쇼크 이후 : 고도의 기술과 지식이 필요한 지식 집약형 공업의 발달

2) 발전 도상국의 공업 발달
   ① 수입 대체형 공업 : 수입에 의존해왔던 공업(의류, 식료품, 잡화 등 소자본으로 생산 가능한 산업)을 국산화하여 국내 판매를 촉진
   → 국내 시장이 작은 개발 도상국은 수출로 전환
   ② 수출 지향형 공업 : 외국 자본과 기술 도입으로 섬유, 전자 기계 등 수출 산업을 육성
   ② 외국 기업을 유치 : 선진 공업국의 자본 및 기업을 적극적으로 유치
   (낮은 세율, 토지 제공, 수출 가공구 지정 등)

❷ 공업의 입지 조건

공업의 입지 조건은 운송비와 노동력에 따라 구분

	특징	대표적인 산업
원료 지향형	원재료보다 제품으로 했을 때 중량이 감소하는 제품	시멘트
시장 지향형	제품으로 하면 중량이 증가하는 제품, 시장의 정보가 중시되는 산업	음료, 술, 식료품, 인쇄
노동 지향형	숙련된 노동자가 필요하거나, 자동화가 어려워 많은 노동력이 필요한 산업	의류, 전자 기기
교통 지향형	수출, 수입을 위한 임해 지역, 또는 공항 지향형의 산업	철강, 석유 화학(항만), 반도체(공항)

✦ 공장제 수공업
工場制手工業
(マニュファクチュア)

✦ 자원 다소비형
資源多消費型

✦ 수입 대체형
輸入代替型

PLUS

경공업과 중공업
섬유·식료품·제지·요업 등 설비 자본이 적게 들고 주로 일상에서 소모되는 것을 생산하는 산업을 경공업이라고 하며, 금속·기계·조선·화학 공업 등 거대 자본과 설비가 필요한 산업을 중공업이라고 한다.

✦ 시멘트
セメント

❸ 일본의 공업

1) 3대 공업 지대

- 노동력이 풍부, 소비지가 큼, 넓은 공업 용지, 교통이 발달, 바다와 접해 있음

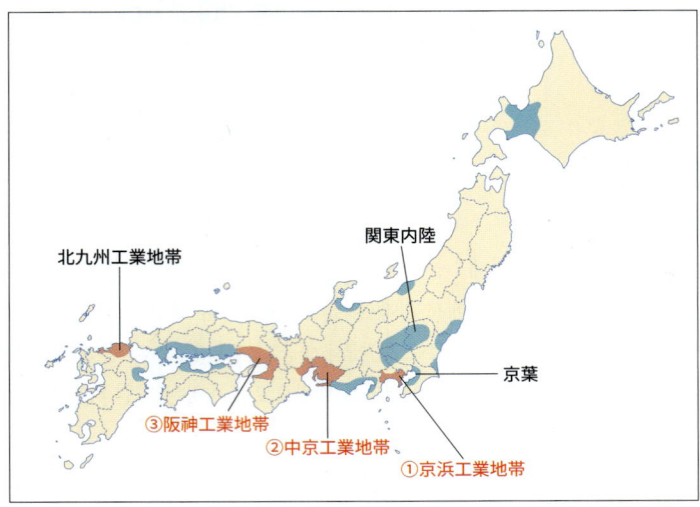

〈일본의 공업 지대〉

① 게이힌 공업 지대(京浜工業地帶)
  - 일본 최대의 공업 지대
  - 도쿄(東京), 요코하마(横浜)를 중심으로 지바(千葉) 및 내륙 지방으로 확대
  - 경제, 정치, 문화의 중심
  - 기계 공업의 비율이 높고, 자동차, 전자 등을 생산, 인쇄업 발달
    연구 개발 부문(R&D)이 많음
  - 3대 공업지대 중 제품 출하액이 가장 높았으나 현재는 가장 낮음

② 주쿄 공업 지대(中京工業地帶)
  - 제품 출하액은 게이힌(京浜) 공업 지대를 넘어 1위
  - 나고야(名古屋), 도요타(豊田), 욧카이치(四日市) 등
  - 과거에는 섬유, 도자기 공업 → 현재는 자동차 공업 등 기계 공업의 발달

③ 한신 공업 지대(阪神工業地帶)
  - 오사카(大阪), 고베(神戶)가 중심
  - 생산 거점 해외 이전 등으로 상대적으로 규모 감소
  - 금속 공업, 화학 공업의 비율이 높음

❹ 일본의 주요 산업

1) **섬유 공업** : 메이지 유신 이후 전 세계로 면직물 수출, 2차 대전 이후 화학 섬유가 중심, 중국, 동남아 등의 발전으로 현재는 침체

2) **철강 공업** : 관영 야하타 제철소를 기타큐슈에 건설
   → 조업 개시(1901). 2차 대전 이후 세계 최고를 유지했지만 1996년 중국이 앞지름. 원료의 60% 가까이 호주에서 수입. 중국에 이어 수출 2위(2021)

3) **조선업** : 1956년부터 세계 1위. 1990년대 후반 한국이 앞지르고, 2000년 이후에는 중국이 급성장. 선박 준공량은 중국, 한국에 이어 3위(2022)

4) **전자 기기 산업** : 1955~1973년 고도 경제 성장의 기간산업. 현재는 한국, 중국과 경쟁으로 시장 점유율 하락

5) **자동차 산업** : 1970년부터 기간산업. 1980년대~1990년대 초반까지 생산량 세계 1위, 1980년대 미국과 무역 마찰이 일어남. 해외로 공장을 이전하여 현지 생산의 증가. 현재는 중국, 미국에 이어 생산 3위(2022)

6) **반도체 산업** : 1980년대 후반 전 세계 50% 이상을 점유하며 반도체 산업을 리드했으나 현재는 한국, 미국, 중국, 대만 등과 경쟁 격화

✦ 관영 야하타 제철소
  かんえい やはた せいてつじょ
  官営八幡製鐵所

8 무역

빈칸 정답 293p

중요 포인트
- 일본의 주요 무역 상품을 알아 둡시다.
- 일본의 주요 무역 상대국을 알아 둡시다.

❶ 무역의 분류

1) 무역 정책에 의한 분류

　　① 자유 무역 - 국가가 무역에 아무런 제한을 가하지 않는 무역

　　② 보호 무역 - 자국의 산업을 보호하기 위해 제재를 가하는 무역
　　　　　　　　예 수입 관세, 과징금, 수출 보조금, 비관세 장벽

2) 국제 분업

　　- 각 국이 지역의 특성과 기술 등의 조건을 살려 생산하여 국제적 분업을 실시하는 것

　　① 수평적 분업 : 주로 선진국간의 분업. 공업 제품을 생산 수출
　　　　　　　　　　종종 무역 마찰이 발생. <u>일본의 흑자</u>

　　② 수직적 분업 : 주로 선진국은 공업 제품. 발전 도상국은 원재료를 수출
　　　　　　　　　　선진국의 다국적 기업이 전 세계로 진출하여 분업을 촉진.
　　　　　　　　　　도상국은 1차 산업을 중심으로 수출하기 때문에 가격에 좌우되기
　　　　　　　　　　쉬움. <u>일본의 적자</u>

3) 무역 분류

　　① 선진국형 : 공업 원료, 연료 등을 수입하여 공업 제품을 수출

　　② 발전 도상국형 : 공업 원료, 연료 등을 수출하여, 공업 제품을 수입

　　③ _____ 무역 : 수입한 상품을 일시적으로 보관하거나 간단히 가공하여 재수출.
　　　　　　　　　　싱가포르, 홍콩에서 발달

PLUS

무역 의존도

국민 소득에 대한 수출입 합계액의 비율. 수출 의존도와 수입 의존도의 합계이며, 미국과 일본은 국민 소득이 높기 때문에 무역 의존도는 낮음. 싱가포르 등 중계 무역을 하는 지역은 무역 의존도가 높음

❷ 일본의 무역

1) 일본의 무역 상대국

구분	특징	수출	수입
미국	일본의 수출 초과 무역 마찰의 반복	기계류, 자동차, 자동차 부품	기계류, 항공기류, 의약품, 육류, 곡물
중국	2000년대 중반부터 최대 무역 상대국	기계류, 정밀 기계	기계류, 의류, 금속 제품, 어패류
한국	일본의 수출 초과	기계류, 철강	기계, 석유 제품, 정밀 기계
ASEAN	최근 경제 발전 일본의 기업 진출에 따라 밀접한 관계	자동차, 기계류, 철강	석탄, 의류, 천연고무, 어패류
EU	일본의 수출 초과	자동차, 정밀 기계	자동차, 기계, 술, 의약품, 의류
오스트레일리아	일본의 수입 초과	자동차, 기계	석탄, 철광석, 천연가스, 육류

2) 일본의 주요 품목별 무역 상대국

구분	품목	내역
수출	자동차	미국(33.1%), 오스트레일리아(8.5%), 중국(7.7%)
	자동차 부품	미국(26.4%), 중국(15.6%), 타이(8.5%)
	철강	타이(14.1%), 한국(14.1%), 중국(14.1%)
	선박	파나마(31.0%), 리베리아(28.8%), 마셜제도(13.2%)
수입	원유	사우디아라비아(39.5%), 아랍에미리트(37.8%), 쿠웨이트(8.3%)
	천연가스	오스트레일리아(43.0%), 말레이시아(15.2%), 러시아(8.0%)
	의류	중국(55.9%), 베트남(15.1%), 방글라데시(4.0%)
	전산 기기	중국(74.2%), 타이(4.4%), 싱가포르(4.0%)
	커피	브라질(26.5%), 콜롬비아(18.3%), 베트남(13.8%)
	소고기	미국(41.3%), 오스트레일리아(37.9%), 캐나다(7.4%)
	석탄	오스트레일리아(67.4%), 인도네시아(13.8%), 캐나다(6.1%)
	철광석	오스트레일리아(52.8%), 브라질(32.5%), 캐나다(7.3%)

(2022년 기준)

PLUS

편의치적국 (便宜置籍国)
선주들이 세금을 적게 내고, 비용을 줄이며, 각종 규제를 피하기 위해 선박을 등록하는 나라. 대표적으로 파나마, 리베리아, 싱가포르 등이 있음

PLUS

일본의 EPA 협정 국가

체결 국가	발효 시기
싱가포르	2002.11
멕시코	2005.4
말레이시아	2006.7
칠레	2007.9
타이	2007.11
인도네시아	2008.7
브루네이	2008.7
ASEAN	2008.12
필리핀	2008.12
스위스	2009.9
베트남	2009.10
인도	2011.8
페루	2012.3
오스트레일리아	2015.1
몽골	2016.6
EU	2019.2
미국	2020.1
영국	2021.1

❸ 세계의 무역

1) 자유 무역을 위한 움직임
① GATT(관세와 무역에 관한 일반 협정, 1947)
  - 2차 대전 이후 보호 무역을 방지, 관세 인하, 비관세 장벽의 철폐 목적
② WTO(세계 무역 기구, 1995)
  - 협정이 아닌 기관으로의 발전(강제성), GATT에서 취급하지 않았던 서비스 무역과 지적 소유권도 취급

2) FTA와 EPA
① FTA(자유 무역 협정) : 관세와 서비스 무역의 제한 철폐. 무역의 장벽을 제거하여 자유 무역 지역 결성
② EPA(경제 협력 협정) : FTA에 노동 시장의 개방, 투자 개방 등 경제적인 연계를 강화

3) 국가 간 협력
① EU(유럽 연합)
  - 현재 유럽의 27개국이 가입되어 있으며, 관세와 무역 장벽이 철폐되어 역내 무역이 활발함. 대외 무역에 대해 공동 통상 정책을 실시하고 있음
  - 2016년 영국 탈퇴 선언 → 2020년 탈퇴

② USMCA(미국·멕시코·캐나다 협정)
  - 1994년 관세를 단계적으로 철폐하는 북미 자유 무역 협정(NAFTA) 설립
    → 재협상 → 원산지 규정 등을 강화한 USMCA 체결(2020년 발효)

③ ASEAN(동남아시아 국가 연합)
  - 1967년 설립되어 현재는 동남아시아 10개국(필리핀, 인도네시아, 말레이시아, 싱가폴, 타이, 브루나이, 베트남, 캄보디아, 라오스, 미얀마)으로 구성
  - 경제 통합과 무역 자유화를 확대
  - 2015년 ASEAN 경제 공동체(AEC) 발족

④ MERCOSUR(남미 공동 시장)
  - 1995년 브라질, 아르헨티나, 우루과이, 파라과이의 관세 동맹으로 설립
  - 2006년 베네수엘라 가입(2016년부터 자격 정지)
    2012년 볼리비아 가입(2023년 정회원 편입)
    칠레, 페루, 콜롬비아, 에콰도르 등은 준가맹국

⑤ APEC(아시아 태평양 경제 협력체)
  - 1989년 환태평양 국가의 경제 발전을 목적으로 창설
  - 21개국으로 세계 인구의 38%, 미국, 일본, 중국 등을 포함하여 GDP 61%, 무역액 47%이상의 경제 규모

⑥ 환태평양 경제 동반자 협정(TPP)
- 싱가포르, 뉴질랜드, 칠레, 브루나이, 미국, 오스트레일리아, 베트남, 페루, 말레이시아, 멕시코, 캐나다, 일본 등 12개 국가로 구성
- 아시아/태평양 지역의 국가간 관세를 철폐하고 높은 수준의 포괄적 자유화를 목표
- 2017년 미국이 탈퇴 선언 → 11개 국가로 2018년 발효(TPP11)
- 2023년 영국이 TPP11에 가입 결정

9 인구

빈칸 정답 293p

중요 포인트
- 주요 국가의 인구를 알아 둡시다.
- 선진국과 개발 도상국이 안고 있는 인구 문제를 알아 둡시다.
- 일본의 인구 특징을 알아 둡시다.

❶ 세계의 인구 : 약 80억

1) 대륙별 분포
- 아시아 약 46억 9천만 명, 아프리카 약 13억 9천만 명, 유럽 약 7억 4천만 명,
  북아메리카 약 5억 9천만 명, 남아메리카 약 4억 3천만 명, 오세아니아 약 4천만 명

(2021년 기준)

2) 국가별 인구

세계의 인구 순위	국가	인구 수(백만 명)
1	인도	1,428
2	중국	1,425
3	미국	339
4	인도네시아	277
5	파키스탄	240
6	나이지리아	223
7	브라질	216
8	방글라데시	172
9	러시아	144
10	멕시코	128
11	에티오피아	126
12	일본	123

(2024년 기준)

❷ 인구 폭발과 인구론

1) 인구 폭발
① 제1차 인구 폭발 : 산업 혁명기의 유럽, 북아메리카에서 인구 급증
② 제2차 인구 폭발 : 2차 세계 대전 이후 발전 도상국 지역의 인구 급증

2) 맬서스 『_____』: 산업 혁명기 영국의 경제학자
- 인구는 기하급수적으로 증가하지만 식량은 산술 급수적으로 증가
- 과잉 인구에 따른 빈곤의 증가는 숙명적임 : 인구 억제의 필요성 주장

✚ 맬서스
　マルサス

❸ 인구 문제

1) 발전 도상국의 인구 문제
   - 인구 폭발에 의한 식량 부족, 실업·빈곤, 대도시 유입에 따른 도시 문제, 난민 발생 등
   ① 인도 : 산아 제한 정책의 실패, 인구 급증, 세계 최대 인구 → 녹색 혁명
   ② 중국 : 2025년 14억을 기점으로 감소, 급속한 고령화
   ③ 아프리카 : 다산다사(多産多死), 높은 유아 사망률, 복지 부족 및 빈곤층 증대

2) 선진국의 인구 문제
   - 고령화, 출생률의 저하 : 일본, 이탈리아 등 노동력 감소로 인한 사회 보장비 부담 증가 문제 발생
   ※ 고령화 사회 : 65세 이상 인구가 전체 인구의 7%~14%
   고령 사회 : 65세 이상 인구가 전체 인구의 14%~21%
   초고령 사회 : 65세 이상 인구가 전체 인구의 21%~

❹ 인구 피라미드

연령, 성별 인구를 나타내는 그래프

+ 후지산형
  富士山型

1) 후지산형, 피라미드형 : 발전 도상국에서 보여지는 다산다사형

+ 피라미드형
  ピラミッド型

2) 종형 : 소산소사(少産小死)형의 선진국, 인구는 정체

+ 종형
  つりがね型

3) 항아리형 : 저연령층보다 고연령층이 많은 일부 선진국. 인구는 감소

+ 항아리형
  つぼ型

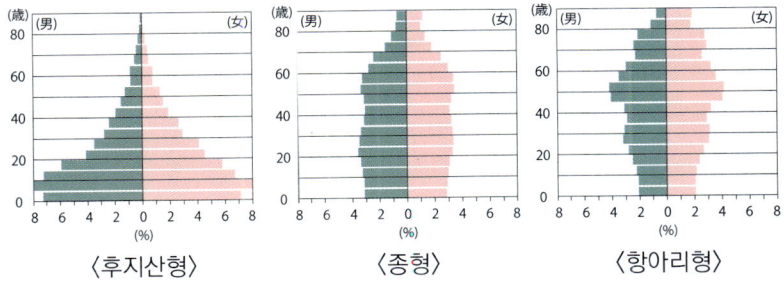

〈후지산형〉   〈종형〉   〈항아리형〉

❺ 인구 밀도

1) 인구 밀도 : 단위 면적당의 인구 수로 보통 1km²당 인구를 나타냄

2) 국가별 인구 밀도
   - 방글라데시(1,265명), 한국(527명), 네덜란드(508명), 일본(347명)
   몽골(2명), 오스트레일리아(3명), 캐나다(4명), 러시아(8명)

❻ 산업별 인구 구성

1) 산업의 의한 인구의 분류

① 제1차 산업 : 농업, 목축업, 임업, 수산업 등

② 제2차 산업 : 광업, 제조업, 건설업 등

③ 제3차 산업 : 상업, 서비스업, 금융업, 운송업, 공무원 등

※ 발전 도상국은 1차 산업의 비율이 높고, 공업화에 따라 2차 산업의 인구 비율이 높아짐. 선진국은 3차 산업의 인구가 가장 높음

> **🦉 PLUS**
>
> **페티 클라크의 법칙**
> **ペティ・クラーク の法則(ほうそく)**
>
> 국가의 경제가 발전할수록 국민 경제의 중심이 제1차 산업에서 제2차 산업, 제3차 산업으로 이동한다는 법칙

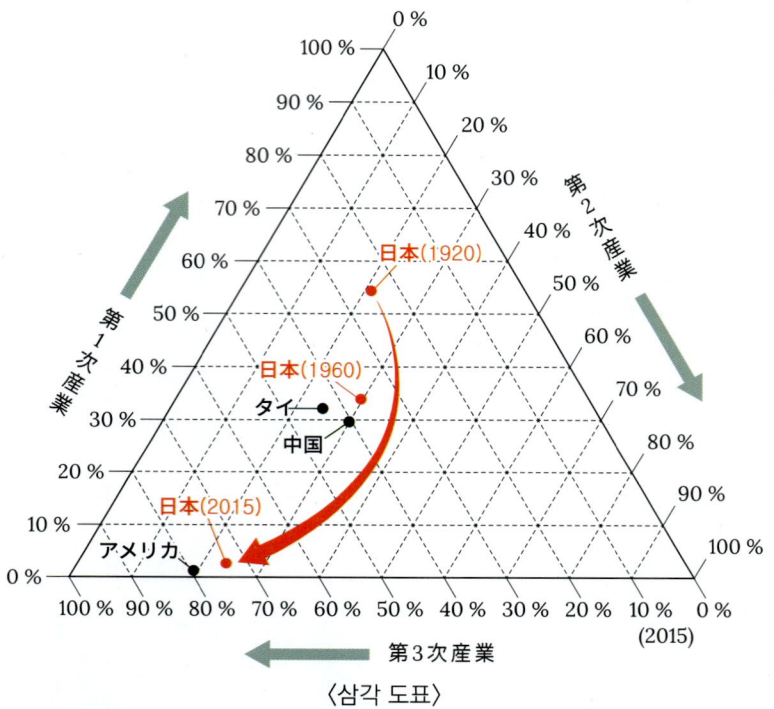

〈삼각 도표〉

❼ 일본의 인구 문제

1) 인구 분포

① 인구 과밀 : 도시부, 태평양 벨트 지대에 집중, 전체 인구의 11%가 도쿄에 집중, 3대 도시권(도쿄, 오사카, 나고야)에 52% 집중

② 인구 과소(過疎) : 농촌 지역에는 인구가 감소하는 과소화 진행, 고령자의 비율이 높아짐. 최근에는 U턴 현상, J턴 현상도 있음

2) **저출산 고령화** : 2005년에 2차 대전 이후 처음으로 인구 감소, 65세 이상의 인구 비율 (고령화율)은 29.1%(2023)

3) **산업별 인구 구성** : 1950년부터 2차, 3차 산업 인구 증가, 70년대부터 2차 산업 인구도 감소

⑩ 도시와 촌락

빈칸 정답 293p

중요 포인트
- 촌락의 입지에 대해 알아 둡시다.
- 특별한 기능이 발달한 도시를 알아 둡시다.
- 도시 문제에 대해 알아 둡시다.

❶ 촌락의 입지 조건

1) 촌락과 도시의 구분
   ① 촌락 : 농림 수산업 등 1차 산업이 중심인 지역
   ② 도시 : 상공업 등 2, 3차 산업의 경제가 발달한 지역

2) 일본 촌락의 특징
   집촌(集村)이 중심 ↔ 신대륙 지역은 산촌(散村)이 중심

❷ 도시의 발달

1) 도시의 종류
   ① 정치 도시 : 캔버라(호주), 브라질리아(브라질), 오타와(캐나다)
   ② 종교 도시 : 메카(사우디아라비아), 예루살렘(이스라엘)
   ③ 학술 도시 : 옥스포드(영국), 하이델베르크(독일), 츠쿠바(일본)
   ④ 관광 도시 : 칸느(프랑스), 마이애미, 라스베가스(미국)

2) 도시의 발달
   ① 메트로폴리스 : 행정, 문화, 생산, 소비, 교통 등 사회적 기능이 고도로 집중화된 거대 도시
   ② 연담도시화(conurbation) : 도시와 도시가 연결되어 하나의 도시가 되어가는 현상
   ③ 메갈로폴리스 : 복수의 메트로폴리스를 중심으로 중소 도시들이 띠모양(帯状)으로 연결되어 만들어진 초거대 도시

✦ 메트로폴리스
　メトロポリス

✦ 연담도시화
　コナーベーション

✦ 메갈로폴리스
　メガロポリス

❸ 도시 공해

1) 도시화 : 도시에 인구가 집중하는 현상

2) 도시 문제

구분	내용
도시 공해	소음, 악취, 대기 오염, 쓰레기, 지반 침하
_____ 현상	도시 중심의 주거 인구가 감소하고 교외의 주거 인구가 증가하는 현상
스프롤화	도시 주변부(교외) 지역의 난개발
열섬 현상	도시 중심부의 기온이 주변부(교외)에 비해 상승

3) 도시화에 따른 지방의 과소화
　① 생산 인구 감소에 따른 지방 자치의 재정 악화
　② 지방 도시의 소비 감소에 따른 시가지의 공동화(空洞化)
　③ 고령화에 따른 경작 포기
　④ 공공 교통 기관의 축소 ⇨ 이동의 불편

✦ 도너츠 현상
　ドーナツ現象
✦ 스프롤화
　スプロール現象
✦ 열섬 현상
　ヒートアイランド現象

11 교통과 통신

중요 포인트
- 각 교통수단의 특징을 알아 둡시다.
- 주요 국가의 수송별 특징을 알아 둡시다.

❶ 육상 교통과 수상 교통, 항공 교통

1) 각 교통의 특징

구분	특징
자동차	편의성이 좋으나 교통 정체, 대기 오염의 원인
철도	고속으로 대량 수송이 가능. 안정성이 있고 환경에 부담이 적음 지형에 따라 제약이 있고, 선로 부설에 큰 자본이 필요
항공기	속도가 빠르지만 수송비가 비싸며 소음이 발생
선박	비용이 저렴하며 장거리 대량 수송이 가능. 속도가 느림

2) 주요 국가의 여객 수송과 화물 수송의 특징

구분	특징
일본	여객 수송과 화물 수송에서 자동차의 비중이 높으나, 여객 수송에서는 철도의 비중도 높음. 화물 수송에서는 선박(수운)의 비율이 높은 편
미국	여객 수송은 자동차가 압도적이지만, 항공의 비율이 다른 나라에 비해 높은 편. 화물 수송은 자동차보다 철도의 비중이 가장 높음
중국, 인도	인구가 많으므로 다른 나라에 비해 철도 여객 수송량이 많음
영국, 독일	여객 수송과 화물 수송에서 자동차의 비율이 높음

❷ 통신

- 20세기 말의 IT(정보 기술) 혁명에 의해 인터넷의 보급으로 세계적 규모로 정보 네트워크가 발달

- 선진국은 인터넷 이용자 비율이 80% 이상
  일본: 82.9%, 미국: 91.8% (2021년 기준)

PLUS

모터리제이션
モータリゼーション

육상 교통의 중심이 자동차가 되어 대중에 널리 보급되고 생활 필수품화 되는 현상을 말한다. 모터리제이션은 자유로운 이동이라는 편익을 주었으나, 공해 문제를 포함한 각종 사회 문제를 야기하기도 한다.

PLUS

허브 공항

항공 산업의 효과적 활용을 위해 건설된 대규모 거점 공항. 그 지역의 환승 거점이 되는 공항. 두바이 공항(중동), 인천 공항(동북아시아) 등이 해당됨

지리 127

12 지형도와 축척

중요 포인트 • 축척과 등고선에 대해 이해합시다.

❶ 지형도와 축척

등고선과 지도 기호를 통해 지표의 형태 및 토지 이용 등을 정확히 표현한 지도로써 국토 지리원이 발행하는 지도

+ 축척
  縮尺

1) 축척의 이해

축척	1 : 25,000	1 : 50,000
의미	실제 25,000cm를 지도상 1cm로 표시 (실제 1km = 지도상 4cm)	실제 50,000cm를 지도상 1cm로 표시 (실제 1km = 지도상 2cm)
특징	좁은 지역을 자세히 볼 수 있음	넓은 지역의 정보를 얻을 수 있음
구분	대축척 지도	소축척 지도

+ 등고선
  等高線
+ 계곡선
  計曲線
+ 주곡선
  主曲線

축척		1:25,000	1:50,000
등고선	계곡선 (굵은 실선)	50m 간격	100m 간격
	주곡선 (가는 실선)	10m 간격	20m 간격

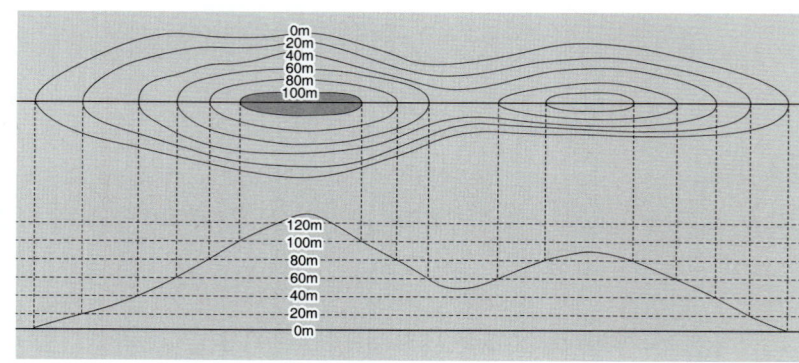

+ 구배
  勾配

2) 구배 : 경사 또는 기울기

$$구배 = \frac{두\ 지점\ 사이의\ 표고차(높이\ 차이)}{두\ 지점\ 사이의\ 거리}$$

MEMO

3

현대 사회와 일본의 근현대사

- 현대의 국제 사회
- 현대의 사회
- 일본의 근현대사

3 현대 사회와 일본의 근현대사

현대의 국제 사회

1 국제법과 국제 연합

빈칸 정답 294p

중요 포인트
- 국제법의 특징에 대해 알아 둡시다.
- 국제 연맹과 국제 연합에 대해 알아 둡시다.
- 세력 균형과 집단 안전 보장에 대해 이해합시다.

❶ 국제 사회의 성립

✦ 베스트팔렌 조약
ウェストファリア条約(じょうやく)

1) _____ 조약(1648)
   - 30년 전쟁의 결과로 만들어진 조약. 유럽 각국의 영토 및 주권이 처음으로 승인, 주권 국가의 등장

2) 국제 사회의 구성원
   ① 주권을 가지고 있는 독립 국가
   ② 국제기관 및 비정부 기구(NGO)
      * NGO(비정부 기구) : 이익 추구를 하지 않고, 국경을 초월하여 인권, 환경 문제 등을 위해 행동하는 단체

✦ 엠네스티 인터네셔날
アムネスティ インターナショナル

✦ 양심수
良心(りょうしん)の囚人(しゅうじん)

✦ 적십자
赤十字(せきじゅうじ)

✦ 국경없는 의사회
国境(こっきょう)なき医師団(いしだん)

✦ 국제 지뢰 금지 운동
地雷廃絶国際(じらいはいぜつこくさい)キャンペーン

주요 NGO	내용
엠네스티 인터내셔날 (국제 사면 위원회)	인권 문제 : 난민 구제, 고문 추방, 사형 폐지, 양심수 해방 등 인권 운동 1977년 노벨 평화상 수상
적십자	1863년 앙리뒤낭에 의해 창건되었으며 분쟁, 재해 인도적 의료 활동을 함. 스위스 제네바에 위치 1917, 1944, 1963년 노벨상 수상
국경없는 의사회	분쟁, 재해 지역의 의료 활동. 1999년 노벨 평화상
그린피스	1971년 설립된 환경 보호 단체. 핵실험 반대 운동
크리스트교 청년회 YMCA	젊은이의 교육, 문화, 스포츠, 복지 서비스를 제공
국제지뢰 금지 운동 ICBL	1997년 대인 지뢰 금지 조약(오타와 조약)에 공헌 1997년 노벨 평화상 수상
세계 자연보호 기금 WWF	환경 보호 단체. 야생 생물의 보호로 시작

❷ 국제법

✦ 그로티우스
グロチウス

1) 그로티우스(1583~1645) : 국제법의 아버지
   네덜란드 법학자로 국제 사회에서도 국가간 지켜야 하는 법(자연법)이 필요하다고 주장하였음. 저서 『전쟁과 평화의 법』

2) 국제법
    ① 성문 국제법(조약) : 조약, 협정, 의정서 등 국가간 문서에 의한 합의
    ② 국제 관습법 : 관행으로 정착한 불문법. 공해 자유(公海自由)의 원칙 등
3) 국제법의 성격 : 위법의 경우에도 제재력이 약함, 강제력의 한계

❸ 평화 유지 방식

1) 세력 균형 정책(17세기~1차 세계 대전)
    – 각각의 국가 또는 국가군이 동등한 힘을 가짐으로써 힘의 균형에 의한 평화 유지 방식
2) _____
    – 하나의 그룹에 속하여, 평화를 해치는 국가에 대해 집단으로 제재를 가하는 방식

PLUS
내정 불간섭의 원칙
한 국가가 타국의 국내 문제에 대해 간섭을 해서는 안된다는 원칙

❹ 군비 축소의 움직임

년도	내용
1957	퍼그워시 회의 1955년 아인슈타인-러셀 선언에 의해 개최 핵무기 없는 세계를 위한 선언
1963	부분적 핵실험 금지 조약(PTBT) 지하 이외에서의 핵실험을 금지
1968	핵 확산 방지 조약(NPT) 핵 보유국 : 미국, 소련, 영국, 프랑스, 중국 핵 보유국 이외의 나라는 핵무기 보유 금지 핵무기 비보유국은 국제 원자력 기관(IAEA)의 사찰을 받음
1972	제1차 전략 무기 제한 조약(SALT1) 미국과 소련 사이에 핵무기 수를 제한하는 조약
1979	제2차 전략 무기 제한 조약(SALT2) – 미발효 미국과 소련 사이에 핵무기 수를 제한하는 조약
1987	중거리 핵전력(INF) 전폐 조약 미국과 소련 사이에 사정거리가 500km~5,500km가 되는 핵 미사일을 없앰 – 2019년 실효
1991	제1차 전략 무기 제한 조약(START1) 미국과 소련 사이에 핵무기를 줄임(핵탄두의 삭감)
1993	제2차 전략 무기 제한 조약(START2) – 미발효 미국과 러시아 사이에 핵무기를 줄임
1996	포괄적 핵 실험 금지 조약(CTBT) – 미발효 핵폭발을 일으키는 모든 핵 실험 금지 미국, 중국, 북한, 인도, 파키스탄, 이란, 이스라엘 등이 미비준
1997	대인 지뢰 금지 조약 국제 지뢰 금지 운동(ICBL)이 중심이 되어 세계적으로 전개됨
2010	신전략 핵무기 삭감 조약(新START) 미국-러시아의 전략 핵탄두 상한선을 삭감
2017	핵무기 금지 조약 핵무기 전면적 폐지, 보유 금지(일본의 미참가)

+ 퍼그워시 회의
パグウォッシュ会議(かいぎ)

PLUS
핵억지 核抑止(かくよくし)
핵무기를 보유함으로 적대시하는 상대 국가가 핵 공격을 하지 못하도록 하자는 이론

PLUS
공포의 균형
恐怖の均衡(きょうふのきんこう)
핵무기의 사용은 서로 전멸에 가까운 피해를 입으므로 그 공포에 의해 상호 전쟁이 억제되는 것을 말함

현대의 국제 사회 **135**

memo

❺ 국제 연맹

1) 윌슨의 14개조 → 평화를 위한 최초의 국제기관(본부-제네바, 1920)

2) 한계 : 강대국의 불참(미국), 만장일치제, 무력 제재 불능
   * 하지만 국가간 분쟁 조절 등의 일정 성과는 있었으며, 국제 노동 기구(ILO) 등의 활동이 있었음

❻ 국제 연합

1) 대서양 헌장(1941)
   - 미국 루즈벨트 대통령과 영국 처칠 수상 ⇨ 국제 연합 구상

2) 국제 연합의 특징
   ① 전 세계 대부분의 나라가 가맹
   ② 총회는 다수결제
   ③ 무력 제재 가능

3) 주요 기관들

종류	내용		
안전 보장 이사회 (안보리)	권한	침략 행위가 있을 시 침략자를 판단 → 권고 → 제재	
	구성	상임 이사국(5개국) : 미국, 영국, 프랑스, 중국, 러시아 ※ 거부권을 가짐	15개국 중 9개국 이상일 경우 가결 (상임 이사국이 거부권을 행사하지 않아야 함)
		비상임 이사국(10개국) : 임기 2년	
	평화 유지 활동(PKO) : 분쟁 지역의 치안 유지와 정전 감시가 주요 활동, 국제 연합 헌장에는 명시되어있지 않음. 분쟁 당사국들의 정전(停戰)의 합의가 필요		
총회	최고 의결 기관, 전 가맹국으로 구성, 국가별 1표, 다수결 제도 이사회와 재판관을 선출		
경제 사회 이사회	총회에서 선출된 54개국(임기 3년) 경제 사회 문제 전반에 관한 의견이나 권고를 행함 ILO, UNESCO, WHO, IMF 등 전문 기관과 「연계 협정」을 맺음		
국제 사법 재판소	네덜란드 헤이그에 위치하고 있으며, 국가 간 분쟁을 재판하는 기관 (당사국의 동의가 필요)		
신탁 통치 이사회	식민지 등의 미개발 지역에서 주민의 자치나 독립 등을 지원 (1994년의 팔라우 이후 중단)		
사무국	각 기관의 운영과 사무를 담당(사무총장 : 임기 5년)		

4) 집단 안전 보장 체제의 실패
　– 냉전(미소 대립)에 의해 안전 보장 이사회의 마비 → 「평화를 위한 결집」 결의(1950)
　　군사적 강제 제재 조치 권한 부여 등 총회가 안보리의 역할을 할 수 있도록 함

5) _____
　– 집단이 외국으로부터 침략을 받았을 때 집단 구성원이 반격할 수 있는 권리(NATO 등),
　　국제 연합 헌장 51조에 명시

　✦ 집단적 자위권
　　集団的自衛権

6) 국제 연합의 과제
　① 안보리(안전 보장 이사회) 등 강대국 중심의 비민주적 운영
　② 평화 달성의 실패(PKO의 활용 군제)
　③ 회원국의 분담금 체납으로 인한 만성적 재정 적자

2 국제 연합의 주요 기관

중요 포인트
- 국제 연합의 주요 기관에 대해 알아 둡시다.
- PKO 평화 유지 활동에 대해 알아 둡시다.

❶ 국제 연합의 개요

1) 가맹국

✦ 덤버턴오크스 회의
ダンバートン・オークス会議(かいぎ)

✦ 얄타회담
ヤルタ会談(かいだん)

년도	내용
1941	대서양 헌장 발표 : 국제연합의 기본 이념
1944	덤버턴오크스 회의 : 국제연합 헌장의 초안 작성
1945	얄타회담 : 안보리의 표결 방식 결정 샌프란시스코 회의 : 국제 연합 설립(국제 연합 헌장 채택) 발족 당시 51개국(2차 세계 대전의 연합군)
1955	이탈리아 가맹
1956	일본이 가맹
1960	아프리카의 16개국이 가맹
1971	국제 연합의 중국 대표가 중화민국에서 중화 인민 공화국으로 변경 안보리의 대표도 중화 인민 공화국으로 변경
1973	독일 연방 공화국(서독)과 독일 민주 공화국(동독)이 동시 가맹
1991	한국과 북한이 동시 가맹
1991~1993	소련 붕괴 후 구소련 및 동유럽의 독립 국가들이 가맹
2002	스위스와 동티모르가 가맹
2006	몬테네그로가 가맹
2011	남수단 가맹

2) 국제 연합 헌장
- 국제 연합의 최고 법규(구속력은 없음)
  ① 국제 분쟁의 평화적 해결에 노력(국제 연합 헌장 1조, 2조, 33조)
  ② 공격을 받은 국제 연합 가맹국은 집단적 자위권을 행사할 수 있음
     (국제 연합 헌장 51조)

❷ 주요 기관

1) 총회

개요	매년 9월에 열리며 전 가맹국이 참가 단, 안전 보장 이사회 또는 가맹국 과반수의 요청이 있을 경우 임시로 특별 총회가 열리기도 함
의결 방법	다수결(중요 의제의 경우게는 2/3의 찬성으로 결정) ※분담금을 2년분 이상 체납한 경우 투표권이 없음 ※중요 의제 – 평화와 안전 보장에 관한 권고, 신 가맹국의 승인, 예산 등
총회에 의해 설립된 기관	국제 아동 기금 (UNICEF) — 1946년 설립(뉴욕) - 개발 도상국 및 내전 등의 피해를 입은 지역의 아동을 지원 - 어린이 권리 조약 보급 활동
	국제 연합 난민 고등 법무관 사무소 (UNHCR) — 1951년 설립(제네바) - 난민의 보호
	세계 식량 계획 (WFP) — 1963년에 정식 활동 개시(로마) - 빈곤 및 천재지변으로 식량이 부족한 국가를 원조
	국제 연합 무역 개발 회의 (UNCTAD) — 1962년 이집트의 카이로에서의 개발 도상국에 의한 남북문제 해결 촉구가 설립 배경(제네바)
	국제 연합 개발 계획 (UNDP) — 1965년 설립(뉴욕) - 지속 가능한 개발, 개발 도상국 원조 계획 조정
	국제 연합 환경 계획 (UNEP) — 1972년 국제 연합 인간 환경 회의가 설립 배경(나이로비) - 환경 문제 등에 관한 국제적 조정 및 국제 협력 추진
	유엔 대학 (UNU) — 1975년 활동 개시(도쿄) - 인간 생존, 개발, 복지 등에 대한 연구

( )안은 본부의 소재지

> **PLUS**
> **인간의 안전 보장**
> 군비 축소와 전쟁 방지 등 기존의 안전 보장이 국가를 대상으로 한 것에 비해, 안전 보장의 주체가 개개인이 되어야 한다는 개념. 기아, 질병, 환경 문제 등이 여기에 해당됨
> 1994년 국제 연합 개발 계획(UNDP) 보고서에서 처음으로 등장

2) 안보리

개요	상임 이사국(5개국) + 비 상임 이사국(10개국)으로 구성 9개국 이상의 찬성으로 가결(상임 이사국은 거부권을 가짐)
임무와 권한	- 국제 간의 평화 및 안전을 유지할 중요한 책임은 안전 보장 이사회가 지고 있음 (24조) - 안전 보장 이사회의 각 이사국은 기구의 소재지에 항상 대표를 두어야 함 (28조) - 국제 평화와 안전의 유지 또는 회복을 위해 군사 제재를 결정할 수 있음 (42조) - 무력 분쟁이 일어난 경우, 국제 연합군(UNF)의 파견 등 군사 제재가 가능 단, 대국 간의 의견 대립 등으로 현재까지 정식(국제 연합 헌장에서 정한) 국제 연합군의 파견은 없었음

> **PLUS**
>
> **평화 유지군(PKF)**
>
> PKO 활동의 하나로 경무장을 하고 분쟁 지역에 파견되어 분쟁의 확대를 막거나 평화 정착에 노력하는 부대를 뜻함 냉전 시기의 PKO 활동은 주로 평화 유지군(PKF)에 의한 활동과 정전 감시단에 의한 활동이 있었다.

※ 국제 연합 평화 유지 활동(PKO)

1) PKO 활동의 4원칙

① 분쟁 당사국 모두의 동의가 필요하다
② 평화 유지군(PKF)의 활동은 중립적이어야 한다
③ 무력 사용은 게릴라 등의 공격에 따른 정당방위의 경우에만 가능하다
④ 평화 유지군은 파견될 지역에서 정전이 성립된 것을 전제로 한다
⑤ 독자적 판단에 따라 병력을 철수할 수 있다(일본의 PKO활동의 5원칙)

(①~④ 4원칙)

2) 일본의 PKO 파견 국가

기간	파견국
1992.9 ~ 1993.9	_____
1993.5 ~ 1995.1	모잠비크
1996.2 ~ 2013.1	골란고원
2002.2 ~ 2004.6	동티모르
2007.3 ~ 2011.1	네팔
2010.2 ~ 2013.3	아이티
2011.11 ~	남수단

3) PKO 활동의 실패

① 「평화로의 과제」(1992) : PKO 활동 강화, 무력 행사가 가능한 평화 집행 부대 창설
② 소말리아 파견(1993) : 내전 상태의 소말리아에 평화 집행 부대 투입 → 실패

3) 경제 사회 이사회 : 경제, 사회, 인권, 문화 등 국제적인 문제에 대해 조사, 연구, 보고 등을 함

※ 전문 기관

국제 노동 기구 (ILO)	1919년 베르사유 조약에 의해 설립(제네바) - 노동자의 권리 보호를 위한 활동 - 각국의 노동자, 사용자(회사측), 정부의 대표가 각각 참가
국제 부흥 개발 은행 (IBRD)	1944년 브레튼우즈 협정에 의해 설립(워싱턴 D.C.) - 개발 도상국에 대한 장기 융자
국제 통화 기금 (IMF)	1944년 브레튼우즈 협정에 의해 설립(워싱턴 D.C.) - 환율 안정을 위해 국제 수지 적자국으로의 단기 융자
국제 연합 식량 농업 기구 (FAO)	1945년 설립(로마) - 식량 생산과 분배의 개선 - 국민의 영양 수준 및 생활 수준 향상을 목적
국제 연합 교육 과학 문화 기구 (UNESCO)	1946년 설립(파리) - 세계 유산의 등록과 보호 ※ 유네스코 헌장 「戦争は人の心の中で生れるものであるから、人の心の中に平和のとりでを築かなければならない」 '전쟁은 인간의 마음에서 비롯된 것이므로, 평화를 지키는 것도 인간의 마음에서 비롯되어야 한다'
세계 보건 기구 (WHO)	1948년 설립(제네바) - 전염병·질병의 예방, 재해 원조 및 인구 문제 관리

※ 국제 연합의 협력기구

세계무역기구 (WTO)	1995년 설립(제네바) - 자유 무역 촉진 및 국제적 무역 분쟁 조절
국제원자력기구 (IAEA)	1957년 설립(빈) - 원자력의 평화 이용 촉진 - 핵 보유국에 대한 사찰 - 핵을 가지 않은 나라의 비핵화

( )안은 본부 소재지

4) 국제 사법 재판소 (1946년 설립, 본부-헤이그)
 - 상설 기관(15인의 각기 다른 국적의 재판관으로 구성)
 - 9명 이상 재판관의 찬성에 따라 1심으로 종결(상소 불가)
 - 분쟁 당사자의 합의가 필요
 - 판결에 따르지 않을 경우 안전 보장 이사회에 조치를 요구할 수 있음

5) 신탁 통치 이사회
 - 미개발 지역의 주민 자치나 독립 지원 등. 1994년 팔라우 이후 활동 정지

6) 사무국
 - 사무총장은 임기 5년으로 연임 가능
  (사무총장은 안보리 상임 이사국에서 선출되지 않는 것이 관례)

+ 헤이그
 ハーグ

PLUS

국제 형사 재판소

2002년에 출범하여, 개인의 국제 범죄를 재판하는 곳으로 제노사이드(집단 살인죄), 反人道(반인도)죄 범죄에 대해 재판하는 곳

3 세계의 민족, 인종, 종교

빈칸 정답 294p

중요 포인트
- 세계 분쟁 지역과 그 원인에 대해 알아 둡시다.
- 주요 국가의 인종 분포와 소수 민족에 대해 알아 둡시다.

❶ 민족과 대립

1) 유럽의 민족과 대립

① 세르비아와 코소보
- 동방 정교를 믿는 세르비아인이 대다수이지만 남부의 코소보 자치주는 이슬람교의 알바니아인이 거주 ⇨ 독립운동
- 1998년 코소보 분쟁 발생 → 세르비아 군대에 의한 대량 학살
  ⇒ NATO의 개입
- 2008년 코소보가 세르비아로부터 독립을 선언

② 키프로스
- 동방 정교를 믿는 그리스계 주민이 대다수이지만 북부 지역에 이슬람을 믿는 튀르키예계 주민이 거주
- 1960년 영국으로부터 독립 → 튀르키예군이 키프로스의 북부 지역을 점령
  → 북키프로스 튀르키예 공화국 독립 선언
- 남부의 키프로스 공화국은 2004년 EU에 가맹

✚ 코소보
  コソボ

✚ 알바니아인
  アルバニア人

〈코소보의 위치〉

〈키프로스의 위치〉

③ 체첸
- 1864년 러시아가 체첸을 합병 → 1991년 소련 연방의 해체로 러시아로부터 분리 독립 선언 → 1994년, 99년 체첸 사태 발생 → 체첸 독립파들에 의한 테러 등이 발생

④ 북아일랜드 : 아일랜드로의 합병을 주장하는 소수 카톨릭 주민과 영국의 프로테스탄트를 믿는 다수파의 대립 → 1998년 포괄적 평화 협정

⑤ 벨기에 : 북부의 네덜란드어권(플랑드르) 지역과 남부의 프랑스어권(왈롱) 지역의 언어 및 경제적 대립

⑥ 스위스 : 북부에 독일계 민족, 서부에 프랑스계 민족, 남부에 이탈리계 민족이 거주, 동부에는 로만슈계 민족이 거주

> **PLUS**
>
> **카탈루냐와 바스크 독립운동**
>
> 스페인에서는 독자적인 언어와 문화를 지닌 북부의 바스쿠 지역과 북동부의 카탈루냐 지역에서 분리 독립운동이 일어나고 있다. 2017년 카탈루냐에서는 분리 독립 투표를 실시하기도 했다.

〈체첸의 위치〉

〈벨기에 분쟁〉

〈북아일랜드의 위치〉

〈스위스 지역별 언어〉

현대의 국제 사회 **143**

2) 아메리카 대륙의 민족
① 캐나다 : 영국계가 대부분이지만 동부 _____ 주에는 프랑스어를 사용하는 프랑스계 주민이 거주 ⇨ 독립운동이 이어짐

② 미국 : 남서부를 중심으로 중남미로부터의 스페인어를 사용하는 히스패닉이 증가, 서부를 중심으로 아시아계 주민이 거주함

③ 브라질 : 백인이 다수를 차지함. 아프리카계의 흑인과 원주민이 거주하며, 세계 최대의 일본계 커뮤니케이션이 존재

✦ 히스패닉
　ヒスパニック

〈퀘벡의 위치〉

3) 오세아니아의 민족
① 오스트레일리아 : 백인 우선의 백호주의(白豪主義)가 있었음, 원주민 애버리지니가 존재, 현재는 중국 및 아시아계인의 이주로 인한 다문화주의

② 뉴질랜드 : 원주민인 마오리족이 있음

✦ 애버리지니(애버리진)
　アボリジニ

4) 아시아의 민족
① 일본 : 홋카이도(北海道)에 원주민인 아이누족이 거주
　　　　19세기에 하와이, 20세기에 미국(특히 서남부), 남미 대륙(브라질 등)으로의 이민이 많음

② 중국 : 티벳족과 위구르족 등 소수 민족이 많고 분리 독립운동 발생
　　　　동남아시아(말레이시아 등), 오스트레일리아, 북미 대륙으로 이주가 많음

③ 스리랑카 : 불교를 신앙하는 싱할라족과 힌두교를 믿는 타밀족 간의 독립을 둘러싼 내전이 발생(1983~2009)

✦ 싱할라
　シンハラ

④ 쿠르드족 : 국가가 없는 세계 최대의 소수 민족으로 이란, 이라크, 튀르키예 등에서 거주

✦ 쿠르드족
　クルド族

❷ 종교

1) **세계 종교**
    ① 크리스트교
        - 카톨릭 : 교황을 최고 지도자로 하여 이탈리아, 프랑스, 스페인, 남아메리카,
                  필리핀 등 라틴계 민족을 중심으로 분포
        - 프로테스탄트 : 독일, 미국, 북유럽 등 게르만계 민족이 중심.
                       16세기 종교 개혁에 의해 카톨릭으로부터 분파. 성서 중심주의
        - 정교회 : 슬라브계 민족 중심.
                 러시아, 동유럽 등에 분포. 11세기 카톨릭으로부터 분파

    ② 이슬람교
        - 7세기 전반 무함마드에 의해 창시. 『코란』을 성서로 하며 다수파인 수니파와
          소수파인 시아파가 있음. 시아파는 이란, 이라크 남부 지역에 분포

    ③ 불교
        - 인도의 석가모니에 의해 기원전 5세기 경 창시
          스리랑카, 동남아시아, 동아시아 등에서 발전

2) **민족 종교** : 힌두교, 유대교 등이 있음

✚ 코란
　クルアーン/コーラン

✚ 수니파
　スンナ派/スンニ派

✚ 시아파
　シーア派

4 지역 통합과 남북문제

빈칸 정답 294p

중요 포인트
- 유럽 연합(EU)과 기타 지역 통합에 대해 알아 둡시다.
- 남북문제와 ODA에 대해 알아 둡시다.

❶ 지역 통합

1) 유럽 연합(EU) : 본부 – 벨기에 브뤼셀

년도	내용
1952	서유럽 6개 국가에 의해 유럽 석탄 철강 공동체(ECSC) 설립 서독·프랑스·이탈리아·벨기에·네덜란드·룩셈부르크
1958	로마 조약 : 유럽 원자력 공동체(EURATOM), 유럽 경제 공동체(EEC) 설립
1967	유럽 공동체(EC) 발족 : ECSC, EURATOM, EEC를 통합 자원·노동력 이동 자유, 농업 자원, 산업 정책, 사회 정책 등을 가능한 한 통합 ※관세 동맹(1968) 체결 : 역내 관세를 철폐하고 역외에 대해 공통 관세 설정
1992	마스트리히트 조약: 유럽 연합(EU) 발족(1993) 유로(EURO)의 도입(1999) 유럽 중앙은행(ECB) 설립(1998) ※유로 미사용 국가 : 스웨덴, 덴마크 등
2004	동유럽 지역 국가 가입 (에스토니아, 라트비아, 리투아니아, 폴란드, 체코, 슬로바키아, 헝가리, 슬로베니아 가맹)
2005	유럽 헌법 조약의 부결(프랑스, 네덜란드)
2007	리스본 조약 체결(2009년 발효) : EU 대통령(상임 의장) 및 외무장관(外相) 신설
2013	크로아티아 가입
2016	영국 국민 투표로 탈퇴 결정(2020년 탈퇴)
	노르웨이, 스위스, 아이슬란드, 리히텐슈타인, 튀르키예 등이 미가맹

✚ 마스트리히트 조약
マーストリヒト条約

PLUS
유럽 자유 무역 연합 (EFTA)
1960년 유럽 경제 공동체(EEC)에 대항하기 위해, 영국을 중심으로 7개 국가로 만들어진 기구
이후, 영국과 덴마크, 스웨덴이 탈퇴하여, 현재는 노르웨이, 아이슬란드, 스위스, 리히텐슈타인 4개국으로 구성되어 있다.

2) 동남아시아국가연합(ASEAN)
- 1967년 타이, 말레이시아, 싱가폴, 인도네시아, 필리핀에 의해 설립
  이후 브루나이(1984), 베트남(1995), 라오스, 미얀마(1997), 캄보디아(1999) 가입
- 1992년 ASEAN 자유 무역 지역(AFTA) 협정
- 2015년 ASEAN 경제 공동체(AEC) 발족

3) USMCA(미국·멕시코·캐나다 협정)
- 1994년 북미 자유 무역 협정(NAFTA) 체결 : 15년 이내 관세 철폐, 자유 무역권 형성
- 트럼프 대통령의 보호 무역주의 정책에 따라 NAFTA에서 USMCA로 변경(2020년 발효)

4) 남미 공동 시장(MERCOSUR)
- 1995년 브라질, 아르헨티나, 우루과이, 파라과이의 관세 동맹으로 발족
- 이후 베네수엘라, 볼리비아 가맹(베네수엘라는 2016년 자격 정지)

5) 아시아 태평양 경제 협력체(APEC)
- 아시아, 태평양 지역의 경제 협력과 무역 자유화 촉진
- 1989년 오스트레일리아의 주도에 의해 창설되어 일본, 중국, 한국, 미국, ASEAN 등 21개 국가가 참가

6) 환태평양 경제 동반자 협정(TPP)
- 2016년 일본, 미국, 캐나다, 베트남, 페루, 뉴질랜드 등 12개 국가가 협정에 서명 2017년 미국의 탈퇴 선언 → 2018년 11개 국가로 발효(CPTPP, TPP11)
- 높은 수준의 포괄적인 자유화

7) 역내 포괄적 경제 동반자 협정(RCEP)
- ASEAN 10개국, 일본, 중국, 한국, 오스트레일리아, 뉴질랜드 15개 국가에 의해 발효
- 세계 인구와 GDP가 전세계 약 30%를 차지하는 거대 경제권
- 관세장벽 철폐를 목표

❷ 남북문제

1) **남북문제** : 발전도상국과 선진국 사이의 경제 격차 문제

2) 격차의 존재
① 소득 격차 : 1인당 국민총소득(GNI)이 선진국은 약 2만~6만 달러이지만 발전도상국은 약 100~700달러
② 자본 격차 : 발전도상국은 경제 시설이 미비하여 생산력이 낮음
③ 기술 격차 : 기술자와 기술력이 부족하여 발전이 늦음

3) 격차의 원인
① 식민지의 역사
② 모노컬처 경제(단일 산업 구조) : 농산물, 광물, 자원 등 1차 산업 생산물의 수입 수출에 의존하는 경제
③ 인구의 압력 : 인구의 증가 → 1인당 소득 증가를 방해 → 소득 격차 확대

✦ 모노컬처 경제
モノカルチャー経済(けいざい)

❸ 남북문제 해결의 국제적인 움직임

1) 국제연합 무역 개발 회의(UNCTAD)
- 1964년 발전도상국의 무역 증진, 남북문제 해결을 위해 열림
- G77(77그룹) : 발전도상국의 상호 협력을 위해 출범

2) 경제 협력 개발 기구(OECD)
- 목적 : 가맹국의 경제 성장, 발전도상국의 경제 원조, 선진국간의 협력
- 개발 원조 위원회(DAC) : OECD의 내부 기관으로 선진국들이 개발 원조를 효과적으로 추진하는데 필요한 정보와 의견 교환

3) 정부 개발 원조(ODA)
- 정부에 의해 이루어지는 원조(민간에 의한 원조, 군사 원조는 포함되지 않음)
- 방법 : 경제 원조, 무상 자금 협력, 기술 원조, 저금리 대출 등

> ※ **일본의 ODA 특징**
> ① GNI(국민총소득)에 비해 비율이 낮음(0.44%. 2023) ※국제 목표 0.7%
> ② 증여에 비해 차관의 비율이 높음
> ③ 아시아 국가에 집중되어 있음
> ④ 1989년에는 총액 세계1위였으나, 현재는 미국, 독일에 이어 3위(2023)

✦ 차관
借款(しゃっかん)

4) 1970년대 이후의 동향
① 자원 내셔널리즘의 대두
- 천연 자원은 산출국이 주권을 가지고 있음
- 석유 수출 기구(OPEC)에 의한 석유 위기(1973)
- 신 국제 경제 질서(NIEO)
  1974년 국제연합 자원 특별 총회에서 발전도상국 중심으로 제창
  선진국 중심의 국제 질서 탈피를 주장
  천연 자원에 대한 항구적 주권 행사, 다국적 기업의 규제 등

② 남남(南南) 문제
- 경제가 성장한 아시아 신흥 공업 경제 지역(NIES) 및 자원 보유국(산유국)과 자원이 부족한 후발 발전도상국 사이의 경제 격차

③ 누적 채무 문제
- 1980년대 공업화 등을 위해 선진국의 금융 기관이나 국제 금융 기관에서 빌린 돈으로 인해 누적 채무 문제가 발생(멕시코, 브라질 등)

④ BRICS의 대두
- 1990년대 이후 브라질, 러시아, 인도, 중국, 남아프리카 공화국은 광대한 영토와 자원으로 급속한 경제 성장을 하고 있음
(2024년 이집트, 에티오피아, 이란, 아랍에미리트 가입)

MEMO

3 현대 사회와 일본의 근현대사

현대의 사회

1 환경 문제

빈칸 정답 294p

> **중요 포인트**
> · 지구 환경 문제의 원인과 피해를 연결하여 알아 둡시다.
> · 환경 보호를 위한 세계적인 움직임을 알아 둡시다.
> · 일본의 환경 정책에 대해 알아 둡시다.

❶ 지구 환경 문제

✦ 산성비
　酸性雨(さんせいう)

✦ 유황 산화물
　硫黄酸化物(いおうさんかぶつ)

✦ 오존층 파괴
　オゾン層の破壊(そうはかい)

✦ 프레온 가스
　フロンガス

✦ 지구 온난화
　地球温暖化(ちきゅうおんだんか)

✦ 투발루
　ツバル

✦ 화전
　焼き畑(やきはた)

구분		내용
산성비	원인	화석 연료를 태워서 발생하는 유황 산화물, 질소 산화물
	피해	토양의 산성화로 인한 농지의 피해 호수 등의 어류가 멸종, 삼림의 황폐화
오존층 파괴	원인	프레온 가스
	피해	고위도 지역이 피해가 큼 자외선을 막아주는 오존층의 파괴(오존홀)로 인해 피부암 등을 유발
지구 온난화	원인	이산화탄소 및 메탄가스 등 온실 효과 가스
	피해	남극과 북극권의 빙하가 녹으면서 해수면 상승 해수면이 낮은 지역의 수몰(몰디브, 투발루, 키리바시, 나우루 등의 산호초 국가) 저지대가 많은 국가(네덜란드, 방글라데시)도 영향이 큼 이상 기후 발생
열대림 파괴	원인	과도한 벌채, 화전, 과도한 방목, 개발 등
	피해	적도 부근의 열대 지역에서 토양 침식, 야생 생물 멸종, 산소 공급의 감소
사막화	원인	산림 벌채, 방목, 과도한 경작
	피해	사막이 점점 커지면서 식량 생산 등이 저하됨　예) 사하라 사막

152　현대 사회와 일본의 근현대사

❷ 환경 보호의 세계적 움직임

년도	내용	
1971	람사르 조약 물새의 서식지 등 습지를 보호하는 조약	
1972	국제 연합 인간 환경 회의(国連人間環境会議, 장소:스웨덴 스톡홀름) 「오직 하나뿐인 지구」 인간 환경 선언, 인간 환경 행동 계획, 국제 연합 환경 계획(UNEP) 설립	
1973	워싱턴 조약 – 멸종 위기 동식물을 보호하는 조약	
1985	빈 조약	오존층 파괴에 관한
1987	몬트리올 의정서	프레온 가스의 규제
1992	국제 연합 환경 개발 회의(地球サミット, 장소:리우데자네이루) 「지속 가능한 개발」, 개발과 환경에 관한 리우 선언, 어젠다 21 생물 다양성 조약, 기후 변화 협약(지구 온난화 방지 조약)	
1997	지구 온난화 방지 교토 회의(気候変動枠組条約第3回締約国会議) _____ 채택 선진국 전체의 2008~2012년의 온실 효과 가스 배출량을 1990년 대비 5.2% 감축을 규정 국가별 삭감 목표는 다름 : EU(8%), 미국(7%, 미비준), 일본, 캐나다(6%) 발전 도상국은 삭감 의무가 없음(중국, 인도 등) 배출권 거래(排出権取引) : 선진국끼리 온실 효과 가스 배출량을 매매하는 제도	
2015	파리 협정 지구 평균 온도를 산업 혁명 이전 대비 2℃ 이상 상승하지 않도록 하고, 1.5℃ 이하로 제한하기 위해 노력, 선진국 뿐만 아니라 개발 도상국도 참가 각 국가가 자발적으로 온실 효과 감축 목표를 설정	

✚ 람사르 조약
ラムサール条約(じょうやく)

✚ 「오직 하나뿐인 지구」
「かけがえのない地球(ちきゅう)」

✚ 몬트리올 의정서
モントリオール議定書(ぎていしょ)

✚ 기후 변화 협약
気候変動枠組条約(きこうへんどうわくぐみじょうやく)

🦉 **PLUS**
바젤 조약(1989)
バーゼル条約(じょうやく)
유해 폐기물의 국가간 이동 및 처분 규제에 관한 조약으로 개발 도상국 등으로의 폐기물 불법 이동을 줄이는 것을 목적으로 맺어졌다.

❸ 일본의 4대 공해

구분	지역	원인
미나마타병(水俣病)	熊本(くまもと)	메틸수은
제2 미나마타병(第2水俣病)	新潟(にいがた)	
욧카이치 천식(四日市喘息病)	三重県四日市(みえけんよっかいち)	유황 산화물
이타이이타이병(イタイイタイ病)	富山(とやま)	카드뮴

✚ 메틸수은
メチル水銀(すいぎん)

✚ 카드뮴
カドミウム

❹ 일본의 공해 대책

1) 오염자 부담의 원칙(PPP: Polluter Pays Principle) :
   공해를 발생시킨 기업이 피해나 보상을 전액 부담해야 한다는 원칙

2) 무과실 책임주의 : 기업의 고의나 과실이 없어도 배상 책임을 가짐

3) 환경 영향 평가 제도 : 대규모 사업 전에 사업이 환경에 미치는 영향을 사전에 조사하는 제도(1997년 환경 영향 평가법 제정)

4) 환경세의 도입 : 2012년 지구 온난화 대책세 도입

5) 순환형 사회 만들기 : 순환형 사회 형성 추진 기본법(2000)
   - [대량 생산 → 대량소비 → 대량 폐기]에서 3R(Reduce, Reuse, Recycle) 등으로 구조의 변화
   - 제품을 사용한 이후까지 생산자에게 책임을 부과하는 확대 생산자 책임을 명시

여백 노트
+ 환경 영향 평가 제도
  環境アセスメント制度

+ 순환형 사회 형성 추진 기본법
  循環型社会形成推進基本法

PLUS
環境アセスメント法
공공사업을 할 때 환경에 미치는 영향을 사전에 조사하여 사업에 반영시킬 권리
일본은 1999년 시행

+ 가전 리사이클법
  家電リサイクル法

❺ 일본의 환경 정책의 전개

년도	내용
1967	＿＿＿＿＿ 제정 - 국가 및 지방 공공 단체에 공해 방지 의무 - 기업의 무과실 책임 제도
1971	환경청(環境庁) 설치 - 자연환경 보호의 의무화 4대 공해에 대해 기업에 대한 손해 배상 책임 판결
1993	환경 기본법(環境基本法) 제정
1997	환경 영향 평가법 제정
2001	가전 리사이클법 실시
	환경성(環境省)으로 승격

2 사회 보장과 사회 복지

빈칸 정답 294p

중요 포인트
- 사회 보장의 역사를 알아 둡시다.
- 일본의 사회 보장 제도에 대해 알아 둡시다.
- 저출산 고령화 현상에 대해 알아 둡시다.

❶ 사회 보장의 역사

년도	내용
1601	엘리자베스 1세 구빈법(영국) 국왕의 은혜로서 일을 하지 못하는 국민을 구제 ⇨ 세계 최초의 공적 부조
19세기말	비스마르크의 「당근과 채찍」 정책(독일) ┌ 당근 – 재해 보험, 건강 보험, 연금 ⇨ 세계 최초의 사회 보험 └ 채찍 – 사회주의자 진압법
1935	사회 보장법(미국) 루즈벨트 대통령의 뉴딜 정책의 하나 세계에서 처음으로 '사회 보장'이라는 단어가 등장
1942	_____ 보고서(영국) 「요람에서 무덤까지」 전 국민의 최저 생활 보장 ⇨ 전 세계 사회 보장 제도에 영향을 줌

✚ 구빈법
　きゅうひんほう
　救貧法

✚ 당근과 채찍
　アメとムチ

✚ 요람에서 무덤까지
　ゆ　　　　はかば
　揺りかごから墓場まで

❷ 일본의 사회 보장 제도

일본의 사회 보장 제도 : 사회 보험, 공적 부조, 사회 복지, 공중위생

1) 사회 보험

사회 보험이란?	국민(노동자), 회사(사업주)가 보험료를 내서 질병, 고령, 장애 등 노동을 하지 못할 때 서비스를 받는 것
의료 보험	의료 서비스를 받을 때 지급되는 것
고용 보험	실업 당했을 때 일정 기간 동안 지급 (사업주와 노동자가 각각 보험료 부담)
노동자 재해 보상 보험	업무 중 또는 통근 시에 사고로 다쳤을 때 지급 (보험료는 전액 사업주가 부담)
개호 보험 (介護保険)	40세 이상의 국민이 가입하여 노후에 서비스를 제공받음
연금 보험	적립 방식(積立方式) : 자신이 적립한 보험료를 노후에 받음 　　　　　　　　　　　인플레이션이 되면 받는 연금액의 실질적 가치가 하락 부과 방식(賦課方式) : 젊은 세대의 보험료를 노후 세대에 지불 　　　　　　　　　　　인플레이션에 강함, 저출산 고령화가 진행되면 젊은 층의 부담이 증가. 현재의 일본

🦉 **PLUS**

국민개보험
こくみんかいほけん
(国民皆保険)

국민개연금
こくみんかいねんきん
(国民皆年金)

일본에서는 1958년에 제정된 국민 건강 보험법과 1959년의 국민 연금법에 따라 모든 국민의 의료 보험과 연금 보험 가입이 의무화 되어 있음

현대의 사회　155

◆ 공적 부조
　公的扶助
　こうてき ふじょ

◆ 노멀라이제이션
　ノーマライゼーション

2) 공적 부조

> 일본국 헌법 25조
> すべて国民は、健康で文化的な最低限度の生活を営む権利を有する

- 생활 능력을 갖지 못하는 국민들의 최저 생활을 보장하고 자립을 촉진(생활 보호법)

3) 사회 복지
- 고아, 노인, 장애인 등 사회적 약자에 대해 생활을 지원하는 것
- 노멀라이제이션의 실현 : 사회적 약자가 사회 구성원으로서 일반인들과 더불어 사는 사회를 만드는 것

4) 공중위생
- 하수도의 정비, 전염병의 예방, 쓰레기 처리 등 국민의 건강한 생활을 증진하기 위한 목적

❸ 각 국가의 사회 보장 제도

1) 북유럽형(스웨덴, 영국) : 균일 부담·균일 급부(지급)을 원칙으로 하며 세금을 이용한 공적 부조가 사회보장의 중심

2) 대륙형(프랑스, 독일 등) : 소득에 따라 보험료를 부담하고, 그 부담액에 따라 보험료를 지급하는 형태. 사회 보험료가 재원의 중심

3) 중간형(미국, 일본 등) : 북유럽형과 대륙형의 중간

> ※ **국민 부담률**
> 국민들이 내는 세금과 사회보장 부담금의 총액이 국민 소득에서 차지하는 비율
> 조세 부담률과 사회보장 부담률을 합한 것으로, 일본은 유럽 국가에 비해 국민 부담률이 낮음
>
> • 조세 부담률 : 국민 소득에서 조세가 차지하는 비율
> • 사회보장 부담률 : 국민 소득에서 연금이나 의료 보험 등 사회보장 관련 부담금이 차지하는 비율

❹ 저출산 고령화

1) 출생율 저하의 원인

　① 만혼화, 어린이집의 부족, 육아 부담 증가

　② 여성의 고학력화와 사회 진출에 의해 결혼을 하지 않는 사람이 증가

2) 출생률 저하의 영향

　① 노동 인구(15~64세) 감소에 의한 경제 성장의 저하

　② 젊은 세대의 사회 보장 비용의 부담

　③ 지역 사회의 활력 감소

3) 고령화 현상

　① 고령화율 : 총인구 중 65세 이상 인구의 비율

　② 일본은 1970년에 고령화 사회 → 1994년 고령 사회 → 2007년 초고령사회

　　(2023년 고령화율 29.1%)

　③ 일본의 인구는 2005년 이후 감소

✚ 만혼화
晩婚化(ばんこんか)

PLUS
合計特殊出生率(ごうけいとくしゅしゅっしょうりつ)
한 명의 여성이 일생 동안 낳는 아이의 수 2005년에는 1.26까지 저하하였음

PLUS
고령화율에 따른 구분
7% 이상 : 고령화 사회
14% 이상 : 고령 사회
21% 이상 : 초고령 사회
　　(일본)

3 소비자 문제와 노동 문제

빈칸 정답 294p

중요 포인트
- 소비자의 권리와 소비자 문제에 대해 알아 둡시다.
- 노동자의 권리와 노동 3법에 대해 알아 둡시다.
- 일본의 고용 형태의 특징을 알아 둡시다.
- 일본의 여성의 사회 진출에 대해 알아 둡시다.

❶ 소비자 문제의 배경

1) 대량 생산, 대량 소비 사회가 되면서 상품이 복잡해지고 다양해짐

> 소비자가 결함 유무 및 성능 등 상품에 대해 충분히 지식을 얻기 어려움
> 생산자의 광고, 선전 등에 의해 구매(의존 효과)

2) **소비자의 네 가지 권리 (1962, 케네디 대통령)**
   안전의 권리, 알권리, 선택의 권리, 의견을 말할 권리

3) **소비자 운동**
   소비자 스스로가 행동하여 불매 운동, 상품 테스트, 생활 협동 조합 등을 결성

4) **소비자 문제에 대한 정책**
   ① 소비자 보호 기본법(1968) : 소비자를 행정 보호 대상으로 하고, 국가, 지방 자치,
   　　　　　　　　　　　　　　사업자의 책임을 정확히 하였음
   　　　　　　　　　　　　　→ 소비자 기본법(2004) : 소비자의 자립을 지원

   ② 제조물 책임법(PL법, 1994) : 제조사의 과실이 없더라도 결함 증명이 가능한 경우
   　　　　　　　　　　　　　　　손해배상(무과실 책임주의)

   ③ 특정 상거래법 : 악덕 상법으로부터 소비자를 보호하는 법
   　*쿨링오프 제도 : 악덕 상법에 의한 계약을 일정 기간 안에 무조건 해지할 수 있는 제도

   ④ 소비자청(2009) : '안전, 표시, 거래'를 일괄 관리하는 소비자 행정의 사령탑
   　　　　　　　　　(과거에는 담당 부서가 없어서 책임 소재가 명확하지 않았음)

✤ 쿨링오프 제도
　クーリングオフ制度

❷ 노동 문제

1) 노동 운동의 역사

 ① 18세기 산업혁명 → 19세기 독점자본주의(생산 수단을 소유하는 자본가와 노동자의 격차 및 대립) → 노동 운동의 확대

 ② 차티스트 운동(1838~1848) : 1837년 배포된 인민헌장을 중심으로 영국의 노동자들이 보통선거를 요구하며 일으킨 권리 향상 운동

 ③ 국제 노동자 협회(제1 인터내셔널) 설립(1864) : 런던에서 세계 최초의 국제적인 노동 운동 조직이 만들어짐

 ④ 국제 노동 기구(ILO 설립, 1919) : 노동 조건의 국제적 개선을 목표로 하여 조직

2) 노동자의 권리

구분		내용	비고
노동 3권	단결권	노동자가 노동조합을 할 권리	일본의 공무원은 노동 3권 일부 및 전부가 제한됨
	단체 교섭권	노동조합이 회사 측과 교섭할 권리	
	단체 행동(쟁의)권	단체 교섭이 결렬된 경우 노동 쟁의를 할 권리	

> **PLUS**
> **와그너 법**
> **ワグナー法**
> 정식 명칭은 '전국 노동 관계법'으로 1935년 뉴딜 정책의 일환으로 제정되었다. 단결권 등 노동자의 권리를 보호하는 법이다.

3) 노동 3법

구분	내용
노동조합법(1945)	노동조합의 활동을 보증. 사용자가 노동조합 활동을 방해하는 것을 금지
노동 관계 조정법 (1946)	알선, 조정, 중재를 통해 정부의 노동 위원회에 의해 노동 쟁의를 막음
노동 기준법 (1947)	노동자와 사용자가 대등한 입장에서 노동 조건을 규정함 법정 노동 시간(1일 8시간, 주 40시간) 규정, 남녀 동일 임금 등

4) 일본의 고용 관행과 변화

 ① 기업별 조합 : 유럽과 미국은 직능별, 산업별 조합이 많지만 일본은 기업별 노동조합이 많음 → 노동조합 조직률은 점점 감소 추세

 ② _____ : 근속 년수와 연령에 따라 임금이 상승함
    → 현재는 능력주의와 성과주의 등으로 바뀌고 있음

 ③ 종신 고용제 : 한번 취업하면 정년 퇴임까지 같은 회사에서 일함
    → 중도 채용, 이직 등이 증가

✚ 연공서열
年功序列

✚ 종신 고용제
終身雇用制

5) 일본 여성의 사회 진출 및 관련 법안
　- M자 커브: 연령별로 본 여성의 노동률 그래프
　　　　학교 졸업 후 취직 → 결혼·출산으로 이직 → 육아로부터 해방
　　　　→ 재취업(경력 단절 문제 발생)
　　　　⇨ 최근에는 비혼화와 출산·육아로 인해 일을 그만두는 여성이 감소

✦ 남녀 고용 기회 균등법
　男女雇用機会均等法

✦ 육아 개호 휴업법
　育児介護休業法

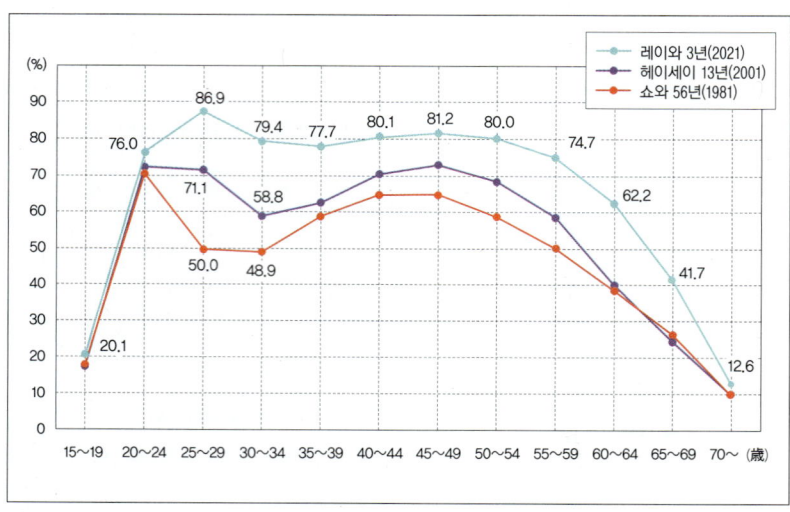

여성의 연령 계급별 노동력 비율 추이

(출처) 일본 총무성 「노동력 조사(기본 집계)」

년도	내용
1985	**남녀 고용 기회 균등법 제정** 여자라는 이유만으로 교육 훈련, 복리후생, 정년, 퇴직, 고용 차별 금지 모집, 채용, 배치, 승진 등에도 차별을 없애는 데 노력
1995	**육아 개호 휴업법 개정(1991년 육아 휴업법에서 명칭 변경 및 개정)** 남녀의 노동자가 육아·개호를 위해 휴직 가능 (단, 남성의 육아 휴직 비율은 13.97%(2021)로 매우 낮음 또한 단시간 근무, 잔업의 거부, 심야 근무 거부 가능
1997	**남녀 고용 기회 균등법 개정** 기업의 모집, 채용, 배치, 승진 차별 금지 고용주의 성희롱 방지 의무 위반 기업에 대해 기업명 공개

4 정보 사회

빈칸 정답 294p

중요 포인트
- 대중 사회에 대해 이해해 둡시다.
- 고도 정보화 사회의 의미와 특징을 알아 둡시다.

❶ 대중 사회와 사회 집단

1) 대중 사회
   - 민주주의와 미디어의 발달로 생활이나 의식이 획일화 된 대중에 의해 움직이는 사회
   - 대중 사회에서는 엘리트에 의한 지배가 이루어짐

2) 사회 집단
   - 같은 가치와 목표에 기초하여 공통의 규범으로 상호 작용하는 사람들의 집단

   > 기초 집단 : 자연적으로 발생된 집단 – 가족, 이웃, 지역 공동체
   > 기능 집단 : 인위적, 파생적으로 발생한 집단 – 학교, 병원, 정당, 기업, 노동조합

❷ 여론

1) 다수의 집합적인 의견으로서 민주 정치에서는 여론을 중시하며 반영해야 할 필요성이 있음

2) 무당파층 : 특정 정당을 지지하지 않는 사람들, 고도로 전문화 된 정치에 대한 무력감과 무관심

❸ 정보화 사회

1) 매스커뮤니케이션
   - 신문, 라디오, TV 등 매스 미디어에 의해 불특정 다수에게 대량으로 정보를 제공하는 것

2) 매스 미디어의 특성
   ① 오피니언 리더로 여론을 조작 또는 유도할 수 있으므로 사회에 큰 영향을 미침
   ② 사건 등을 과장하여 보도하거나 정보의 내용이 과장되는 센세이셔널리즘이 일어나기 쉬움
   ③ 매스 미디어는 민간 기업이므로 상업과 영리를 추구하기 쉬워짐
   ④ 제4의 권력 : 입법, 사법, 행정에 다음한 권력으로서 독재 국가에서는 매스 미디어를 통제하고 이용하여 국가의 사상 등을 유지 및 확장시킴

PLUS

데이비드 리스먼 (David Riesman)
デイヴィッド・リースマン

미국의 사회학자로 저서 『고독한 군중』에서 대중의 사회적 성격을 다른 사람의 의견과 비판에 민감한 타인 지향형이라고 규정했다.

＋ 엘리트
　 エリート

PLUS

에리히 프롬 (Erich Fromm)
エーリヒ・フロム

『자유로부터의 도피』에서 대중은 강력한 지도자에게 자신의 삶을 위임하는 위험성이 있다고 했다.

＋ 매스 커뮤니케이션
　 マスコミュニケーション

+ 고도 정보화 사회
高度情報化社会(こうどじょうほうかしゃかい)

+ 정보 격차
デジタル・デバイド

🦉 PLUS
미디어 리터러시
メディア・リテラシー
매스컴의 정보를 일방적으로 받는 것이 아닌, 다양한 매체를 이해하고 분석하여 평가할 수 있는 능력

3) 뉴 미디어
- 컴퓨터, 인터넷, 휴대 전화의 발달에 따라 쌍방간 전달이 가능
  ⇨ <u>고도 정보화 사회</u>

4) IT 기본법(2001)
- 고속 인터넷 정비, 전자 상거래(eコマース) 촉진, 전자 투표 등 행정의 활용

5) 고도 정보화 사회의 문제점
① 정보 격차의 발생
② 불법 복제에 의한 지적 재산권의 침해
③ 정보화의 부적응에 의한 스트레스(テクノストレス)
④ 개인 정보 유출에 따른 프라이버시 침해
⑤ 해커, 바이러스, 사이버 테러

6) 정보 윤리
① 미디어 리터러시 교육
② 개인 정보의 보호
③ 지적 재산권의 보호

5 생명 윤리

중요 포인트
- 바이오테크놀로지에 대해 알아 둡시다.
- 존엄사와 안락사, 뇌사에 대해 알아 둡시다.

❶ 바이오테크놀로지(생명 공학)

1) 바이오테크놀로지
   - 생물학(바이올로지) + 기술(테크놀로지)의 합성어
   - 생물체의 여러 가지 공정(조작)으로, 인류에게 필요한 서비스와 물질을 만들어 내는 첨단 산업
   - 유전자 정보의 발달로 급성장

2) 의료 분야의 바이오테크놀로지 이용
   ① 유전자 진단 : 유전자 분석으로 병의 예방 및 유전자 치료가 가능하게 됨
   ② 유전자 치료 : 환자의 체내에 잘못된 유전자를 대신하는 세포를 넣어 발현시켜 치료하는 방법 ⇨ 안전성 및 유전자 조작 등 윤리적 문제가 존재

3) 클론 기술
   - 유전자 정보를 이용하여 인위적으로 복제하는 방법
   - 1996년 영국에서 클론 양이 탄생, 일본에서는 클론 소가 탄생함
   - 인간의 클론에 관하여 서양 국가에서는 법적으로 규제

❷ 생명 윤리

바이오테크놀로지 등 첨단 의료 기술 발달에 의해 인간의 생명에 관한 생각이 크게 변화하여, 의료 분야를 포함하여 새로운 윤리 문제가 대두되고 있음

1) 존엄사(尊厳死)
   - 회복의 가능성이 없는 환자가 연명 치료를 거부하여, 인간다운 자연스러운 죽음을 맞이하는 것

2) 안락사(安楽死)
   - 회복이 어려운 환자가 심한 고통 등으로부터 벗어나도록 의사가 환자의 의지에 따라 생명을 단축시켜 사망하게 하는 것으로, 네덜란드와 벨기에에서는 안락사 법이 제정되어 인정되고 있으나 일본은 허용하고 있지 않음

+ 바이오테크놀로지
  バイオテクノロジー

+ 클론
  クローン

PLUS
ヒトクローン
技術規制法(2000)
인간의 클론은 생명에 관한 사람들의 생각이 변하고, 결혼과 부부 관계가 불필요하게 되며, 다양한 문제를 야기하므로 법적으로 규제하고 있다.

+ 생명 윤리
  バイオエシックス

+ 장기 이식법
　臓器移植法(ぞうきいしょくほう)

3) 뇌사와 장기 기증

① 뇌사(脳死) : 뇌 기능이 정지되어 회복되지 않는 상태

② 장기 이식법(1997년 제정, 2009년 개정)
　장기 이식의 경우에만 뇌사를 「죽음」으로 간주하여, 난치병 환자의 치료 등을 위해 장기 이식이 가능하게 됨

구분	개정 전	개정 후
연령 제한	15세 이상	무제한
내용	서면에 의한 본인의 제공 의사와 가족 동의가 필요	본인의 의사가 불명확하더라도 가족 동의가 있으면 가능

MEMO

3 현대 사회와 일본의 근현대사

일본의 근현대사

1 일본의 근대화와 아시아

중요 포인트
- 미일 수호 통상 조약에 대해 알아 둡시다.
- 메이지 유신에 대해 알아 둡시다.

빈칸 정답 294p

❶ 일본의 근대화와 아시아

1) 일본의 개국과 에도막부의 멸망

① 미국의 도항 : 페리 제독의 함대가 우라가(浦賀)에 등장 ⇨ 개국을 요구

② 미일 화친 조약(日米和親条約, 1854)
  - 시모다(下田)와 하코다테(箱館)개항, 미국 선적에 연료와 식료 공급

③ 미일 수호 통상 조약(日米修好通商条約, 1858)
  - 불평등 조약 : 치외 법권을 인정(영사 재판권), 관세의 자주권이 없음
  - 요코하마(横浜), 나가사키(長崎), 하코다테(箱館)에서 무역 시작
    (영국이 중심, 요코하마가 무역량의 80%)
  - 모직물, 면직물, 무기 등을 수입, 생사, 차 등을 수출
    ⇒ 물가 상승으로 인한 생활 압박

④ 에도막부의 멸망
  - 사쓰마번(薩摩藩), 조슈번(長州藩)의 동맹(薩長同盟)에 의한 막부 타도
  - 대정 봉환(大政奉還, 1867) : 도쿠가와 요시노부(徳川慶喜)가 정권을 조정(천황)에게 돌려줌
  - 보신 전쟁(戊辰戦争, 1868) : 신정부(천황 중심)와 막부 구세력 간의 전쟁
    신정부의 승리
  - 연호를 메이지(明治)로 수정, 에도(江戸)를 도쿄(東京)로 개칭

2) 메이지 유신(明治維新, 1868~1912) : 중앙 집권 국가를 건설

① 판적봉환(版籍奉還, 1869) : 번주(藩主)의 토지와 인민을 천황에게 돌려줌

② 폐번치현(廃藩置県, 1871) : 번(藩)을 ⇨ 부(府)·현(県)으로 하고 중앙에서 통제

③ 군사의 근대화 : 징병제(1872) - 20세 이상의 남자(3년간 징병)

④ 경찰 조직 : 경시청(警視庁)을 설치(1873)

⑤ 사민 평등 : 사농공상(士農工商)의 신분제 폐지

⑥ 지조개정(地租改正) : 토지 소유자에게 3%에 해당하는 세금을 납부하게 함

⑦ 부국강병(富国強兵) : 근대 산업의 육성, 교통망 정비, 우편 제도, 금융 제도의 정비, 국립 은행의 설립, 홋카이도 개척

⑧ 문명개화 : 서양 문명의 도입, 교육의 근대화, 소학교(小学校)의 설립(1872)

◆ 에도막부
江戸幕府
え ど ばく ふ

◆ 모직물
毛織物
け おりもの

◆ 면직물
綿織物
めんおりもの

◆ 생사
生糸
き いと

◆ 이와쿠라 도모미
岩倉具視
いわくらとも み

◆ 이타가키 다이스케
板垣退助
いたがきたいすけ

168 현대 사회와 일본의 근현대사

3) 메이지 초기의 외교
　① 서양 : 불평등 조약의 개정 목표 ⇨ 이와쿠라(岩倉) 사절단을 미국과 유럽에 파견
　　　(1871~1873)
　② 중국 : 청일 수호 조규(1871) - 대등(対等) 조약
　③ 조선 : 정한론(征韓論) - 무력으로 조선을 개국
　　　　　사이고 다카모리(西郷隆盛), 이타가키 다이스케(板垣退助) 주장
　　　　　⇨ 정한론의 패배 → 사이고 다카모리 하야 → 사이고 다카모리와 사족(士族)
　　　　　을 중심으로 반란(西南戦争, 1877)
　④ 류큐(琉球) : 1879년 오키나와현 설치

4) 자유 민권 운동(自由民権運動)
　① 이타가키 다이스케의 번벌 정치(특정 번 출신자에 의한 정치) 비판
　　　⇨ 의회 개설 요구 → 1890년 제국 의회 개설
　② 정당의 설립
　　　이타가키 다이스케가 자유당을 설립 - 프랑스의 민권 사상
　　　오쿠마 시게노부(大隈重信)가 입헌개진당(立憲改進党)을 설립 - 영국형 의회 정치
　③ 내각 제도의 시작(1885): 초대 내각 총리 대신 - 이토 히로부미(伊藤博文)

5) 헌법 제정
　① 이토 히로부미 등을 유럽에 파견(1882)
　　　- _____의 헌법을 참고로 제정(1889) (동아시아 최초 근대적 헌법)
　② 대일본 제국 헌법(메이지 헌법)
　　　- 흠정 헌법, 천황 주권, 신민의 권리가 법률의 범위 내로 한정, 제국 의회
　　　- 선거권(제한 선거) : 만 25세 이상의 남성(15엔 이상 직접세 납부자)

❷ 청일 전쟁과 러일 전쟁

1) 청일 전쟁(日清戦争) : 조선을 둘러싼 일본과 청의 대립
　① 동학 농민 운동(1894) : 조선을 둘러싼 청나라와 일본의 대립 → 일본의 승리
　② 시모노세키(下関, 1895) 조약 : 일본의 이토 히로부미와 청나라의 이홍장
　　　- 청나라의 조선 독립 인정
　　　- 랴오둥(遼東) 반도, 타이완 등을 일본에 할양
　　　- 배상금 2억 량(일본 국가 예산의 2.6배)
　　　- 4개 항구 개항
　③ 삼국 간섭(三国干渉) : 러시아, 프랑스, 독일 등이 랴오둥 반도의 반환을 요구

2) 러일 전쟁(日露戦争) : 만주, 한국을 둘러싼 일본과 러시아의 대립
　- 포츠머스 조약(1905) : 일본이 조선의 지휘, 감독권을 가짐

3) 조약 개정 : 영국과의 치외 법권 철폐 및 대등한 최혜국 대우(1894), 미국과 관세자주권
　　　　　회복(1911)

+ 사이고 다카모리
　西郷隆盛

+ 오쿠마 시게노부
　大隈重信

+ 이토 히로부미
　伊藤博文

+ 번벌
　藩閥
+ 흠정 헌법
　欽定憲法

2 일본의 산업 혁명

빈칸 정답 294p

중요 포인트
- 19세기 말 일본의 무역과 산업 발전의 흐름을 알아 둡시다.
- 1차 세계 대전과 일본의 경기에 대해서 알아 둡시다.

PLUS

제사업(製糸業)과 방적업(紡績業)
제사업: 고치나 솜으로 생사(生糸)를 만드는 공업
방적업: 목화를 이용하여 면사(綿糸)를 만드는 공업

+ 제사업
  製糸業
+ 방적업
  紡績業
+ 면사
  綿糸

+ 관영 야하타 제철소
  官營八幡製鐵所

+ 일본 제강소
  日本製鋼所
+ 남만주 철도 주식회사
  南滿州鐵道株式會社

---

❶ 일본의 산업 혁명

1) 개항 직후의 무역
① 제사업(製糸業)의 발달로 생산된 생사(生糸), 차 등 반제품과 농산물이 수출의 중심
② 모직물과 면직물 등을 수입

2) 식산흥업(殖産興業)
- 정부 주도의 근대적 산업 육성
- 서구의 기술 도입, 외국인 기술자 고용 등

3) 방적업의 발전
① 1890년 면사(綿糸)의 생산량이 수입량을 초과
　→ 청일 전쟁 이후 중국, 조선 등에 면사(綿糸) 수출이 증가
② 1897년 면사(綿糸) 수출량이 수입량을 초과

4) 기타 산업의 발전
① 철도업 : 일본 철도 회사의 설립(1881)과 성공 ⇨ 다수의 민영 철도 회사 설립
② 해운업 : 일본 우선(郵船) 회사의 설립(1885) → 뭄바이(ボンベイ) 항로 개설(1893)
③ 제철업 : 관영 _____ 제철소의 설립(1897), 조업 개시(1901)
　　　　　중국(청나라)의 철광석 + 치쿠호(筑豊) 탄광 + 독일의 기술

5) 금융 제도
- 금본위제의 확립(1897) : 은 본위제에서 금본위제로 전환

❷ 자본주의의 성립

1) 중공업의 발달
① 야하타 제철소의 확장, 영국 기술을 도입한 민영 일본 제강소 설립(1907)
② 철도의 국유화(1906) - 남만주 철도 주식회사 설립(1906)

2) 섬유 산업
① 생사(生糸)의 수출량이 중국을 넘어 세계 1위(1909)
② 면직물 수출량이 수입량을 초과(1909)

3) 재벌의 등장
- 러일 전쟁 후의 불황 ⇨ 자본력을 가지고 있는 기업이 중소기업을 흡수
  미츠이(三井), 스미토모(住友), 야스다(安田), 미츠비시(三菱) 등 4대 재벌의 등장

❸ 대전 경기(大戦景気)
- 1915년부터 1919년까지의 호경기 : 전쟁으로 인한 수요, 아시아 시장의 독점

1) 대전 경기
① 해운업과 조선업의 급성장 : 세계 3위의 해운국으로 성장
② 수출의 급증, 1915년~18년까지 수출 초과
③ 1914년 11억 엔 채무국 → 1920년 27억 엔 채권국
④ 금 수출 금지(1917) : 금본위제의 정지. 전쟁 중인 대부분의 나라들이 시행 중이었기 때문에
⑤ 공업 생산액이 농업 생산액을 초과(1917)

2) 전후 불황(1920)
① 수요 감소, 서양 국가들의 아시아 시장 복귀 → 수입 초과
② 주가 폭락, 은행 폐쇄 등

> **PLUS**
> **船成金 (ふななりきん)**
> 1차 대전 중 선박 부족이 심해지고 수요는 상승함에 따라 가격이 상승하여, 조선·해운으로 부를 축적한 이른바 선박 벼락부자를 말함

일본의 근현대사

3 전후 일본의 정치

빈칸 정답 294p

중요 포인트
- 전후 일본의 개혁에 대해 알아 둡시다.
- 전후 일본의 정치 흐름을 파악합시다.

❶ 전후 일본의 개혁

1945년 연합군 최고 사령관 총사령부(GHQ) 발족
지령, 권고에 의한 간접 통치 ⇨ 일본의 비(非)군사화, 철저한 민주화

1) 점령 정책
   ① 5대 개혁
      - 부인 해방(여성 해방) : 남녀 보통 선거
      - 노동조합의 결성 장려 : 노동 3법
      - 교육의 자유주의화 : 군국주의 교육 금지, 교육 기본법
      - 압제적 제도 폐지 : 비밀 경찰의 폐지
      - 경제 민주화 : 재벌 해체, 농지 개혁
   ② 천황의 인간 선언
   ③ 군국주의자 공직 추방령

2) 민주화 정책(군국주의의 경제적 기반 해체)
   ① 재벌 해체 : 재벌은 자신의 이익을 위한 전쟁 지지 단체였음
   ② _____ : 소작농 착취가 농촌을 빈곤하게 하여 해외 식민지를 만들게 됨
                (소작농 → 자작농)

3) 노동계의 민주화
   노동조합법(1945), 노동 관계 조정법(1946), 노동 기준법(1947) 제정

4) 교육 제도의 민주화
   ① 교육 기본법 제정(1947) : 교육의 목적·방침, 교육의 기회 균등, 의무 교육 등을 규정
   ② 학교 교육법(1947) : 6·3·3·4 시스템의 결정
   ③ 교육 위원회의 설치(1948) : 교육의 지방 분권화, 교육 위원을 선출

✦ 노동 쟁의
  労働争議(ろうどうそうぎ)

✦ 노동성
  労働省(ろうどうしょう)

❷ 전후 일본의 정치 흐름

요시다 시게루(吉田茂, 1946.5~1947.5, 1948.10~1954.12)

1) 국내 경제의 재건
   ① 전쟁 직후의 경제 상황
      - 전쟁에서의 철수·귀환에 의한 실업자 증가, 물자·식량 부족으로 인한 인플레이션
   ② 경사생산 방식(1946) : 자금과 자재를 석탄, 철강 등 주요 산업에 집중하는 방식
   ③ 경제 안정 9원칙 실행(1948) : 균형 예산, 징세 강화 등 인플레이션 억제
   ④ 돗지 라인 : 초균형 예산, 1달러 360엔의 고정 환율제 설정
   ⑤ 샤우프 권고 : 세제 개편(직접세 중심)

2) 냉전과 안보 조약
   ① 냉전의 격화
      - 미국이 자유주의 진영으로 포함시키기 위해 일본 경제를 자립시키고 재군비 요구
      - 공직 추방 해제 → 보수화
   ② 샌프란시스코 강화 회의(1951)
      - 일본의 입장 : 중국과 소련을 포함하지 않는 단독 강화와 혁신 세력을 중심으로 하는 전면 강화의 대립
      - 미국의 입장 : 안전 보장을 명목으로 일본에 미군 주류와 군사 기지화를 꾀함
      - 소련의 입장 : 일본의 비군사화를 주장
   ③ 샌프란시스코 강화 조약 조인(1951, 48개국) : 일본의 점령 종료, 단독 강화
      (소련, 폴란드, 체코슬로바키아는 조인 거부, 인도, 버마, 유고슬라비아는 결석, 중국은 초대받지 않음)
   ④ 미일 안전 보장 조약(日米安全保障条約) : 미군의 일본 주둔을 승인

+ 경사생산 방식
  傾斜生産方式 (けいしゃせいさんほうしき)

+ 돗지 라인
  ドッジ・ライン

+ 샤우프 권고
  シャウプ勧告 (かんこく)

하토야마 이치로(鳩山一郎, 1954.12~1956.12)

1) _____ 체제 성립(1955) :
   ① 분열되어 있던 일본사회당이 하나로 재통일
   ② 보수 정당들이 합당하여 자유민주당 성립

2) 일소 공동 선언(1956) : 일본 – 소련간의 전쟁 상태 종결, 국교 회복 →
                      일본의 _____ 가맹(1956)

기시 노부스케(岸 信介, 1957.2~1960.7)

1) 안보 투쟁

   ■ **구 안보 조약(1951)**
   - 미군의 일본 방위 의무가 명시되어 있지 않음
   - 기한이 정해지지 않음
   - 국내 문제에 미군 출동이 가능

PLUS

외교 3원칙(1957)
① UN 중심주의
② 자유주의 국가와의 협조
③ 아시아 일원으로서의 입장 견지

+ 이케다 하야토
池田勇人
いけだ はやと

🦉 PLUS

오키나와 기지 문제

오키나와는 2차 대전 이후 미군의 점령을 받았으나, 주민들의 일본 본토 복귀 운동이 활발해져 1972년 일본으로 반환되었다. 그러나 오키나와의 미군 기지는 그대로 남아 있어, 일본 전역의 미군 기지 중 70%가 일본 전체 면적의 0.6%에 지나지 않는 오키나와에 집중되어 있다.

+ 다나카 가쿠에이
田中角栄
た なかかくえい

+ 나카소네 야스히로
中曾根康弘
なか そ ね やすひろ

■ **신 안보 조약(1960)**
- 미군의 일본 방위 의무
- 미일 경제 협력 추진
- 기한을 10년으로 정함(이후 1년마다 자동 연장)

⇨ 안보 투쟁(조약 반대 운동)이 일어남
⇨ 기시 노부스케 총사퇴

이케다 하야토(池田勇人, 1960.7~1964.11)

『관용과 인내(寛容と忍耐)』

1) 소득 배증 정책(所得倍増政策, 1960) : 고도 경제 성장 정책
2) OECD 가맹(1964), 도쿄 올림픽 개최(1964)

사토 에이사쿠(佐藤栄作, 1964.11~1972.7)

1) _____(1968) : 핵무기는 『보유하지 않고, 만들지 않고, 반입하지 않는다』
　　　　　　(『持たず、作らず、持ち込ませず』)
　　　　⇨ 노벨 평화상 수상

2) 오가사와라 제도 반환(1968), 오키나와 반환 협정 조인(1971)

다나카 카쿠에이(田中角栄, 1972.7~1974.12)

1) 일본 열도 개조론 : 지방 도시의 개발로 일본 경제 활성화 시도. 농촌의 인구 과소화와 도시의 과밀을 해소하기 위해 고속도로·신칸센 등 교통망 정비

2) 일중 공동 선언(日中共同宣言) : 중화 인민 공화국과 국교 정상화
　　　　　　　　※ 대만과는 단교

3) 1차 석유 위기 ⇨ 고도 경제 성장의 종결

나카소네 야스히로(中曾根 康弘, 1982.11~1987.11)

- 국영 기업의 민영화
　일본 국유 철도(日本国有鉄道) → JR
　일본 전신 전화 공사(日本電電公社) → NTT
　일본 전매 공사(日本専売公社) → JT

다케시타 노보루(竹下登, 1987.11~1989.6)

- 소비세 3% 도입(1989)

미야자와 키이치(宮沢喜一, 1991.11~1993.8)

1) PKO 협력법의 성립(1992) : 캄보디아에 자위대 파견
2) 버블 경제의 붕괴

호소카와 모리히로(細川護熙, 1993.8~1994.4)

1) 55년 체제의 붕괴(1993) : 비자민 연립 내각 성립
2) 중의원 소선거구 비례 대표 병립제 도입

하시모토 류타로(橋本龍太郎, 1996.1~1998.7)

- 중앙성청등개혁 기본법, 불황의 심각(실업자 증가)
- 1부 22개 성청 → 1부 12개 성청으로 개편

✦ 중앙성청등개혁 기본법
中央省庁等改革
基本法

고이즈미 준이치로(小泉純一郎, 2001.4~2006.9)

1) 미국 9.11 테러 발생 : 아프가니스탄 전쟁 개시, 테러 대책 특별 조치법을 성립시켜 협력
2) 자위대의 이라크 파병(2003)
3) 우정 민영화(2007)

✦ 우정 민영화
郵政民営化

아베 신조(安倍晋三)(2012.12~2020.9)

1) 아베노믹스
2) 소비세율 인상 : 5% → 8%(2014), 8% → 10%(2019)
3) 집단적 자위권 행사를 용인하는 관련 법안 성립(2015)

4. 전후 일본의 경제

빈칸 정답 294p

중요 포인트
- 일본의 고도 성장기에 대해 알아 둡시다.
- 전후 일본 경제의 흐름을 파악해 둡시다.

❶ 전쟁 직후의 민주화 정책

1) **재벌의 해체** : 전전(戰前)의 일본은 군부와 재벌의 유착으로 군국주의가 만들어짐
   ⇨ 따라서 재벌을 해체하거나 분할함
   ① 지주 회사 정리 위원회를 통해 재벌 등의 지주 회사를 분할
   ② _____(1947) : 지주 회사를 금지

+ 지주 회사
  もちかぶがいしゃ
  持株会社

2) **농지 개혁**
   - 기생 지주에 의한 소작농 착취가 농촌을 빈곤하게 하여 불평등으로부터 해외 식민지를 만들게 됨
   ⇨ 정부가 기생 지주로부터 토지를 싸게 매입하여, 농민에게 매매
     (소작농 → 자작농)

+ 기생 지주
  きせいじぬし
  寄生地主

❷ 전쟁 직후~1950년대 초

1) **전쟁 직후의 경제 상황**
   - 전쟁에서의 철수, 귀환에 의한 실업자 증가, 물자·식량 부족으로 인한 인플레이션

2) **경사생산 방식**
   - 자금과 자재를 석탄, 철강 등 주요 산업에 집중하는 방식
   - 일본 은행이 공채를 매입하여 자금을 제공 → 인플레이션이 이어짐

3) **경제 안정 9원칙 실행(1948)** : 균형 예산, 징세 강화 등

4) **돗지 라인(1949)**
   ① 인플레이션 억제를 위해 국가의 세출을 삭감(긴축 재정) → 돗지 불황(디플레이션)
   ② 무역 촉진을 위해 1달러 _____엔의 단일 환율 설정

5) **샤우프 권고** : 세제 개편(직접세 중심)

6) **한국 전쟁 발발(1950)** : 미군의 군사 기지로서 일본 경기 부흥의 계기(특수 경기)

7) **일본의 IMF, IBRD 가맹(1952)**

+ 특수 경기
  とくじゅけいき
  特需景気

❸ 고도 경제 성장기(1955~1973)

진무 경기(神武景気, 1955~1957)

1) GATT 가맹(1955)

2) 국제 연합 가맹(1956)

3) 「もはや戦後ではない」(1956年 「経済白書」)
   - 일본의 경제가 전전(戦前)과 같은 상태까지 회복되었다는 것을 의미

4) 3종 신기 : 흑백 TV, 세탁기, 냉장고

이와토 경기(岩戸景気, 1958~1961)

1) 「投資が投資を呼ぶ」(1960年 「経済白書」)
   - 민간 설비 투자를 중심으로 경제 성장

2) 소득 배증 정책(1960) : 고도 경제 성장 정책
   - 10년 내 GNP 2배를 목표(1967년에 2배 달성)

올림픽 경기(オリンピック景気, 1963~1964)

1) 도쿄 올림픽 개최(1964) : 사회 자본(인프라 설비)을 위한 건설 수요 증가

2) 자본과 환율의 자유화
   ① GATT 11조국 이행(1963) : 국제 수지 적자 등을 이유로 수입 제한을 하지 않음
   ② IMF 8조국 이행(1964) : 환율 관리를 행하지 않음
   ③ 경제 협력 개발 기구(OECD) 가입(1964)

3) 올림픽 이후 불황(1965) : 전후 처음으로 적자 국채 발행(1965)

이자나기 경기(いざなぎ景気, 1966~1970)

1) 전후 최장 호황기
   ① 베트남 전쟁 등으로 인한 국외 수요 증가
   ② 건설 국채 발행(1966) - 정부의 투자로 인한 공공 내수 확대

2) 내부 소비재 보급 : 신 3종 신기(3C) - 컬러 TV, 자동차, 에어컨

3) 일본이 자본주의 국가 중 GNP 2위 국가가 됨(1968)

> ■ 고도 경제 성장의 요인
> ① 기술 혁신(특히 중화학 공업)을 동반한 기업의 설비 투자 증가
> ② 풍부한 노동력
> ③ 수출에 유리한 국제 경제(엔저, 자유 무역)
> ④ 정부의 성장 촉진 정책(법인세 인하, 저금리 정책 등)
> ⑤ 원재료 및 자원을 저렴하게 수입 가능(석유)
> ⑥ 높은 저축률

PLUS

국제 수지의 천장
国際収支の天井

고도 경제 성장기 기계와 원재료의 수입 등으로 인해 국제 수지가 적자를 기록하여 외화 준비금이 감소하자 적자를 막기 위해 긴축 금융 등을 실시하였음. 그로 인해 경제 성장의 둔화를 초래함

5 오일 쇼크 이후의 일본 경제

빈칸 정답 294p

중요 포인트
- 고도 경제 성장의 종결의 원인에 대해 알아 둡시다.
- 일본의 버블 경제와 불황에 대해 알아 둡시다.

❶ 고도 경제 성장의 종결

1) 고도 경제 성장기의 종결 원인
   ① 닉슨 쇼크(1971) → 스미소니언 체제(1971) → 변동 환율제 이행(1973)
      ⇨ 엔고(円高)
   ② 제1차 오일 쇼크(1973)
      - 석유 가격의 급격한 상승으로 물가 폭등(狂乱物価) → 인플레이션 억제를 위하여 금리 상승 → 기업의 설비 투자 감소 → 불황(물가는 계속 상승) → 스태그플레이션 → 전후 처음으로 마이너스 경제 성장률

2) 적자 국채의 발행(1975) : 재정 적자를 채우기 위해 적자 국채 발행

3) 제2차 오일 쇼크(1979) : 제1차 오일 쇼크에 비해 영향은 감소

❷ 오일 쇼크 후의 일본

1) 에너지 절약의 추진

2) 지식 집약형 산업의 발전
   중후장대(重厚長大)형 산업 → 경박단소(軽薄短小)형 산업

3) 석유의 중동 의존도 하락을 위해 노력(현재도 중동 의존도가 압도적으로 높음)

4) 원자력, 풍력, 지열 등을 이용한 대체 에너지 발전

✚ 에너지 절약
　省エネルギー

❸ 1980년대 일본 경제

1) 버블 경제

```
_____ (1985) : 선진 5개국(G5)의 재무 장관들이 달러화 약세를 결정한 회의
         ⇨ 엔고 현상 ⇨ 일본의 수출 감소 ⇨ 엔고 불황
```
▼
```
내수(内需) 확대를 위한 일본 은행의 금리 하락 : 2.5%까지 금리 하락
                   ⇨ 통화량의 급증
```
▼
```
버블 경기(1986~1991) : 대량의 자금이 부동산(토지), 주식, 미술 시장 등으로 이동
       ⇨ 자산 가격 상승(자산 인플레이션) ⇨ 자본 이익 ⇨ 재테크 붐
```
▼
```
일본 은행의 금리 상승 : 6%까지
```
▼
```
통화량기 급감 : 자산 디플레이션에 의한 자본 손실
              ⇨ 버블 붕괴
```

✚ 자산 인플레이션
　資産インフレ

✚ 자본 이익
　キャピタルゲイン

✚ 자산 디플레이션
　資産デフレ

✚ 자본 손실
　キャピタルロス

2) 산업의 공동화

<u>원인</u>
① 엔고(円高) : 수출에 불리
② 높은 인건비 : 생산 코스트의 상승
③ 무역 마찰 : 무역 마찰을 피하기 위해 현지(소비지) 생산을 늘림

<u>결과</u>
① 실업률의 상승
② 무역 흑자의 감소 : 일본으로부터의 수출 감소
③ 공장의 해외 이전으로 자본이 같이 해외로 나감

✚ 공동화
　空洞化

3) 민영화

민영화 시기	민영화 전	민영화 후
1985	일본 전신 전화 공사 (日本電信電話公社)	일본 전신 전화 주식회사 (日本電信電話株式会社, NTT)
1985	일본 전매 공사 (日本専売公社)	일본 담배 산업 주식회사 (日本たばこ産業株式会社, JT)
1987	일본 국유 철도 (日本国有鉄道)	동일본 여객 철도 주식회사 (東日本旅客鉄道株式会社, JR) 등 7개 회사로 분할
2007	일본 우정 공사 (日本郵政公社)	일본 우정 주식회사(日本郵政株式会社) 등 4개 회사로 분할

PLUS
BIS 규제

국제적인 업무를 하는 은행은 자기 자본 비율을 8% 이상으로 유지해야 한다는 국제적 기준 1988년 바젤 합의에 의한 것으로 BIS는 국제 결제 은행을 의미함. 이 규제에 따라 일본의 은행들은 대출을 삭감하여 자기 자본 비율을 높이려고 하였음

PLUS
호송선단 방식
護送船団方式(ごそうせんだんほうしき)

금융 자유화 이전에 경쟁력이 약한 금융 기관이 낙오하지 않도록 금리 규제 등 대장성(현재의 재무성에 해당)에서 관리하고 지도하는 방식

+ 대담한 금융 정책
  大胆(だいたん)な金融政策(きんゆうせいさく)

+ 기동적인 재정 정책
  機動的(きどうてき)な財政政策(ざいせいせいさく)

+ 공격적인 성공 전략
  民間投資(みんかんとうし)を喚起(かんき)する
  成長戦略(せいちょうせんりゃく)

❹ 1990년대의 일본 경제

1) 버블 경제의 붕괴와 잃어버린 10년
   ① 주가, 지가의 폭락으로 금융 기관의 불량 채권 문제 발생
      → 은행의 대출 삭감(貸(か)し渋(しぶ)り) → 경기 악화
   ② 기업의 정리 해고(リストラ) 증가, 실업자와 비정규직 증가
   ③ 소비의 감소와 물가 하락, 기업의 실적 감소로 이어지는 나선형 디플레이션(90년대 후반) 현상 발생
   ④ 아시아 통화 위기(1997)의 영향으로 경기 악화

2) 금융의 자유화
   ① 금리의 자유화 : 예금 금리의 완전 자유화가 이루어짐(1994)
   ② _____ (1996~2001) : 자유(フリー), 공정(フェア), 국제화(グローバル)를 슬로건으로 행해진 금융 개혁
      - 은행, 보험, 증권 업무 분리 규제를 철폐하여 장벽을 없앰
      - 독점 금지법 개정으로 지주 회사가 설립 가능하게 되고 은행, 증권, 보험을 통합하여 취급하는 금융 지주 회사 설립도 가능하게 됨
      - 금융업계의 호송선단 방식 탈피

❺ 세계 금융 위기와 아베노믹스

1) 세계 금융 위기의 발생(2008)
   ① 배경 : 서브프라임 모기지 론 문제로 인한 리먼 브라더스의 파산(리먼 쇼크)
   ② 일본도 영향을 받아 2008년~09년 마이너스 경제 성장률 기록
   ③ 금융 불안으로 자금이 일본엔으로 집중 → 엔고(円高)

2) 아베노믹스(2012)
   - 아베 내각에서 실시한 디플레이션에서 벗어나기 위한 경제 정책의 슬로건
   - '대담한 금융 정책', '기동적인 재정 정책', '공격적인 성장 전략'을 중심
   - 엔화 평가 절하, 연간 물가 상승률 2% 목표, 양적 완화, 대규모 공공 투자

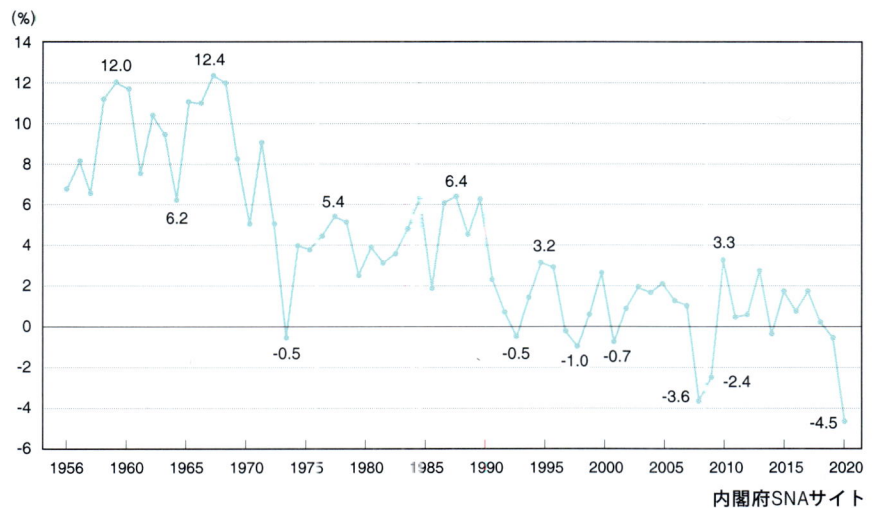

〈전후 일본 경제 성장률 추이〉

PLUS

아시아 통화 위기

1997년 태국의 바트화 폭락을 계기로 시작된 통화 위기. 이 위기로 경제적으로 큰 타격을 받은 태국, 인도네시아, 한국이 IMF의 지원을 받았으며, 인도네시아의 수하르토 정권이 붕괴되었다.

PLUS

G20

주요 20개국(Group of Twenty)의 약자로, G7(미국, 영국, 프랑스, 독일, 일본, 캐나다, 이탈리아)에 EU(유럽 연합)와 신흥 12개 국가로 구성된다.
세계 금융 위기를 계기로 정상급 회의가 열리기 시작하였다.

3 현대 사회와 일본의 근현대사

기타 학습 내용

1 근대 민주주의의 발달 과정

중요 포인트 • 근대 민주주의의 발달 과정을 알아봅시다.

근대 민주주의의 발달 과정

1628	권리 청원 • 에드워드 코크 등에 의해 기초 • 의회의 동의 없이 과세 금지, 법에 따르지 않은 체포 금지
1642~1649	청교도 혁명(왕당파 VS 의회파)
1649~1660	크롬웰에 의한 통치
1651	홉스 [리바이어던]
1688	명예혁명 제임스 2세의 추방 • 메리 2세와 윌리엄 3세가 왕으로 취임
1689	권리 장전 국왕보다 의회 중심의 체제가 확립 「国王は、主権により、国会の承認なしに法律の法力を停止し、または法律の執行を停止し得る権限があると称しているが、そのようなことは違法である」
1690	로크 [시민 정부 이론] • 명예혁명의 정당화, 간접 민주주의(의회제 민주주의) 주장, 미국 독립 혁명에 영향
1721	휘그당의 월폴이 영국의 초대 수상으로 취임 • 의원 내각제(책임 내각제) 확립
1748	몽테스키외 [법의 정신] • 엄격한 삼권 분립
1762	루소 [사회 계약설] • 직접 민주제의 지지(간접 민주제의 비판) • 프랑스 혁명에 영향
1776. 6	버지니아 권리 장전 • 최초의 자연권(천부 인권) 보장

1776. 7	미국 독립 선언문 • 로크의 영향 • 인민의 권리에 관한 부분은 버지니아 권리 장전과 대부분 같음	
	자연권	「われわれは、自明の真理として、すべての人は平等に造られ、造物主によって、一定の奪いがたい天賦の権利を付与され、そのなかに生命、自由および幸福の追求の含まれることを信ずる」
	국민 주권	「また、これらの権利を確保するために人類のあいだに政府が組織されたこと、そしてその正当な権力は被治者の同意に由来するものであることを信ずる」
	저항권 (혁명권)	「そして、いかなる政治の形態といえども、もしこれらの目的を毀損するものとなった場合には、人民はそれを改廃し、かれらの安全と幸福とをもたらすべしとみとめうれる主義を基盤とし、また権限の機構をもつ、新たな政府を組織する権利を有することを信じる」
1787	미합중국 헌법 • 최초의 근대적 성문법	
1789	프랑스 인권 선언	
	자연권	第1条「人は、自由かつ権利において平等なものとして出生し、かつ生存する」
	국민 주권	第3条「あらゆる主権の原理は、本質的に国民に存する」
	권력 분립	第16条「権利の保障が確保されず、権力の分立が規定されないすべての社会は、憲法を持つものでない」
	소유권 불가침	第17条「所有は、神聖かつ不可侵の権利であり、何人も、適法に確認された公の必要が明白にそれを要求する場合で、かつ、正当かつ事前の補償のもとでなければ、それを奪われない」
1803	재판소의 위헌 입법 심사권 확립(미국)	
1838~1848	차티스트 운동 • 노동자 선거권 요구 운동	
1848	2월 혁명(프랑스) • 최초의 남자 보통 선거가 시작	
1863	링컨 대통령의 게티스버그 연설 • 인민의, 인민에 의한, 인민을 위한 정치 • 국민 주권	

1919	바이마르 헌법 • 남녀 보통 선거 • 최초의 사회권 보장		
		생존권	第151条 「経済生活の秩序は、すべての者に人間たるに値する生活を保障する目的をもつ正義の原則に適合しなければならない。この限界内で、個人の経済的自由は、確保されなければならない」
		소유권의 제한	第153条 「① 所有権は、憲法によって保障される。その内容およびその限界は、法律によって明らかにされる。 ② 所有権は義務を伴う。その行使は、同時に公共の福祉に役立つべきである」
		노동자의 단결권	第159条 「労働条件および経済条件を維持し、かつ、改善するための団結の自由は、各人およびすべての職業について、保障される。この自由を制限し、または妨害しようとするすべての合意および措置は、違法である」
		사회 보험	第161条 「健康および労働能力を維持し、母性を保護し、かつ、老齢、虚弱および生活の転変にそなえるために、国は、被保険者の適切な協力のもとに、包括的保険制度を設ける」
1941	프랭클린 루즈벨트의 네 가지 자유 • 언론의 자유, 신앙의 자유, 결핍으로의 자유, 공포로부터의 자유 • 대서양 헌장, 국제 연합 헌장, 세계 인권 선언에 영향을 줌		
1948	세계 인권 선언 第1条 「すべての人間は、うまれながらにして自由であり、尊厳と権利について平等である」 第2条 「何人も、人種、皮膚の色、性、言語、宗教、政治的その他の意見、国民的もしくは社会的出身財産、門地もしくはその他の地位のような、いかなる種類の差別もうけることなく、この宣言に掲げるすべての権利と自由とを享有することができる」 • 법적 구속력 없음		
1966	국제 인권 규약 ┌ A 규약 : 사회권적 권리(노동 기본권, 교육권, 생활 수준의 확보) └ B 규약 : 자유권적 권리 조인, 비준한 국가는 구속력이 있음 일본은 A 규약 중 '공휴일 보수 지급', '공무원 파업 권리'에는 미비준		

MEMO

부록 ①

- 세계사 연표 정리
- 표·그래프 분석
- 지역별 지도
- 일본 헌법 전문

4 부록 ❶

세계사 연표 정리

● 아메리카, 영국

年度	アメリカ　ラテンアメリカ	イギリス
1769		ワット蒸気機関
1773	ボストン茶会事件	
1775	アメリカ独立戦争（〜83）	
1776	アメリカ独立宣言	アダム・スミス「国富論」
1783	パリ条約	
1787	アメリカ合衆国憲法	
1798		マルサス「人口論」
1803	フランスよりルイジアナ買収	
1805		トラファルガーの海戦
1811		ラダイト運動
1812	アメリカ・イギリス戦争	
1814		ウィーン会議（〜15）
1816	アルゼンチン独立宣言	
1822	ブラジル独立	
1823	モンロー宣言	
1830	先住民強制移住法成立	
1837		人民憲章決議
1838		チャーティスト運動
1842		南京条約
1846	アメリカ・メキシコ戦争（〜48）	
1853		クリミア戦争
1861	南北戦争（〜65）	
1863	奴隷解放宣言　ゲティスバーグ演説	
1867	ロシアよりアラスカ買収	
1875		スエズ運河株式買収
1877		インド帝国成立
1879	エディソン電灯発明	

年度	アメリカ　ラテンアメリカ	イギリス
1890	シャーマン法成立 フロンティア消滅宣言	
1898	アメリカースペイン戦争	ファショダ事件
1899		南ア戦争（ブール戦争）（〜02）
1902		日英同盟
1905	ポーツマス条約	
1907		英露協商
1911		議会法成立
1914		第1次世界大戦
1915		フセイン・マクマホン協定
1917		バルフォア宣言
1918	ウィルソンの14ヶ条	男性普通選挙の承認
1919	パリ講和会議	
1924	ドーズ案	
1927	ジュネーヴ軍縮会議	
1928		男女普通選挙
1929	世界大恐慌	
1930	ロンドン軍縮会議	
1931		マクドナルドの挙国一致内閣
1932		オタワ連邦会議
1933	ニューディル政策	
1939		第二次世界大戦
1941	太平洋戦争（〜45）	
1945	ヤルタ会談	
1946		「鉄のカーテン」演説
1947	トルーマンドクトリン マーシャルプラン	
1950	朝鮮戦争	
1951	日米安全保障条約	
1956		第2次中東戦争

年度	アメリカ　ラテンアメリカ	イギリス
1959	キューバ革命	EFTA正式発足
1962	キューバ危機	
1964	公民権法成立	
1965	ベトナムに出兵	
1971	金ドル交換禁止	
1979		サッチャー内閣成立
1981	レーガン大統領就任	
1989	マルタ会談	
1991	湾岸戦争	
1992		マーストリヒト条約調印
1994	北米自由貿易協定（NAFTA）	
2001	同時多発テロ	
2003	イラク戦争	

● 프랑스, 독일, 러시아

年度	フランス	ドイツ （プロイセン・西ドイツ）	ロシア（ソ連）
1789	フランス革命勃発		
1799	ブリュメール18日クーデタ		
1804	ナポレオン法典成立		
1806	大陸封鎖令 （ベルリン勅令）		
1814		ウィーン会議（～15）	
1815			4国同盟
1830	7月革命		
1831	ベルギー王国独立		
1834		ドイツ関税同盟発足	
1848	2月革命	フランクフルト国民議会 （～49）	
1853		クリミア戦争	
1861			農奴解放宣言
1866		プロイセン―オーストリア 戦争	
1867		マルクス『資本論』	
1870	プロイセン―フランス戦争（～71）		
1871	パリコミューン	ドイツ帝国成立	
1873			三帝同盟
1878		社会主義者鎮圧法可決	
1887	仏領インドシナ連邦成立	独露再保障条約	
1895		三国干渉	
1898	ファショダ事件		ロシア社会民主労働党結成
1904			日露戦争（～05）
1905	第1次モロッコ事件		血の日曜日事件, ポーツマ ス条約

年度	フランス	ドイツ (プロイセン・西ドイツ)	ロシア(ソ連)
1914	第一次世界大戦		
		タンネンベルクの戦い	
1917			ロシア革命 (二月革命・十月革命)
1918		ブレストリトフスク条約	
			戦時共産主義
1919	パリ講和会議		
		ヴァイマル憲法制定	
1921			新経済政策(ネップ)
1923	ルール占領(〜25)		
1924		ドーズ案成立	
1925	ロカルノ条約		
1933		全権委任法可決	
1935		再軍備宣言	
1938	ミュンヘン会談		
1939		独ソ不可侵条約	
		ポーランド侵入 (第二次世界大戦)	フィンランドに宣戦
1940		三国同盟締結	
1943		スターリングラード戦争	
1944	連合軍ノルマンディー上陸		
1945	ヤルタ会談		
1946	インドシナ戦争		
1947			コミンフォルム結成
1948		ベルリン封鎖	
1954	ジュネーブ休戦協定調印		
1955			ワルシャワ条約機構調印
1956	第2次中東戦争		
1962			キューバ危機

年度	フランス	ドイツ （プロイセン・西ドイツ）	ロシア（ソ連）
1967	NATO軍事部門脱退 ヨーロッパ共同体（EC）発足		
1968			チェコスロバキアへ侵入 (プラハの春)
1986			ペレストロイカ
1987			米ソINF全廃条約調印
1989		ベルリンの壁崩壊	マルタ会談
1990		東西ドイツ統一	
1991			バルト3国独立承認 ソ連邦解体 独立国家共同体（CIS)誕生
1992	マーストリヒト条約に調印		
1994			チェチェン侵攻

● 서아시아, 아프리카

연도	西アジア（オスマン帝国）	アフリカ
1821	ギリシア独立戦争（～29）	
1830		アルジェリアを占領
1847		リベリア独立
1853	クリミア戦争（～56）	
1869		スエズ運河開通
1875		スエズ運河会社の株買収
1876	オスマン帝国新憲法（ミドハト憲法）発布	
1881	ルーマニア王国成立	チュニジア保護国化
1882	セルビア王国成立	
1884		トーゴ・カメルーンに進出
1888	アナトリア鉄道建設（ドイツ）	
1896	シオニズム運動おこる	マダガスカル併合
1898		ファショダ事件
1899	ドイツにバグダード鉄道敷設権を認める	南アフリカ戦争（ブール戦争）
1905		第1次モロッコ事件
1907	英露協商	
1908	青年トルコ革命	コンゴ自由国編入（ベルギー）
1911		第2次モロッコ事件
1912		モロッコ保護領（仏）
1914	第1次世界大戦—同盟側に参戦	エジプト保護国化
1915	フセイン・マクマホン協定	
1917	バルフォア宣言	
1922	トルコ革命（スルタン制廃止）	
1923	トルコ共和国成立 ローザンヌ条約	
1932	トルコ国際連盟加盟	
1933	パレスチナにユダヤ人大量移住	
1948	第1次中東戦争	

年度	西アジア（オスマン帝国）	アフリカ
1949		リビア独立
1952		エジプト革命（～54）
1956		ナセル大統領 スエズ運河国有化宣言 スーダン独立 モロッコ・チュニジア独立
1960		アフリカの年（17ヶ国独立）
1962		アルジェリア独立
1963	キプロス紛争	アフリカ統一機構（OAU結成） ケニア独立
1964	パレスチナ解放機構（PLO）設立	
1967	第3次 中東戦争	
1968		アラブ石油輸出国機構（OAPEC）設立
1969	リビア革命（王政廃止）	
1973	第4次中東戦争	
1975		アンゴラ独立
1979	イラン革命 ソ連、アフガニスタン侵攻	
1980	イラン・イラク戦争（～88）	
1985		南アフリカで反アパルトヘイト運動
1991	湾岸戦争	
1993	オスロ協定	マンデラ、ノーベル平和賞受賞
2001	米英軍、アフガニスタン侵攻開始 ターリバーン政権崩壊	
2002		アフリカ連合（AU）発足
2004		スーダン内戦で165万人の難民発生
2011	アラブの春（民主化運動）：チュニジア（2010）、エジプト、リビア、イエメン	
		南スーダン共和国独立
2013		マンデラ死去

● 일본

年度	日本	年度	日本
1853	ペリー浦賀に来航	1933	国際連盟脱退
1858	日米修好通商条約	1937	三国防共協定
1868	明治維新	1941	真珠湾攻撃
1869	版籍奉還	1945	ポツダム宣言受諾
1873	地租改正、徴兵令	1946	日本国憲法公布
1877	西南戦争	1947	教育基本法、独占禁止法
1882	立憲改進党結成	1949	ドッジ・ライン発表　シャウプ勧告
1889	大日本帝国憲法発布	1951	サンフランシスコ講和条約
1890	第1回帝国議会	1956	日ソ共同宣言
1894	日清戦争（~95）	1960	安保闘争 所得倍増政策
1895	三国干渉	1964	経済協力開発機構　加盟 東京オリンピック
1899	治外法権撤廃	1968	小笠原返還
1902	日英同盟成立	1972	沖縄復帰
1904	日露戦争（~05）	1973	変動相場制に移行 物価高騰
1905	ポーツマス条約	1985	プラザ合意 専売公社・電電公社民営化
1911	関税自主権回復	1987	国鉄民営化
1914	青島占領	1989	消費税導入（3％）
1921	ワシントン会議（~22）	1992	国連平和維持活動協力法　成立
1925	普通選挙法	1993	細川内閣成立
1927	ジュネーヴ軍縮会議	1995	阪神淡路大震災
1930	ロンドン軍縮会議	1998	金融ビックバン始動
1931	満州事変	2003	自衛隊イラク派遣

MEMO

4 부록 ❶

표·그래프 분석

● 자연환경

표1) 緯度帯別の海・陸の面積とその割合 (理)

緯度	陸地	海洋	陸地	海洋
	10^6km²	10^6km²	%	%
90°～80°N	0.407	3.502	10	**90**
80°～70°	3.494	8.103	30	70
70°～60°	13.352	5.558	**71**	29
60°～50°	14.636	10.977	57	43
50°～40°	**16.457**	15.046	52	48
40°～30°	15.622	20.790	43	57
30°～20°	15.113	25.093	38	62
20°～10°	11.249	31.538	26	74
10°～ 0°	10.039	**34.055**	23	77
北半球	100.370	154.663	39.4	60.6
0°～10°S	**10.399**	33.695	24	76
10°～20°	9.433	33.355	22	78
20°～30°	9.314	30.893	23	77
30°～40°	4.146	32.266	11	89
40°～50°	0.991	30.512	3	97
50°～60°	0.216	25.396	1	**99**
60°～70°	1.601	17.309	8	92
70°～80°	7.295	4.302	63	37
80°～90°	3.477	0.431	**89**	11
南半球	46.874	208.159	18.4	81.6
計	147.244	362.822	28.9	71.1

陸地：海洋＝1：2.46　数値はGRS80楕円体による。

표2) 大陸の高度別面積割合(%)　　　理科年表 1958

高度(m) ＼ 大陸	アジア (カフカスを含む)	ヨーロッパ (カフカスを除く)	アフリカ	北アメリカ	南アメリカ	オーストラリア (ニューギニアなどを含む)	南極	全大陸
200未満	24.6	**52.7**	9.7	29.9	**38.2**	39.3	6.4	25.3
200～500	20.2	21.2	**38.9**	30.7	29.8	**41.6**	2.8	**26.8**
500～1,000	**25.9**	15.2	28.2	12.0	19.2	16.9	5.0	19.4
1,000～2,000	18.0	5.0	19.5	16.6	5.6	2.2	22.0	15.2
2,000～3,000	5.2	2.0	2.7	9.1	2.2	0.0	**37.6**	7.5
3,000～4,000	2.0	0.0	1.0	1.7	2.8	0.0	26.2	3.9
4,000～5,000	4.1	0.0	0.0	0.0	2.2	0.0	0.0	1.5
5,000以上	1.1	－	0.0	0.0	0.0	－	－	0.4
平均高度	960	340	750	720	590	340	2 200	875

数値は原典のまま。一部の構成比計は100％にならない。

表3) 日本のおもな島の面積

島名	面積 km²
本州	227 938
北海道	77 982
九州	36 783
四国	18 296
択捉島	3 167
国後島	1 489
沖縄島	1 208
佐渡島	855
大島（奄美大島）	712
対馬	696
淡路島	592
下島（天草下島）	575

令和5年全国都道府県市区町村別面積調

表4) 大陸別の気候区の割合

H.Wagner

区分	陸地全域 百万km²	陸地全域 %	ユーラシア %	アフリカ %	北アメリカ %	南アメリカ %	オーストラリア %	南国大陸 %	太平洋 %	大西洋 %	インド洋 %
Af	14.0	9.4	3.5	19.8	2.8	26.9	7.9	…	36.3	13.6	31.1
Aw	15.7	10.5	3.9	18.8	2.4	36.5	9.0	…	15.1	13.5	13.0
BS	21.2	14.3	15.9	21.5	10.7	6.7	25.8	…	1.3	8.4	2.4
BW	17.9	12.0	10.2	25.2	3.7	7.3	31.4	…	0.1	0.6	1.7
Cs	2.5	1.7	2.2	1.3	0.8	0.3	7.9	…	1.7	5.9	1.8
Cw	11.3	7.5	9.6	13.1	2.0	6.7	6.8	…	0.7	…	0.1
Cf	9.3	6.2	5.7	0.3	10.7	14.0	11.2	…	30.7	28.3	23.8
Df	24.5	16.5	25.8	…	43.4	…	…	…	2.1	1.4	…
Dw	7.2	4.8	13.4	…	…	…	…	…	0.4	…	…
ET	10.3	6.4	9.8	…	17.3	1.6	…	3.6	9.7	21.5	23.4
EF	15.0	10.7	…	…	6.2	…	…	96.4	1.9	6.8	2.7

表5) 緯度圏の平均気温(℃)　　　　　　　　　　　　　　　　　　　　　　　　　　　　福井栄一郎：気候学

	1月	4月	7月	10月	年	年較差	陸地%
90°N	−41.0	−28.0	−1.0	−24.0	−22.7	40.0	…
80	−32.0	−22.7	2.0	−19.1	−17.1	34.2	20
70	−26.3	−14.0	7.3	−9.3	−10.7	33.6	53
60	−16.1	−2.8	14.1	0.3	−1.1	30.2	61
50	−7.2	5.2	17.9	6.9	5.8	25.1	58
40	5.5	13.1	24.0	15.7	14.1	18.5	45
30	14.7	20.1	27.3	21.8	20.4	12.6	43.5
20	21.9	25.2	28.0	26.4	25.3	6.1	31.5
10	25.8	27.2	27.0	26.9	26.8	1.4	42
0	26.5	26.6	25.7	26.5	26.3	0.9	22
10°S	26.4	25.9	23.0	25.7	25.5	3.4	20
20	25.3	24.0	19.8	22.8	23.0	5.5	24
30	21.6	18.7	14.5	18.0	18.4	7.1	20
40	15.4	12.5	8.8	11.7	11.9	6.6	4
50	8.4	5.4	3.0	4.8	5.4	5.4	2
60	3.2	…	−9.3	…	−3.2	12.5	0
70	−1.2	…	−21.0	…	−12.0	19.8	71
80	−4.3	…	−28.0	…	−20.0	24.4	100
90	−6.0	…	−33.0	…	−25.0	27.0	…

南緯80度以南は暫定値

● 인구

表6) 地域別面積・人口・人口密度(2021年)　World Population Prospects 2022 ほか

地域	面積 万km²	%	人口 百万人	%	人口密度 (人/km²)
世界計	13 009	100.0	7 909	100.0	61
先進地域	5 346	41.1	1 276	16.1	24
発展途上地域	7 663	58.9	6 633	83.9	87
アジア	3 103	23.9	4 695	59.4	151
アフリカ	2 965	22.8	1 394	17.6	47
ヨーロッパ	2 214	17.0	745	9.4	34
北アメリカ	2 133	16.4	597	7.5	28
南アメリカ	1 746	13.4	434	5.5	25
オセアニア	849	6.5	44	0.6	5

表7) 地域別人口変遷・将来人口（百万人）　ウォイチンスキー：世界の経済, World Population Prospects 2022

地域＼年	1800	1900	1950	2000	2020	2000〜2020 年平均増加率(%)	2050	2100	2020〜2100 年平均増加率(%)
アジア	602	937	1 379	3 736	4 664	1.12	5 293	4 674	0.00
アフリカ	90	120	228	819	1 361	2.57	2 485	3 924	1.33
ヨーロッパ	187	401	550	727	746	0.13	703	587	−0.30
北アメリカ	16	106	217	486	594	1.01	679	670	0.15
南アメリカ	9	38	114	350	432	1.06	491	426	−0.02
オセアニア	2	6	13	31	44	1.72	58	69	0.56
世界計	906	1 608	2 499	6 419	7 841	1.22	9 709	10 349	0.35

表8) おもな国の人口変遷・将来人口（10万人）　ウォイチンスキー：世界の経済, World Population Prospects 2022

国名＼年	1950	2000	2020	2000〜2020 年平均増加率(%)	2050	2100	2020〜2100 年平均増加率(%)
日本	844	1 268	1 252	−0.06	1 038	736	−0.66
インド	3 570	10 536	13 964	1.39	16 705	15 299	0.11
中国	5 440	12 641	14 249	0.60	13 126	7 667	−0.77
ナイジェリア	372	1 229	2 083	2.68	3 775	5 461	1.21
イギリス	501	539	671	0.66	717	705	0.06
イタリア	464	570	595	0.22	523	369	−0.60
スウェーデン	70	89	104	0.78	119	132	0.30
フランス	418	587	645	0.47	658	609	−0.07
アメリカ	1 483	2 824	3 359	0.87	3 754	3 940	0.20
カナダ	137	307	379	1.06	459	539	0.44
メキシコ	276	979	1 260	1.27	1 438	1 156	−0.11
アルゼンチン	170	371	450	0.93	516	476	0.07
ブラジル	540	1 759	2 132	0.97	2 309	1 845	−0.18
オーストラリア	82	190	257	1.51	322	381	0.49

II 9) おもな国の出生率・死亡率

II 10) おもな国の年齢別人口構成

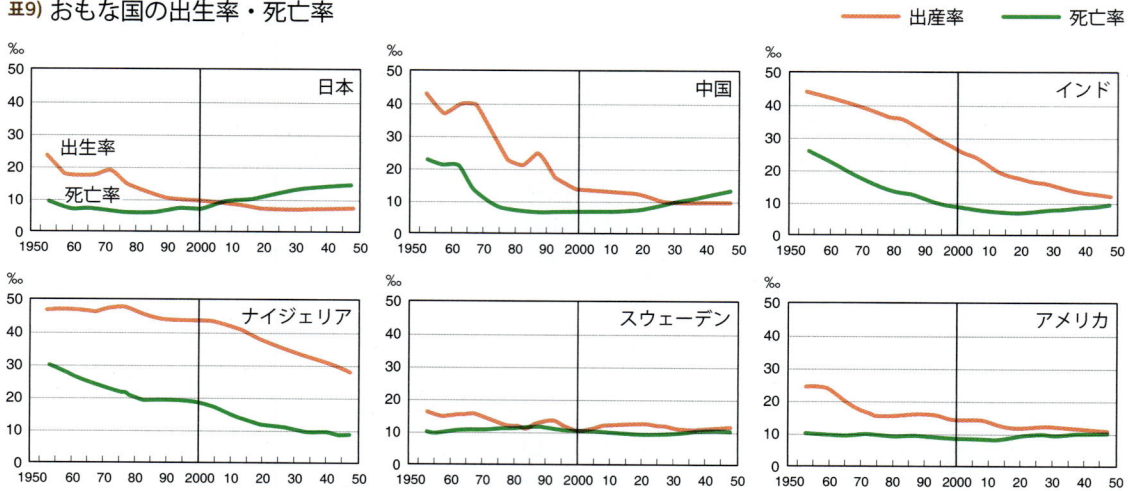

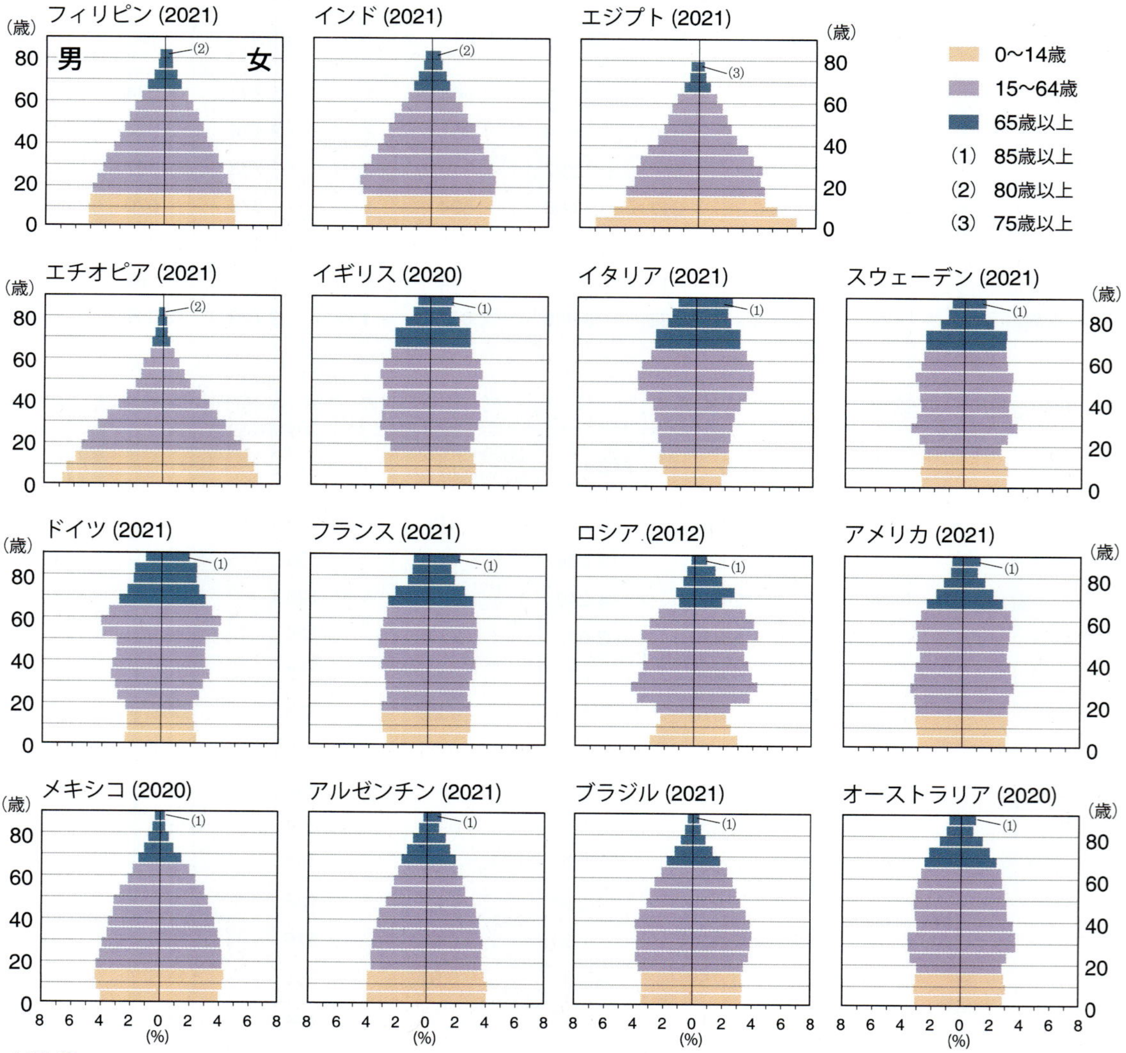

表11) おもな国の合計特殊出生率　　　Demographic Yearbook 2021 ほか

国名	合計特殊出生率(2021)	国名	合計特殊出生率(2021)
日本	1.30	ドイツ	1.58
韓国	0.81	フランス	1.83
(香港)	0.77	ロシア	1.49
エジプト	2.92	アメリカ	1.66
マラウイ	3.92	アルゼンチン	1.89
イギリス	1.56	ブラジル	1.64
スウェーデン	1.67	オーストラリア	1.70

表12) おもな先進国の65歳以上人口割合(%)　　　World Population Prospects 2022 ほか

年次	日本	イギリス	イタリア	スイス	スウェーデン	ドイツ	フランス	アメリカ	オーストラリア
1950	4.9	10.8	8.1	9.5	10.2	9.5	11.4	8.2	8.2
1960	5.8	11.7	9.5	10.2	11.7	11.5	11.7	9.2	8.6
1970	7.2	13.0	11.1	11.4	13.7	13.6	12.9	9.8	8.4
1980	9.3	14.9	13.3	13.8	16.3	15.7	14.0	11.3	9.6
1990	12.4	15.7	15.0	14.6	17.8	14.9	14.1	12.3	11.1
2000	17.8	15.7	18.3	15.3	17.3	16.4	16.2	12.3	12.4
2010	23.6	16.3	20.4	16.8	18.3	20.5	17.0	13.0	13.6
2020	29.6	18.7	23.4	18.7	20.0	22.0	21.0	16.2	16.2
2030	31.4	22.0	28.3	23.0	21.8	26.4	24.4	20.5	19.5
2040	35.2	24.8	34.5	26.9	23.7	29.5	27.2	22.4	21.9
2050	37.5	26.1	37.1	29.3	24.8	30.5	28.5	23.6	23.8

表13) 年齢3区分別人口割合(%, 2021年)

表14) おもな国の産業別人口構成(%)

ILO資料

国名	調査年	総数(万人)	第1次	第2次	第3次
日本	2021	6 636	3.2	23.7	73.1
インド	2021	46 854	44.0	25.3	30.7
韓国	2021	2 776	5.3	24.6	70.0
中国	2021	75 200	24.4	28.2	47.4
ベトナム	2021	5 373	29.0	33.1	37.8
エチオピア	2021	5 578	63.7	10.2	26.2
イギリス	2021	3 278	1.0	18.0	81.0
ドイツ	2021	4 194	1.3	27.6	71.1
フランス	2021	2 825	2.5	19.5	78.0
アメリカ	2021	15 965	1.7	19.2	79.2

(主)ILOによる2022年11月時点での推計値。産業分類等も国によって異なる場合があり、ILOにより調査されている。

表15) アメリカへの移民の推移

Yearbook of Immigration Statistics 2021 ほか

年代	総数(千人)	1位 (%)	2位 (%)	3位 (%)	4位 (%)	5位 (%)
1961〜70	3 322	メキシコ (13.3)	カナダ (8.6)	キューバ (7.7)	イギリス (6.9)	イタリア (6.2)
1971〜80	4 493	メキシコ (14.2)	フィリピン (8.0)	キューバ (6.2)	韓国 (6.1)	中国(1) (4.5)
1981〜90	7 256	メキシコ (22.8)	フィリピン (6.8)	ベトナム (5.5)	中国(1) (5.4)	韓国 (4.7)
1991〜2000	9 081	メキシコ (24.8)	フィリピン (5.6)	中国(1) (4.7)	ベトナム (4.6)	インド (4.2)
2001〜2010	10 501	メキシコ (16.1)	中国(1) (6.3)	インド (6.3)	フィリピン (5.6)	ドミニカ共和国 (3.1)
2011〜2020	10 298	メキシコ (14.4)	中国(1) (7.4)	インド (6.1)	フィリピン (4.8)	ドミニカ共和国 (4.7)
2021	740	メキシコ (13.9)	インド (12.3)	中国(1) (6.5)	フィリピン (3.3)	ドミニカ共和国 (3.3)

(1)台湾を含む。
移民…生まれた国・地域から、市民権や国籍を持たない別の国・地域へ、長期にわたる居住のために移動した人を指す。

表16) 日本国内の在留外国人数(人)

在留外国人統計

	1990	(%)	2000	(%)	2010	(%)	(1)2020	(%)	(1)2022	(%)
中国	150 339	14.0	335 575	19.9	687 156	32.2	778 112	27.0	761 563	24.8
ベトナム	6 233	0.6	16 908	1.0	41 781	2.0	448 053	15.5	489 312	15.9
韓国・朝鮮	687 940	64.0	635 269	37.7	565 989	26.5	(2)426 908	14.8	(2)411 312	13.4
フィリピン	49 092	4.6	144 871	8.6	210 181	9.8	279 660	9.7	298 740	9.7
ブラジル	56 429	5.2	254 394	15.1	230 552	10.8	208 538	7.2	209 430	6.8
ネパール	447	0.0	3 649	0.2	17 525	0.8	95 982	3.3	139 393	4.5
インドネシア	3 623	0.3	19 346	1.1	24 895	1.2	66 832	2.3	98 865	3.2
合計(その他共)	1 075 317	100.0	1 686 444	100.0	2 134 151	100.0	2 887 116	100.0	3 075 213	100.0

(1)在留管理制度が変更されたため、2010年以前とは接続しない。2010年以前は外国人登録者数であり、2011年以降は在留外国人数(短期滞在などを除く)を示す。　(2)韓国人

表17) 日本の都道府県別住民基本台帳人口・産業別人口構成 ほか

住民基本台帳人口・世帯数表 令和5年 ほか

県	住民基本台帳人口(万人)	人口増加率(‰)	在留外国人数(百人)	65歳以上人口割合(%)	産業別人口構成(2022)(1)			
					総数(千人)	第1次産業(%)	第2次産業(%)	第3次産業(%)
年	2023	2022~2023	2022	2023				
北海道	510	−10.2	455	32.8	2 630	4.2	16.5	79.3
秋田	94	−17.1	46	38.4	474	7.2	25.7	67.1
埼玉	717	−2.7	2 126	27.5	3 973	1.3	22.1	76.6
千葉	613	−2.7	1 822	28.2	3 368	2.1	19.1	78.8
東京	1 326	−1.2	5 961	23.4	8 297	0.3	14.3	85.5
神奈川	897	−2.3	2 458	26.0	5 115	0.7	20.6	78.7
愛知	723	−4.8	2 724	26.0	4 106	1.7	31.2	67.2
大阪	852	−4.8	2 724	27.4	4 651	0.3	21.1	78.6
島根	65	−11.7	99	35.0	342	4.9	22.8	72.3
福岡	502	−3.2	895	28.3	2 653	2.1	21.0	76.9
沖縄	146	−2.3	218	23.4	744	3.4	14.7	81.9

(1)15歳以上。割合は分類不能の産業を除いて算出している。また、百分比の合計は100%にならない。

● 농업/임업/수산업

표18) 米の生産・小麦の生産

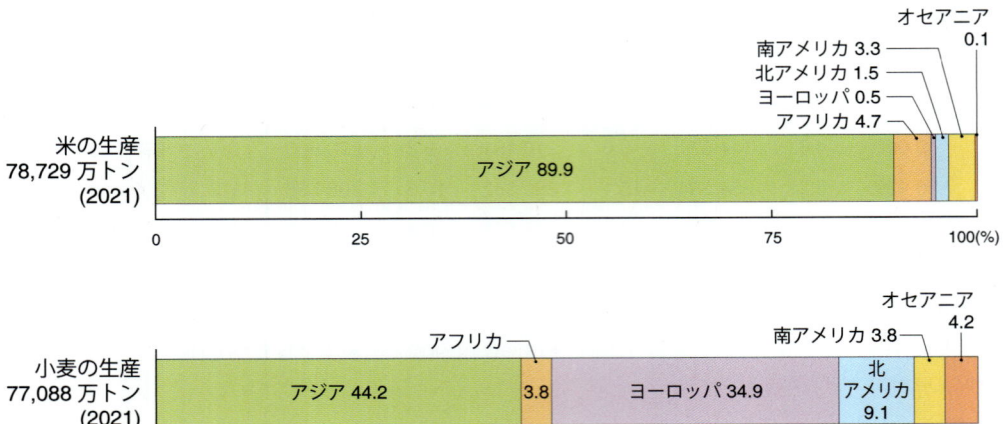

표19) 米の生産 (F)

2021	万トン	%
中国	21 284	27.0
インド	19 543	24.8
バングラデシュ	5 694	7.2
インドネシア	5 442	6.9
ベトナム	4 385	5.6

표20) 小麦の生産 (F)

2021	万トン	%
中国	13 695	17.8
インド	10 959	14.2
ロシア	7 606	9.9
アメリカ	4 479	5.8
フランス	3 656	4.7

표21) 米の貿易 (F)

	2021	万トン	%
輸出	インド	2 103	41.5
	タイ	607	12.0
	ベトナム	464	9.2
	パキスタン	393	7.8
	アメリカ	284	5.6
輸入	中国	492	9.7
	フィリピン	297	5.8
	バングラデシュ	258	5.1
	モザンビーク	154	3.0
	コートジボワール	142	2.8

표22) 小麦の貿易 (F)

	2021	万トン	%
輸出	ロシア	2 737	13.8
	オーストラリア	2 556	12.9
	アメリカ	2 401	12.1
	カナダ	2 155	10.9
	ウクライナ	1 939	9.8
輸入	インドネシア	1 148	5.7
	中国	971	4.8
	トルコ	888	4.4
	アルジェリア	803	4.0
	イタリア	730	3.6

表23) 大麦の生産・とうもろこしの生産

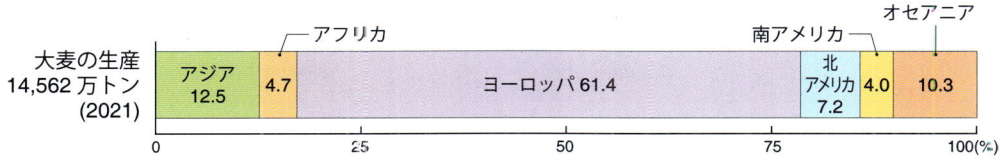

表24) 大麦の生産　(F)

2021	万トン	%
ロシア	1 800	12.4
オーストラリア	1 465	10.1
フランス	1 132	7.8
ドイツ	1 041	7.1
ウクライナ	944	6.5

表25) とうもろこしの生産　(F)

2021	万トン	%
アメリカ	38 394	31.7
中国	27 255	22.5
ブラジル	8 846	7.3
アルゼンチン	6 053	5.0
ウクライナ	4 211	3.5

表26) 大麦の貿易　(F)

	2021	万トン	%
輸出	オーストラリア	872	19.8
	フランス	655	14.8
	ウクライナ	534	12.1
	ロシア	396	9.0
	カナダ	351	8.0
輸入	中国	1 248	28.3
	サウジアラビア	538	12.2
	イラン	334	7.6
	オランダ	268	6.1
	トルコ	238	5.4

表27) とうもろこしの貿易　(F)

	2021	万トン	%
輸出	アメリカ	7 004	35.7
	アルゼンチン	3 691	18.8
	ウクライナ	2 454	12.5
	ブラジル	2 043	10.4
	ルーマニア	690	3.5
輸入	中国	2 835	14.2
	メキシコ	1 740	8.7
	日本	1 524	7.6
	韓国	1 165	5.8
	ベトナム	1 060	5.3

28) 大豆の生産

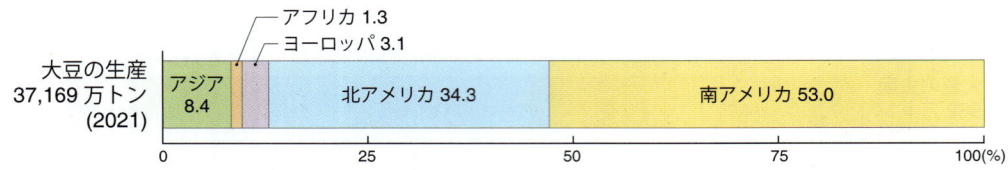

大豆の生産
37,169万トン
(2021)

地域	%
アジア	8.4
アフリカ	1.3
ヨーロッパ	3.1
北アメリカ	34.3
南アメリカ	53.0

29) 大豆の生産 (F)

2021	万トン	%
ブラジル	13 493	36.3
アメリカ	12 071	32.5
アルゼンチン	4 622	12.4
中国	1 640	4.4
インド	1 261	3.4

30) オレンジ類の生産 (F)

2021	万トン	%
中国	3 255	27.7
ブラジル	1 730	14.7
インド	1 027	8.7
スペイン	561	4.8
アメリカ	507	4.3

31) 大豆の貿易 (F)

	2021	万トン	%
輸出	ブラジル	8 611	53.4
	アメリカ	5 305	32.9
	パラグアイ	633	3.9
	カナダ	450	2.8
	アルゼンチン	428	2.7
輸入	中国	9 652	59.1
	アルゼンチン	487	3.0
	メキシコ	460	2.8
	オランダ	416	2.5
	タイ	400	2.4

32) オレンジ類の貿易 (F)

	2021	万トン	%
輸出	スペイン	278	21.1
	南アフリカ	180	13.7
	エジプト	146	11.1
	トルコ	118	9.0
	中国	77	5.8
輸入	ロシア	137	10.7
	ドイツ	89	6.9
	オランダ	85	6.6
	フランス	82	6.4
	アメリカ	62	4.8

表33) オリーブの生産 (F)

2021	千トン	%
スペイン	8 257	35.8
イタリア	2 271	9.8
トルコ	1 739	7.5
モロッコ	1 591	6.9
ポルトガル	1 376	6.0

表34) ぶどうの生産 (F)

2021	万トン	%
中国	1 120	15.2
イタリア	815	11.1
スペイン	609	8.3
アメリカ	549	7.5
フランス	507	6.9

表35) ワインの生産 (F)

2020	万トン	%
イタリア	519	19.5
フランス	439	16.5
スペイン	407	15.3
中国	200	7.5
アメリカ	189	7.1

表36) バナナの生産 (F)

2021	万トン	%
インド	3 306	26.5
中国	1 172	9.4
インドネシア	874	7.0
ブラジル	681	5.5
エクアドル	668	5.3

表37) バナナの貿易 (F)

	2021	万トン	%
輸出	エクアドル	681	27.7
	グアテマラ	249	10.1
	フィリピン	243	9.9
	コスタリカ	231	9.4
	コロンビア	210	8.6
輸入	アメリカ	464	19.9
	中国	186	8.0
	ロシア	146	6.3
	オランダ	144	6.1
	ドイツ	141	6.1

Ⅲ38) なつめやしの生産・カカオ豆の生産

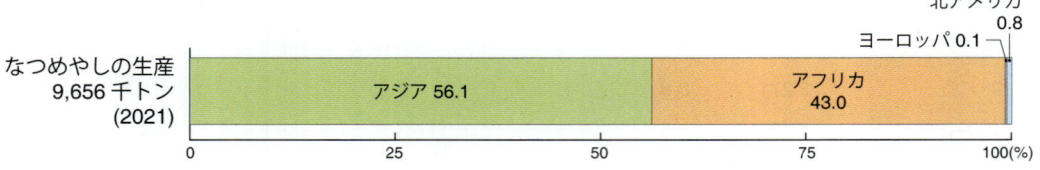

Ⅲ39) なつめやしの生産 (F)

2021	千トン	%
エジプト	1 748	18.1
サウジアラビア	1 566	16.2
イラン	1 304	13.5
アルジェリア	1 189	12.3
イラク	750	7.8

Ⅲ40) カカオ豆の生産 (F)

2021	千トン	%
コートジボワール	2 200	39.4
ガーナ	822	14.7
インドネシア	728	13.0
ブラジル	302	5.4
エクアドル	302	5.4

Ⅲ41) カカオ豆の貿易 (F)

	2021	千トン	%
輸出	コートジボワール	1 681	40.2
	ガーナ	586	14.0
	ナイジェリア	345	8.2
	エクアドル	330	7.9
	カメルーン	251	6.0
輸入	オランダ	847	20.8
	マレーシア	479	11.8
	アメリカ	472	11.6
	ドイツ	447	11.0
	ベルギー	336	8.3

表42) 茶(茶葉)の生産・コーヒー豆の生産

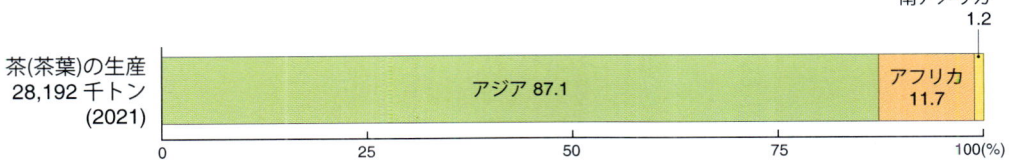

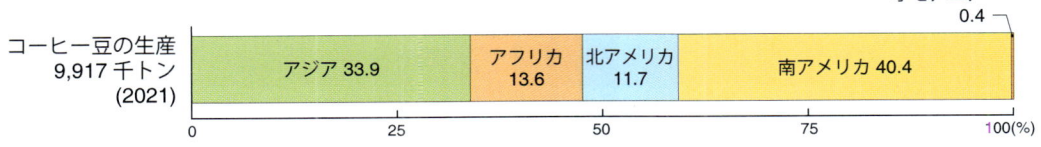

表43) 茶(茶葉)の生産　　　　　　　　　(F)

2021	千トン	%
中国	13 757	48.8
インド	5 482	19.4
ケニア	2 338	8.3
トルコ	1 450	5.1
スリランカ	1 302	4.6

表44) コーヒー豆の生産　　　　　　　　(F)

2021	千トン	%
ブラジル	2 994	30.2
ベトナム	1 845	18.6
インドネシア	765	7.7
コロンビア	560	5.7
エチオピア	456	4.6

表45) 茶(茶葉)の貿易　　　　　　　　　(F)

2021		千トン	%
輸出	ケニア	557	27.1
	中国	369	18.0
	スリランカ	283	13.8
	インド	197	9.6
	ベトナム	82	4.0
輸入	パキスタン	260	13.5
	ロシア	155	8.0
	アメリカ	116	6.0
	イギリス	108	5.6
	エジプト	73	3.8

表46) コーヒー豆の貿易　　　　　　　　(F)

2021		千トン	%
輸出	ブラジル	2 283	29.2
	ベトナム	1 218	15.6
	コロンビア	688	8.8
	ホンジュラス	388	5.0
	インドネシア	380	4.9
輸入	アメリカ	1 470	19.4
	ドイツ	1 112	14.7
	イタリア	619	8.2
	日本	402	5.3
	ベルギー	340	4.5

47) さとうきびの生産・てんさいの生産

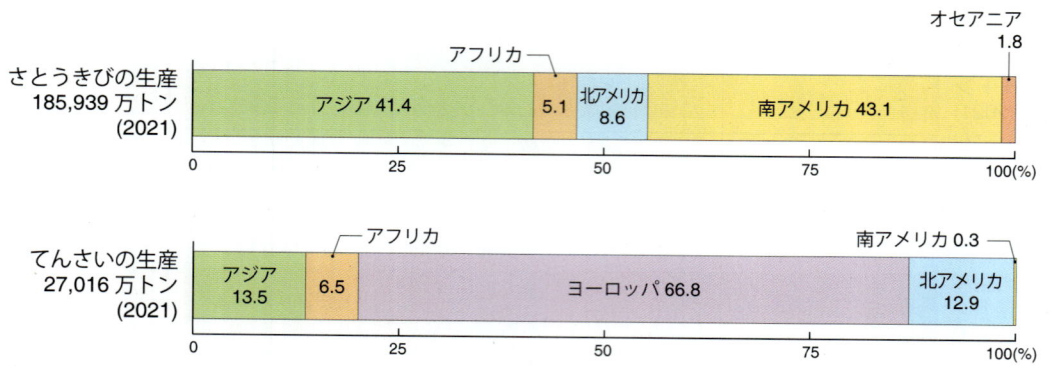

48) さとうきびの生産 (F)

2021	万トン	%
ブラジル	71 566	38.5
インド	40 540	21.8
中国	10 666	5.7
パキスタン	8 865	4.8
タイ	6 628	3.6

49) てんさいの生産 (F)

2021	万トン	%
ロシア	4 120	15.3
フランス	3 437	12.7
アメリカ	3 334	12.3
ドイツ	3 195	11.8
トルコ	1 825	6.8

表50) パーム油・綿花の生産

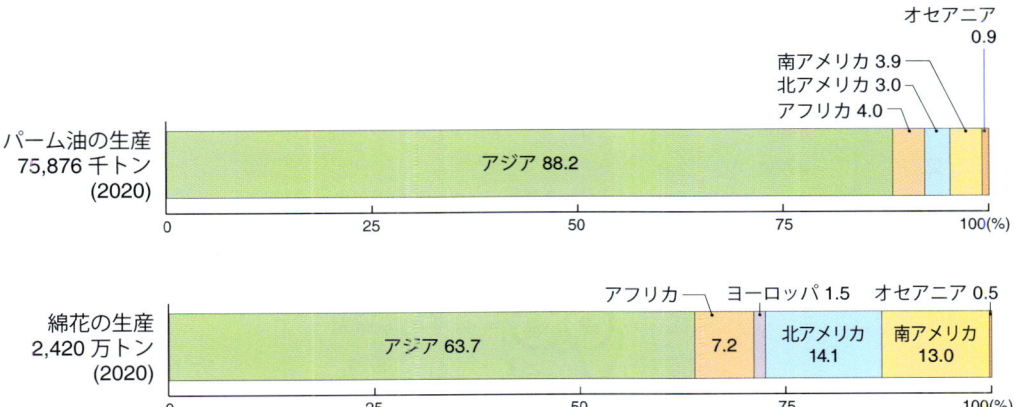

表51) パーム油の生産　　　(F)

2020	千トン	%
インドネシア	44 759	59.0
マレーシア	19 141	25.2
タイ	2 690	3.5
コロンビア	1 558	2.1
ナイジェリア	1 280	1.7

(注)油やしから採取

表52) 綿花の生産　　　(F)

2020	万トン	%
インド	613	25.3
中国	591	24.4
アメリカ	318	13.1
ブラジル	276	11.4
パキスタン	120	5.0

表53) 綿花の貿易　　　(F)

	2021	万トン	%
輸出	アメリカ	298	31.4
	ブラジル	202	21.3
	インド	129	13.6
	オーストラリア	72	7.6
	ギリシャ	38	4.0
輸入	中国	214	23.2
	ベトナム	147	15.9
	バングラデシュ	143	15.5
	トルコ	119	12.9
	パキスタン	90	9.8

54) 羊の頭数 (F)

2021	万頭	%
中国	18 638	14.5
インド	7 429	5.8
オーストラリア	6 805	5.3
ナイジェリア	4 864	3.8
イラン	4 527	3.5

55) 羊毛の生産(脂付き羊毛*) (F)

2020	千トン	%
中国	334	18.6
オーストラリア	284	15.8
ニュージーランド	151	8.4
トルコ	80	4.4
イギリス	71	4.0

＊羊から刈り取ったままの原毛

56) 羊毛の貿易 (F)

	2021	千トン	%
輸出	オーストラリア	325	41.6
	ニュージーランド	170	21.7
	南アフリカ	52	6.6
	イギリス	21	2.6
	トルコ	18	2.3
輸入	中国	286	46.8
	インド	103	16.9
	イギリス	36	5.9
	チェコ	30	5.0
	イタリア	24	4.0

脂付き羊毛と洗上げ羊毛の合計

57) 牛の頭数 (F)

2021	万頭	%
ブラジル	22 460	14.7
インド	19 317	12.6
アメリカ	9 379	6.1
エチオピア	6 572	4.3
中国	6 036	3.9

58) 牛肉の生産 (F)

2021	万トン	%
アメリカ	1 273	17.6
ブラジル	975	13.5
中国	698	9.6
インド	420	5.8
アルゼンチン	298	4.1

59) 牛肉の貿易 (F)

	2021	万トン	%
輸出	ブラジル	156	16.1
	アメリカ	111	11.4
	オーストラリア	97	10.1
	ニュージーランド	79	8.2
	アルゼンチン	56	5.8
輸入	中国	233	23.8
	アメリカ	106	10.8
	日本	58	6.0
	韓国	47	4.8
	オランダ	37	3.8

表60) 豚の頭数 (F)

2021	万頭	%
中国	44 922	46.1
アメリカ	7 415	7.6
ブラジル	4 254	4.4
スペイン	3 445	3.5
ロシア	2 585	2.7

表61) 豚肉の生産 (F)

2021	万トン	%
中国	5 296	44.0
アメリカ	1 256	10.4
スペイン	518	4.3
ドイツ	497	4.1
ブラジル	437	3.6

表62) 豚肉の貿易 (F)

	2021	万トン	%
輸出	アメリカ	272	15.9
	スペイン	255	14.9
	ドイツ	205	12.0
	カナダ	138	8.0
	デンマーク	136	8.0
輸入	中国	379	22.3
	メキシコ	114	6.7
	日本	111	6.5
	イタリア	105	6.2
	ドイツ	89	5.2

表63) 木材の伐採量 (F)

2021	百万㎥	%
アメリカ	454	11.4
インド	350	8.8
中国	336	8.5
ブラジル	266	6.7
ロシア	217	5.5

アジア29.4％、アフリカ20.1％、ヨーロッパ20.6％、
北アメリカ17.6％、南アメリカ10.3％、オセアニア2.0％

表64) 日本の木材輸入先 (財)

2022	億円	%
カナダ	1 251	22.8
アメリカ	999	18.2
スウェーデン	637	11.6
フィンランド	591	10.8
ロシア	562	10.3

表65) 木材の樹種別伐採量 (F)

	2021	百万㎥	%
針葉樹	アメリカ	340	24.0
	ロシア	172	12.1
	カナダ	116	8.2
	中国	91	6.4
	スウェーデン	65	4.6
広葉樹	インド	334	13.1
	中国	245	9.6
	ブラジル	221	8.7
	インドネシア	125	4.9
	アメリカ	114	4.5

表66) 木材(丸太＋製材)の貿易 (F)

	2021	万㎥	%
輸出	ロシア	4 783	15.4
	カナダ	3 449	11.1
	ニュージーランド	2 478	8.0
	ドイツ	2 280	7.4
	チェコ	2 189	7.1
輸入	中国	9 582	32.2
	アメリカ	2 858	9.6
	オーストラリア	1 314	4.4
	ベルギー	1 251	4.2
	ドイツ	1 202	4.0

#67) 天然ゴムの生産　(F)

2021	千トン	%
タイ	4 644	33.1
インドネシア	3 121	22.3
ベトナム	1 272	9.1
中国	749	5.3
インド	749	5.3

アジア88.4％、アフリカ8.1％、その他3.5％

#68) 天然ゴムの貿易　(F)

	2021	千トン	%
輸出	タイ	3 417	32.5
	インドネシア	2 335	22.2
	コートジボワール	1 323	12.6
	ベトナム	697	6.6
	マレーシア	653	6.2
輸入	中国	2 385	24.0
	マレーシア	1 207	12.2
	アメリカ	1 001	10.1
	日本	698	7.0
	インド	525	5.3

#69) 日本の漁業部門別生産量の推移

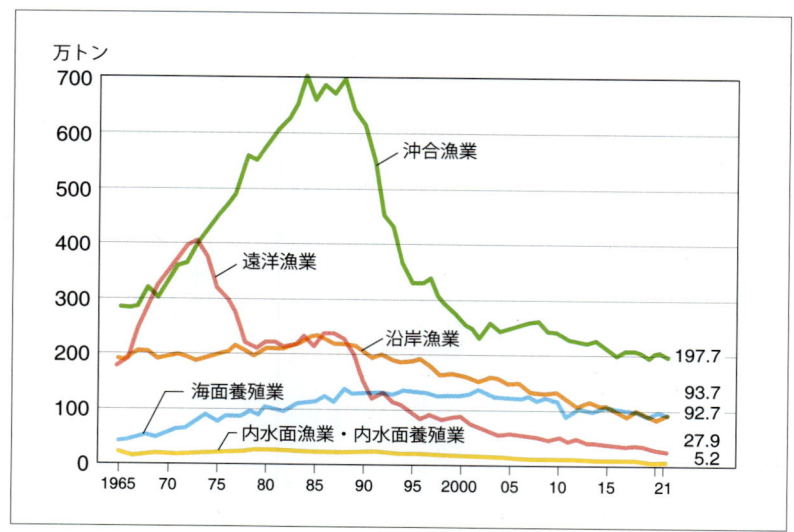

#70) 漁獲量と養殖業生産量(万トン)　(F)

2021	漁獲量	養殖業生産量	合計	%
中国	1 314	7 281	8 595	39.4
インドネシア	721	1 461	2 181	10.0
インド	502	941	1 443	6.6
ベトナム	354	475	829	3.8
ペルー	658	15	673	3.1

#71) 水産物の貿易　(F)

	2021	百万ドル	%
輸出	中国	21 447	12.1
	ノルウェー	13 886	7.8
	ベトナム	9 087	5.1
	インド	7 551	4.3
	エクアドル	7 147	4.0
輸入	アメリカ	30 171	17.2
	中国	17 665	10.1
	日本	14 369	8.2
	スペイン	8 870	5.1
	フランス	7 817	4.5

表72) 日本の魚介類の輸入先 (財)

2022	億円	%
チリ	1 867	12.2
アメリカ	1 672	10.9
ロシア	1 552	10.2
中国	1 514	9.9
ノルウェー	1 300	8.5

表73) おもな国の食料自給率(%)

令和3年度 食料需給表

国名	年次	穀類	食用穀物	いも類	豆類	野菜類	果実類	肉類	卵類	牛乳・乳製品	魚介類	油脂類
日本	2021	29	(1)63	72	8	79	39	53	97	63	57	14
フランス	2019	187	183	138	79	68	64	102	98	104	29	85
オランダ	2019	11	17	181	0	325	39	326	166	162	129	48
スペイン	2019	57	61	65	10	216	139	145	117	89	59	63
スイス	2019	45	42	84	38	48	40	78	63	101	2	37
アメリカ	2019	116	167	102	172	84	61	114	104	101	64	89
カナダ	2019	185	327	138	314	59	24	139	91	95	93	297
オーストラリア	2019	181	191	92	198	93	103	166	98	106	33	92

(1)日本の食用穀物には、蕎麦(そば)を含む。

表74) 日本の食料自給率(%)

昭和国勢総覧, 令和3年度 食料需給表

年度	供給熱量	主食用穀物(1)	穀物(食用+飼料)	米	小麦	豆類	野菜類	果実類	肉類	鶏卵	牛乳・乳製品	砂糖類
1960	79	89	82	102	39	44	100	100	91	101	89	18
1970	60	74	46	106	9	13	99	84	89	97	89	22
1980	53	69	33	100	10	7	97	81	81	98	82	27
1990	48	67	30	100	15	8	91	63	70	98	78	32
2000	40	60	28	95	11	7	81	44	52	95	68	29
2005	40	61	28	95	14	7	79	41	54	94	68	34
2010	39	59	27	97	9	8	81	38	56	96	67	26
2015	39	61	29	98	15	9	80	41	54	96	62	33
2021	38	61	29	98	17	8	79	39	53	97	63	…

(1)米・小麦・大麦・裸麦

● 에너지

표75) おもな国の１次エネルギー生産(石油換算, 単位：百万トン)　　IEA資料

2020	１次エネルギー生産量					輸入	輸出
	計	石炭	石油	天然ガス	電力・バイオなど		
中国	2 798	1 990	195	161	451	883	79
アメリカ	2 157	258	721	788	390	474	555
インド	570	276	35	23	235	389	63
ロシア	1 430	232	519	593	85	24	690
日本	43	0	0	2	41	357	12
イラン	355	1	133	217	3	7	73
カナダ	519	24	265	155	75	77	304
ドイツ	97	23	3	4	66	214	32
インドネシア	447	297	36	51	63	46	247
サウジアラビア	608	0	527	81	0	18	394

表76) 石炭の埋蔵量(億トン)　Energy Institute 2023

2020	石炭	亜炭など	%
アメリカ	2 189	300	23.2
中国	1 351	81	13.3
インド	1 060	51	10.3
オーストラリア	737	765	14.0
ロシア	717	904	15.1

表77) 石炭の貿易　(E)

2020		万トン	%
輸出	インドネシア	40 623	31.0
	オーストラリア	38 872	29.7
	ロシア	19 960	15.3
	南アフリカ	7 306	5.6
	コロンビア	6 783	5.2
輸入	中国	30 361	24.0
	インド	21 525	17.0
	日本	17 314	13.7
	韓国	11 549	9.1
	ベトナム	5 481	4.3

表78) 石炭の産出(万トン)　(E)

国名	1990	2000	2010	2020	%
中国	107 988	129 900	342 845	390 158	57.4
インド	20 183	31 370	53 269	71 608	10.5
インドネシア	733	6 285	31 919	55 264	8.1
オーストラリア	14 179	21 617	33 814	42 578	6.3
ロシア	(1)19 337	15 254	22 258	33 044	4.9

(1)1992

表79) 日本の石炭輸入先(千トン)　(財)ほか

	1990	2022	%
オーストラリア	55 736	121 542	65.4
インドネシア	935	25 722	14.1
ロシア	(1)8 704	11 577	6.3
カナダ	19 267	10 605	5.8
アメリカ	11 546	9 754	5.3

(1)ソ連

表80) オーストラリアの石炭輸出先　(E)ほか

	万トン	%
日本	10 950	28.2
中国	10 208	26.3
韓国	4 835	12.4
インド	4 228	10.9
マレーシア	705	1.8

表81) 原油埋蔵量

BP統計 2022

2020	億トン	%
ベネズエラ(1)	480	17.5
サウジアラビア	409	17.2
カナダ(2)	271	9.7
イラン	217	9.1
イラク	196	8.4

(1)オリノコ川流域の原油埋蔵量420億トンを含む。　(2)オイルサンド埋蔵量262億トンを含む。

表82) 原油産出量(万トン)

IEA 資料ほか

国名	1937	1980	2000	2021	%
アメリカ	17 287	42 415	28 793	55 508	15.2
ロシア	(1)2 850	(1)59 120	31 127	49 322	13.5
サウジアラビア	1	50 229	40 427	45 480	12.4
中国	…	10 595	16 300	19 888	5.4
イラク	426	13 114	12 866	19 806	5.4
カナダ	31	6 413	8 794	18 992	5.2
ブラジル	…	908	6 272	14 744	4.0
アラブ首長国	…	8 175	10 743	13 564	3.7
クウェート	…	8 376	10 088	12 240	3.3
イラン	1 033	7 370	19 321	12 236	3.3
メキシコ	671	10 702	15 659	9 039	2.5
ノルウェー	…	2 306	15 752	8 741	2.4
カザフスタン	…	…	3 528	8 623	2.4
ナイジェリア	…	10 179	11 047	6 384	1.7
リビア	…	8 844	6 505	5 813	1.6
世界計	27 950	297 968	334 518	365 836	100.0

(1)ソ連

表83) 原油の貿易(万トン)

(E)

	2020	万トン	%
輸出	サウジアラビア	33 511	16.3
	ロシア	23 920	11.6
	イラク	16 888	8.2
	アメリカ	15 818	7.7
	カナダ	15 621	7.6
輸入	中国	54 201	25.4
	アメリカ	29 114	13.6
	インド	19 646	9.2
	韓国	13 246	6.2
	日本	11 508	5.4

表84) おもな国の輸入原油の中東依存度(2022年)

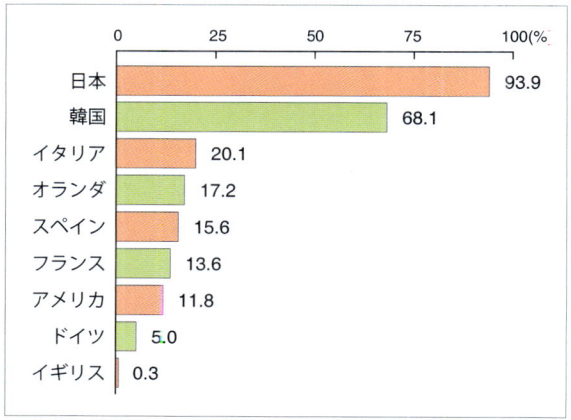

Ⅱ85) おもな国のOPEC諸国等からの原油輸入量(2020年)(万トン)　　UN Comtrade

国名	アメリカ	日本	中国	ドイツ	韓国
アラブ首長国	70	4 921	4 277	25	1 135
アルジェリア	93	7	…	133	98
アンゴラ	221	14	3 009	13	…
イラク	1 355	…	5 549	283	1 245
イラン	…	…	78	…	…
ガボン	17	…	317	14	90
クウェート	154	1 118	3 328	…	1 439
コンゴ(1)	15	…	709	…	0
サウジアラビア	2 646	5 246	8 749	121	4 980
赤道ギニア	0	…	128	46	37
ナイジェリア	568	…	47	224	122
ベネズエラ	…	…	…	…	…
リビア	346	…	374	490	…
OPEC計(その他共)	**5 484**	**11 305**	**26 566**	**1 348**	**9 147**
(総輸入量に占める割合 %)	15.3	85.3	52.3	15.6	66.2
インドネシア(2)	…	5	78	…	…
ロシア	79	192	8 625	2 159	315
カザフスタン	133	14	589	824	561
メキシコ	3 653	56	…	…	567
イギリス	270	…	223	585	121
総輸入量	35 913	13 251	50 828	8 630	13 826

(注)エクアドルは2020年脱退　　(1)2018 OPEC 加盟　　(2)2016年再加盟したが、同年11月メンバーシップ停止

Ⅱ86) 原油価格の推移　　Energy Institute 2023

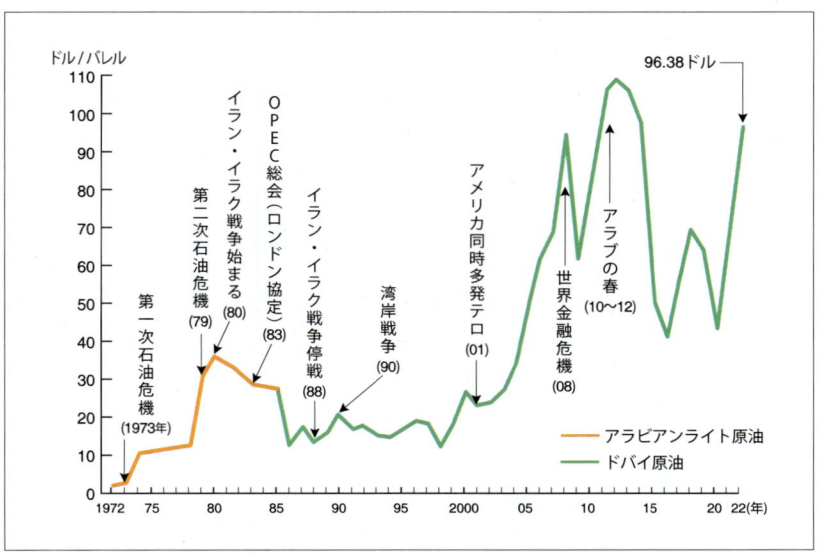

ドバイ原油…アラブ首長国連邦のドバイで産出される原油。アジアの原油相場の指標銘柄となっている。

表87) おもな国の1人当たり原油消費量(2020年)

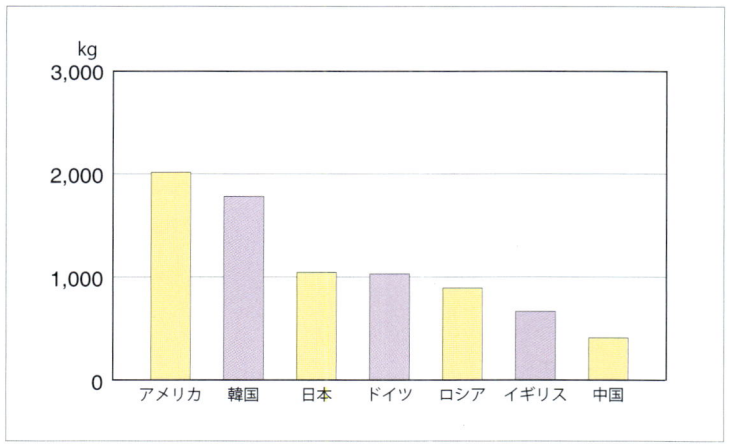

表88) おもな国の原油の消費量と自給率(万トン)　　　　　　　　　　　　　　　IEA資料

国名	1980	2000	2020	%	自給率%
アメリカ	68 914	79 342	66 789	18.1	108.0
中国	5 360	17 811	57 941	15.7	33.7
インド	2 719	9 447	19 321	5.2	18.4
日本	15 950	20 382	13 259	3.6	0.3
ロシア	…	8 972	12 972	3.5	399.9
サウジアラビア	1 936	4 963	10 104	2.7	521.5
韓国	1 873	7 983	9 273	2.5	1.1
ブラジル	4 965	8 006	9 220	2.5	169.4
ドイツ	(1)12 268	11 403	8 637	2.3	3.6
カナダ	7 999	7 634	7 890	2.1	335.8
イラン	2 326	5 698	6 246	1.7	213.1
インドネシア	1 729	4 592	6 164	1.7	59.0
フランス(2)	8 736	8 051	5 863	1.6	1.4
メキシコ	3 969	6 108	5 635	1.5	173.8
世界計	242 463	311 655	369 077	100.0	114.7

(1)東ドイツと西ドイツの合計　　(2)モナコを含む。　　自給率は「産出量÷消費量×100」で算出

表89) 日本の石油輸入先(千kL)　　　　　　　　　　　　　　　　　　　　　　　　　　(財)ほか

戦前	1935	戦後	1980	1990	2000	2010	2022	%
アメリカ	2 749	サウジアラビア	89 871	45 993	62 863	65 033	61 697	39.4
インドネシア	866	アラブ首長国	34 544	47 784	62 876	44 249	59 184	37.8
英領ボルネオ	191	クウェート	10 113	7 876	21 036	16 114	12 899	8.2
ソ連	55	カタール	7 662	13 125	22 928	25 260	10 984	7.0
中国	54	エクアドル	…	…	211	248	2 919	1.9

표90) 天然ガスの埋蔵量　BP 総計 2022

2020	百億m³	%
ロシア	3 739	19.9
イラン	3 210	17.1
カタール	2 467	13.1
トルクメニスタン	1 360	7.2
アメリカ	1 262	6.7

표91) 天然ガスの産出(億m³)　IEA資料

国名	1980	2000	2021	%
アメリカ	5 535	5 443	9 686	23.3
ロシア	(1)4 439	5 728	7 928	19.1
イラン	43	589	2 361	5.7
中国	143	272	2 001	4.8
カナダ	781	1 817	1 894	4.6

(1)ソ連

표92) 天然ガスの貿易[PJ(ペタジュール)＝千兆ジュール]　(E)

輸出	2020	%	輸入	2020	%
ロシア	9 129	18.9	中国	5 451	11.6
アメリカ	5 781	11.9	日本	4 179	8.9
カタール	5 138	10.6	ドイツ	3 092	6.6
ノルウェー	4 348	9.0	アメリカ	2 745	5.9
オーストラリア	4 339	9.0	イタリア	2 530	5.4

1 ジュール(J)≒0.239カロリー(cal)

표93) 世界のおもな国の発電量(億kWh)　IEA資料

2021	合計	火力	%	水力	%	原子力	%	計	%	再生可能エネルギー(3)			
										風力	地熱	太陽光	バイオ燃料
中国	85 990	56 969	66.3	13 390	15.6	4 075	4.7	11 556	13.4	6 561	1.3	3 290	1 703
アメリカ	43 747	26 618	60.8	2 741	6.3	8 116	18.6	6 274	14.3	3 828	191	1 513	694
インド	16 352	12 359	75.6	1 624	9.9	471	2.9	1 897	11.6	771	…	756	370
ロシア	11 594	7 097	61.2	2 164	18.7	2 234	19.3	99	0.9	33	4.3	22	40
日本	10 499	7 208	68.7	888	8.5	708	6.7	1 695	16.1	94	30	861	530
ブラジル	6 561	1 314	20.0	3 628	55.3	147	2.2	1 472	22.4	723	…	168	579
カナダ	6 430	1 160	18.0	3 829	59.5	926	14.4	515	8.0	348	…	60	103
韓国	6 118	4 067	66.5	67	1.1	1 580	25.8	403	6.6	32	…	234	86
ドイツ	5 883	2 747	46.7	250	4.2	691	11.7	2 195	37.3	1 146	2.4	493	536
フランス(1)	5 553	464	8.4	640	11.5	3 794	68.3	655	11.8	368	1.0	157	118
サウジアラビア	4 089	4 077	99.7	…	…	…	…	12	0.3	4.1	…	8.0	…
イタリア(2)	2 891	1 677	58.0	475	16.4	…	…	739	25.6	209	59	250	215
オーストラリア	2 656	1 948	73.3	152	5.7	…	…	556	20.9	245	…	277	33
スウェーデン	1 718	14	0.8	739	43.0	530	30.8	435	25.3	272	…	15	148

(1)モナコを含む。
(2)サンマリノを含む。
(3)水力を除く。風力・地熱・太陽光・バイオ燃料・潮力など。

1 Wh＝3.6 kj(キロジュール)

表94) 世界の発電量の推移(億kWh)　　　　　　　　　　　IEA資料ほか

年次	合計	火力	水力	原子力
1950	9 553	6 137	3 403	0
1960	22 998	16 143	6 798	27
1970	49 619	37 134	11 650	788
1980	82 982	57 375	17 326	7 134
1990	118 956	74 941	21 909	20 129
1995	133 225	82 346	25 460	23 320
2000	155 109	99 506	26 957	25 906
2005	183 691	121 530	30 183	27 680
2010	216 270	144 930	35 360	27 563
2021	285 197	175 315	44 110	28 081

合計には再生可能エネルギーを含む。

表95) おもな国の原子力発電所開発状況(2023年1月現在)　　　　　　　　　JAIF資料

国名	運転中		建設・計画中		合計	
	出力(万kW)	基数	出力(万kW)	基数	出力(万kW)	基数
アメリカ	9 842	92	250	2	10 092	94
フランス	6 404	56	165	1	6 569	57
中国	5 560	53	5 060	47	10 619	100
日本(1)	3 308	33	1 572	11	4 881	44
ロシア	2 951	34	1 629	23	4 580	57
韓国	2 482	25	420	3	2 902	28

(1)再稼働炉・完全調査申請炉・未申請炉の合計

표96) 日本の発電量の推移

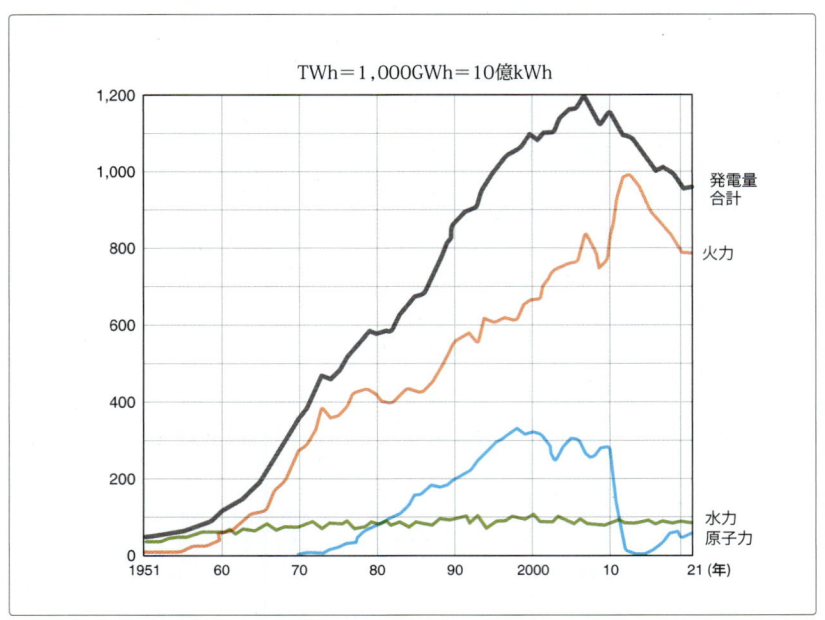

표97) 日本の発電量の推移(百万kWh)

(電)

年度	合計	水力	%	火力	%	原子力	%	風力	%	太陽光	%	地熱	%
1960	115 498	58 481	50.6	57 017	49.4	…	…	…	…	…	…	…	…
1970	359 538	80 090	22.3	274 782	76.4	4 581	1.3	…	…	…	…	85	0.0
1980	577 521	92 092	15.9	401 967	69.6	82 591	14.3	…	…	…	…	871	0.2
1990	857 272	95 835	11.2	557 423	65.0	202 272	23.6	…	…	1	0.0	1 741	0.2
1995	989 880	91 216	9.2	604 206	61.0	291 254	29.4	1	0.0	…	…	3 173	0.3
2000	1 091 500	96 817	8.9	669 177	61.3	322 050	29.5	109	0.0	…	…	3 348	0.3
2005	1 157 926	86 350	7.5	761 841	65.8	304 755	26.3	1 751	0.2	1	0.0	3 226	0.3
2010	1 156 888	90 681	7.8	771 306	66.7	288 230	24.9	4 016	0.3	22	0.0	2 632	0.2
2015	1 024 179	91 383	8.9	908 779	88.7	9 437	0.9	5 161	0.5	6 837	0.7	2 582	0.3
2021	970 249	87 632	9.0	776 326	80.0	67 767	7.0	8 247	0.8	27 970	2.9	2 096	0.2

発電量は電気事業用と自家用の合計。自家用は1995年度までは1発電所500kW以上、1996年度以降は1,000kW以上で小規模発電を含まない。

광공업

表98) 鉄鉱石の埋蔵量(含有量)

2022	億トン	%
オーストラリア	270	31.8
ブラジル	150	17.6
ロシア	140	16.5
中国	69	8.1
インド	34	4.0

USGS Mineral Commodity Summaries 2023

表99) 鉄鉱石の産出(含有量)(万トン) (M)ほか

国名	1990	2010	2018	%
オーストラリア	6 980	27 100	55 743	35.7
ブラジル	9 990	24 800	29 278	19.3
中国	5 050	23 000	20 931	13.8
インド	3 440	12 800	12 600	8.3
ロシア	…	5 760	5 670	3.7

表100) 鉄鉱石の貿易 (S)

	2022	万トン	%
輸出	オーストラリア	88 798	56.0
	ブラジル	34 618	21.8
	南アフリカ	5 831	3.7
	カナダ	5 374	3.4
	ウクライナ	2 399	1.5
輸入	中国	110 775	71.0
	日本	10 424	6.7
	韓国	6 643	4.3
	ドイツ	3 751	2.4
	オランダ	2 566	1.6

オランダは、輸入した鉄鉱石をロッテルダム港で小型船に積み替えて、ライン川を通じておもにドイツに輸出している。

表101) 日本の鉄鉱石輸入先(万トン) (財)ほか

	1990	2022	%
オーストラリア	5 385	6 277	60.2
ブラジル	3 020	2 917	28.0
カナダ	192	615	5.9
南アフリカ	480	301	2.9
アメリカ	0	104	1.0

表102) 金鉱の産出(含有量) (M)

2018	トン	%
中国	401	12.1
オーストラリア	315	9.5
ロシア	311	9.4
アメリカ	226	6.8
カナダ	183	5.5

表103) 白金(プラチナ)の産出(含有量) (M)

2018	トン	%
南アフリカ	137.1	72.1
ロシア	22.0	11.6
ジンバブエ	15.0	7.9
カナダ	7.4	3.9
アメリカ	4.2	2.2

表104) 銅(地金)の生産 (M)

2018	千トン	%
中国	9 291	38.1
チリ	2 461	10.1
日本	1 595	6.5
アメリカ	1 110	4.5
ロシア	1 030	4.2

表105) 銅(地金)の貿易　World Metal Statistics Yearbook 2022

	2021	千トン	%
輸出	チリ	2 222	29.2
	日本	606	8.0
	ロシア	437	5.7
	カザフスタン	381	5.0
	オーストラリア	372	4.9
輸入	中国	3 627	40.5
	アメリカ	912	10.2
	イタリア	612	6.8
	ドイツ	537	6.0
	(台湾)	435	4.9

表106) 鉄鋼の貿易 (鉄)

	2021	万トン
輸出	中国	7 433
	日本	3 440
	韓国	2 750
	ドイツ	2 613
	イタリア	1 807
	ベルギー	1 640
輸入	アメリカ	4 400
	中国	3 865
	ドイツ	2 815
	イタリア	2 430
	韓国	1 588
	ベルギー	1 554

表107) 綿織物の貿易 (貿)

	2021	百万ドル	%
輸出	中国	12 541	48.7
	インド	2 259	8.8
	パキスタン	2 124	8.2
	イタリア	1 029	4.0
	トルコ	974	3.8
輸入	バングラデシュ	3 154	17.0
	ベトナム	1 425	7.7
	アメリカ	779	4.2
	イタリア	644	3.5
	インドネシア	623	3.4

表108) 生糸の貿易 (F)

	2021	トン	%
輸出	中国	1 863	37.2
	ベトナム	1 360	27.2
	ウズベキスタン	461	9.2
	イタリア	438	8.8
	北朝鮮	266	5.3
輸入	インド	2 031	37.5
	ルーマニア	625	11.5
	中国	542	10.0
	イタリア	520	9.6
	ベトナム	401	7.4

表109) 産業用ロボットの稼働台数 (界)

台	1990	2010	2021	%
中国	…	52 290	1 224 236	35.2
日本	274 210	307 698	393 326	11.3
韓国	3 020	101 080	366 227	10.5
アメリカ	(1)34 090	149 836	340 785	9.8
ドイツ	27 320	148 256	245 908	7.1

(1)カナダ・メキシコを含む。

表110) 自動車生産の推移

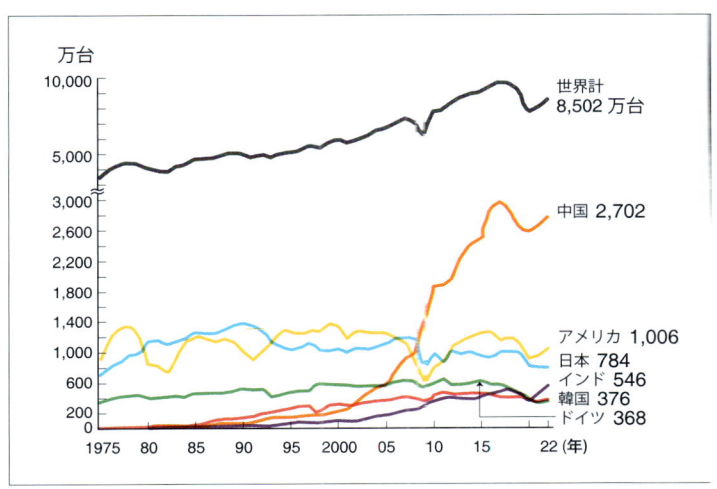

表111) 自動車の生産(千台) 日本自動車工業会資料

年次 国名	1990		2022			
	乗用車	商用車	乗用車	商用車	合計	%
中国	87	383	23 836	3 185	27 021	31.8
アメリカ	6 078	3 707	1 752	8 309	10 060	11.8
日本	9 948	3 539	6 566	1 269	7 836	9.2
インド	177	188	4 439	1 018	5 457	6.4
韓国	987	335	3 438	319	3 757	4.4
ドイツ(1)	4 661	290	3 480	197	3 678	4.3

(1)1990年は西ドイツと東ドイツの合計

表112) 日本の乗用車の輸出先 日本自動車工業会資料

2022	千台	%
アメリカ	1 248	37.6
オーストラリア	310	9.3
中国	218	6.5
カナダ	144	4.3
サウジアラビア	128	3.9

表113) 船舶竣工量(万総トン)　　　UNCTAD資料

2022	合計	%
中国	2 589	46.6
韓国	1 625	29.2
日本	959	17.2
イタリア	73	1.3
フランス	59	1.1

表114) 船舶竣工量の推移

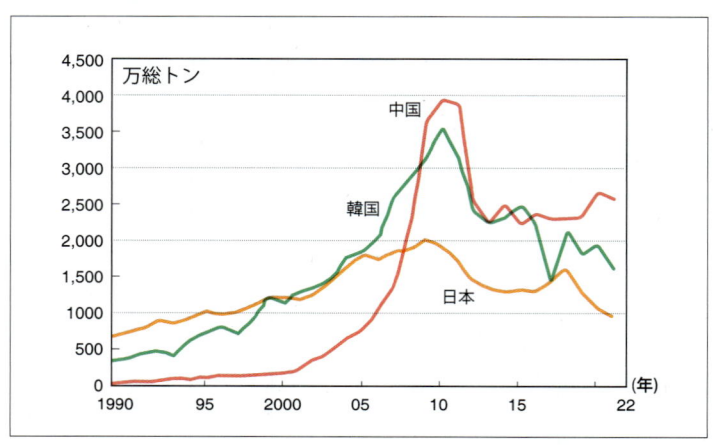

表115) 日本の３大工業地帯の製造品出荷額等の構成(2020年)(%)

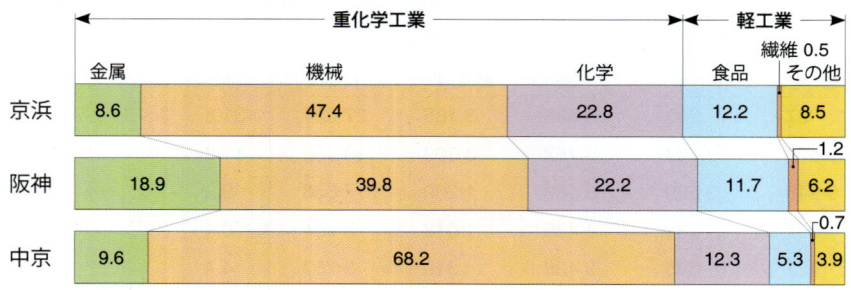

表116) 日本のおもな工業地帯・工業地域の製造品出荷額等(2020年)(百億円)　　　令和３年 経済センサス

工業地帯	計	金属工業	%	機械工業	%	化学工業	%	食品工業	%	繊維工業	%	その他	%
京浜	2 292	198	5.0	1 086	8.0	522	8.4	280	7.2	11	3.2	194	9.1
阪神	3 223	610	15.4	1 282	9.4	714	11.4	377	9.7	39	11.4	201	9.4
中京	5 448	524	13.2	3 717	27.3	668	10.7	290	7.5	38	11.0	211	9.8
小計	10 962	1 332	33.7	6 085	44.6	1 905	30.5	947	24.4	88	25.6	606	28.3

（注）構成比は工業ごとの全国計に対する割合　　京浜…東京都・神奈川県　　阪神…大阪府・兵庫県　　中京…愛知県・三重県

교통/통신

표117) おもな国の鉄道輸送量 UIC資料ほか

国名	年	営業キロ (km)	旅客 (百万人キロ)	貨物 (百万トンキロ)
インド	2021	68 103	231 126	7⁻9 762
中国	2021	109 767	946 499	(2)3 0⁻8 200
日本	2021	27 517	289 891	⁻8 041
ロシア	2021	85 544	103 447	2 638 562
アメリカ	2021	148 553	(1)12 460	2 239 401

(1) 2020　(2) 2019

営業キロ…鉄道営業を公示した区間をキロメートルで示したもの

表118) おもな国の自動車保有台数 日本自動車工業会資料

2021	乗用車 (万台)	商用車 (万台)(1)	自動車合計 (万台)	%	乗用車1台当たり人口 1980	2000	2010	2021
中国	24 239	5 180	29 419	18.7	16 386.2	218.6	39.0	5.9
アメリカ	11 496	17 792	29 288	18.6	1.9	2.1	2.6	2.9
日本	6 216	1 629	7 845	5.0	4.9	2.4	2.2	2.0
インド	4 081	3 364	7 445	4.7	737.9	218.7	92.1	34.5
ロシア	5 688	938	6 626	4.2	(2)28.7	8.6	4.1	2.6

(1)トラック・バス　(2)ソ連

표119) おもな国の輸送機関別国内輸送量の割合

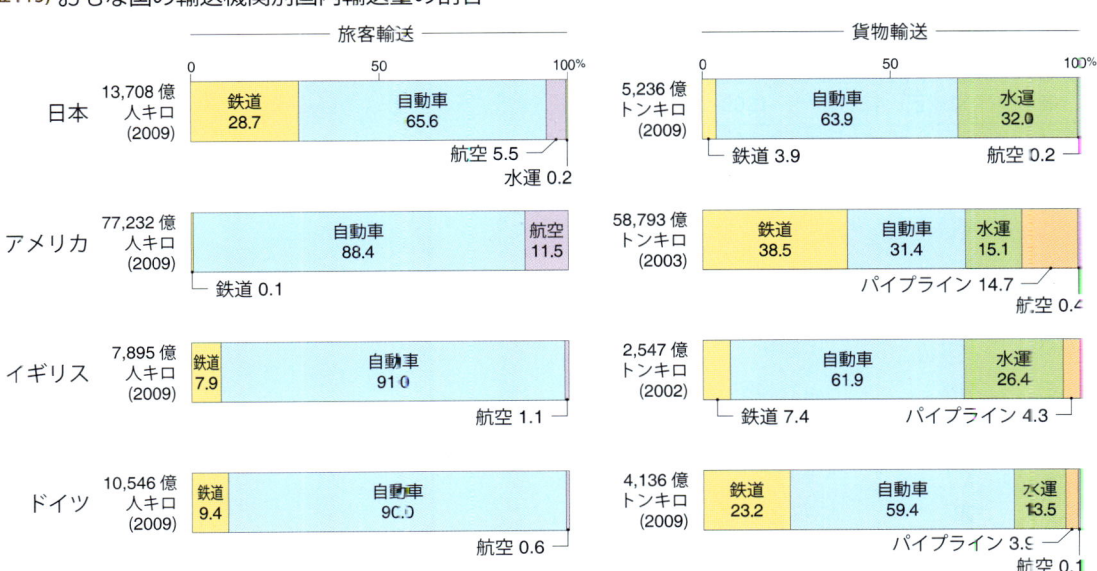

イギリスの2009年の貨物輸送は1,638億トンキロで、割合は鉄道12.9、自動車80.3、水運(内航水路のみ)0.1、パイプライン6.2、航空0.4となる。

표120) おもな国のインターネット利用者数

ITU資料ほか

国名	利用者率(%)
日本	82.9
韓国	97.6
中国	73.1
インド	46.3
イギリス	96.7
ドイツ	91.4
フランス	86.1
オランダ	92.1
スペイン	93.9
アメリカ	91.8
カナダ	92.8
ブラジル	80.7
世界計	**62.6**

利用者率は2021年
2021年の利用者数の世界計4,945百万人

무역

表121) おもな国の1人当たり貿易額・貿易依存度(2021年…貿易額, 2022年…依存度) (貿)ほか

国名	1人当たり貿易額(ドル)		貿易依存度(%)(1)	
	輸出	輸入	輸出	輸入
インド	231	407	13.4	21.4
シンガポール	76 932	68 376	110.5	101.9
韓国	12 433	11 867	41.1	43.9
中国	2 355	1 884	20.0	15.1
日本	6 105	6 209	17.7	21.2
イギリス	6 993	10 324	17.2	26.8
オランダ	47 937	43 275	97.4	90.7
ドイツ	19 623	17 043	40.7	38.6
ロシア	3 403	2 095	23.7	10.7
アメリカ	5 206	8 710	8.1	13.3

(1)国内総生産に対する輸出入額の割合

表122) アメリカの日本との貿易(百万ドル) (貿)

年	輸出	(%)(1)	輸入	(%)(2)	入出超(3)
1980	20 672	9.5	32 857	13.1	−12 185
1990	48 560	12.5	93 875	18.2	−45 315
2000	65 252	8.4	150 632	12.0	−85 380
2010	60 543	4.7	123 556	6.3	−63 013
2022	80 305	3.9	154 445	4.6	−74 141

表123) アメリカの中国との貿易(百万ドル) (貿)

年	輸出	(%)(1)	輸入	(%)(2)	入出超(3)
1980	3 754	1.7	1 161	0.5	2 593
1990	4 806	1.2	16 261	3.1	−11 455
2000	16 252	2.1	107 615	8.6	−91 362
2010	91 878	7.2	382 954	19.5	−291 076
2022	153 837	7.5	575 688	17.1	−421 851

表124) アジアNIEsの日本との貿易(百万ドル) (貿)

年	輸出	%(1)	輸入	%(2)	入出超(3)
1981	9 101	10.5	23 185	23.3	−14 084
1990	30 162	11.3	60 014	22.4	−29 852
2000	58 948	8.9	119 182	18.3	−60 234
2010	79 187	5.3	181 515	12.7	−102 328
2022	64 485	3.6	116 759	6.2	−52 274

表125) アジアNIEsのアメリカとの貿易(百万ドル) (貿)

年	輸出	%(1)	輸入	%(2)	入出超(3)
1981	22 657	26.2	16 851	16.9	5 807
1990	72 218	27.1	45 932	17.2	26 286
2000	144 264	21.7	89 319	13.7	54 945
2010	147 348	9.9	124 964	8.7	22 385
2022	193 494	10.7	161 952	8.6	31 542

(1)輸出総額に占める割合 (2)輸入総額に占める割合 (3)−は輸入超過 アジアNIEsは韓国・(台湾)・(香港)・シンガポールをさす。

表126) おもな国の外貨準備高(百万ドル) The World Bank

国名	1990	2000	2010	2022
中国	34 476	171 763	2 913 712	3 306 839
日本	87 828	361 639	1 104 564	1 227 573
スイス	61 234	53 620	270 480	923 628
アメリカ	173 034	128 400	488 929	706 644
ロシア	…	27 656	479 222	581 710
インド	5 637	41 059	300 480	567 298

表127) 日本のおもな品目別の輸出割合の変遷(輸出総額に対する金額の%)　　　(財)ほか

年	魚介類	自動車	自動車部品	船舶類	鉄鋼	半導体等電子部品	化学肥料	合成繊維織物	綿織物	衣類
1970	1.6	6.9	0.6	7.3	14.7	0.1	0.7	3.2	1.0	2.4
1980	0.6	17.9	1.6	3.6	11.9	0.7	0.3	1.7	0.4	0.4
1990	0.2	17.8	3.8	1.9	4.4	4.7	0.03	0.6	0.3	0.2
2000	0.2	13.4	3.6	2.1	3.1	8.9	0.02	0.4	0.2	0.1
2010	0.3	13.6	4.6	3.4	5.5	6.2	0.0	0.2	0.1	0.1
2022	0.3	13.3	3.9	1.2	4.8	5.8	0.0	0.2	0.0	0.1

表128) 日本のおもな国別輸出額(億円)　　　(財)

国名	2020	%	2021	%	2022	%
中国	150 820	22.1	179 844	21.6	190 038	19.4
アメリカ	126 108	18.4	148 315	17.8	182 550	18.6
韓国	47 665	7.0	59 696	6.9	71 062	7.2
(台湾)	47 391	6.9	57 881	7.2	68 574	7.0
(香港)	34 146	5.0	38 904	4.7	43 574	4.4
タイ	27 226	4.0	36 246	4.4	42 693	4.3
シンガポール	18 876	2.8	22 006	2.6	29 349	3.0
ドイツ	18 752	2.7	22 791	2.7	25 702	2.6
ベトナム	18 258	2.7	20 968	2.5	24 510	2.5
オーストラリア	13 954	1.9	16 745	2.0	21 727	2.2

表129) 日本のおもな国別輸入額(億円)　　　(財)

国名	2020	%	2021	%	2022	%
中国	175 077	25.7	203 818	24.0	248 434	21.0
アメリカ	74 536	11.0	89 156	10.5	117 331	9.9
オーストラリア	38 313	5.6	57 533	6.8	116 118	9.8
アラブ首長国	17 502	2.6	29 780	3.5	60 188	5.1
サウジアラビア	19 696	2.9	30 194	3.6	55 690	4.7
(台湾)	28 629	4.2	36 782	4.3	50 972	4.3
韓国	28 416	4.2	35 213	4.1	44 163	3.7
インドネシア	16 564	2.4	21 569	2.5	37 606	3.2
タイ	25 401	3.7	28 931	3.4	35 024	3.0
ベトナム	23 551	3.5	25 255	3.0	34 784	2.9

기업/투자/경제 협력

표130) 日本のおもな国への直接投資額(億円)

国・地域名	2021	2022	残高
アメリカ	88 632	78 270	900 703
オランダ	2 195	9 975	183 356
中国	12 949	10 956	182 072
イギリス	23 413	−139	172 370
シンガポール	19 520	7 035	139 842

日本銀行・国際収支統計

表131) おもな国の日本への直接投資額(億円)

国・地域名	2021	2022	残高
アメリカ	8 424	10 677	83 057
シンガポール	5 694	8 630	38 923
フランス	1 317	2 032	30 248
(ケイマン諸島)	4 755	6 405	22 494
(香港)	13 340	2 088	21 595

日本銀行・国際収支統計

表132) 経済協力支出額(百万ドル)(支出純額ベース)　　OECD 資料

供与国	2021	ODA 総額	対GNI%	民間資金・NPO等
アメリカ	238 682	47 805	0.20	170 717
ドイツ	68 835	33 272	0.76	36 367
日本	38 494	17 634	0.34	22 708
フランス	19 036	15 506	0.51	2 276
イギリス	16 200	15 712	0.50	0
スウェーデン	10 480	5 934	0.91	5 291
ノルウェー	6 138	4 673	0.93	2 743

(注)ODA＝政府開発援助
支出純額＝支出総額 − 回収額

表133) おもな国の国連通常予算分担金

2023	百万ドル	分担率(%)
アメリカ	707.9	22.0
中国	446.2	15.3
日本	235.0	8.0
ドイツ	178.8	6.1
イギリス	128.0	4.4
フランス	126.3	4.3
合計	**2 989.7**	**100.0**

外務省資料

● 경제/생활/문화

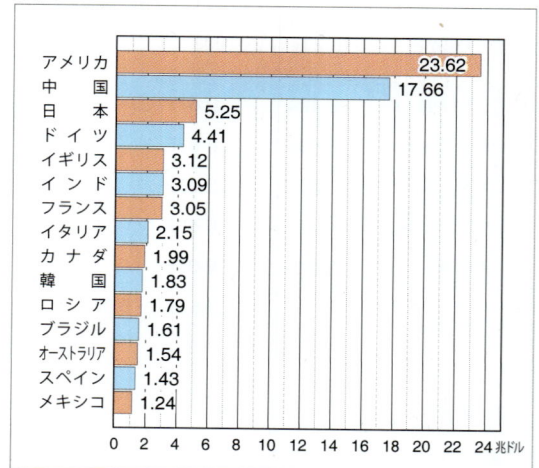

表134) 国民総所得(GNI) （2021年）

表135) 1人当たり国民総所得(GNI) （2021年）

表136) 日本の在留外国人数(国籍別)　在留外国人統計

2022	人	%
中国	761 563	24.8
ベトナム	489 312	15.9
韓国	411 312	13.4
フィリピン	298 740	9.7
ブラジル	209 430	6.8

表137) 難民の発生国(2022年)(人)　UNHCR資料

発生国	難民数	%
シリア	6 547 818	22.3
ウクライナ	5 679 880	19.3
アフガニスタン	5 661 675	19.2
南スーダン	2 294 983	7.8
ミャンマー	1 253 111	4.3

● 환경 문제

表138) おもな国の二酸化炭素排出量(2020年, CO_2換算)　IEA資料

国	二酸化炭素排出量(CO_2-百万トン)					1人当たり二酸化炭素排出量(CO_2-トン)
	固体燃料	液体燃料	気体燃料	合計(その他)	%	
中国	7 916.1	1 498.3	615.1	10 053.3	31.7	7.12
インド	1 463.8	530.4	78.6	2 074.6	6.5	1.49
日本	385.9	353.7	218.2	990.6	3.1	7.88
イラン	5.4	175.6	441.3	622.3	2.0	7.13
ロシア	414.5	293.6	807.7	1 559.8	4.9	10.82
ドイツ	179.6	223.2	171.9	593.1	1.9	7.13
アメリカ	866.2	1 724.2	1 647.9	4 257.6	13.4	12.89

出典：株式会社 二宮書店『データブック・オブ・ザ・ワールド 2023』

MEMO

4 부록 ❶

지역별 지도

유럽의 국가

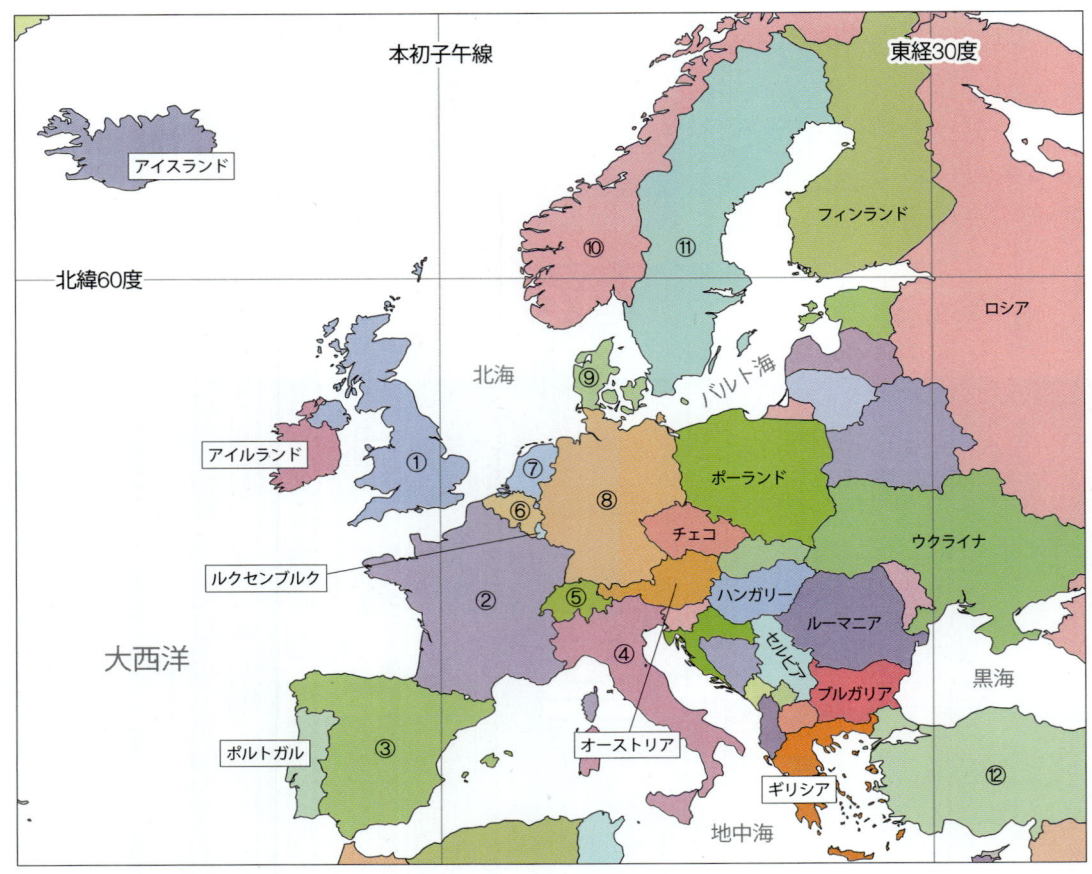

● 지역별 지도

번호	국가	일본명	특징
①	영국	イギリス	수도는 런던. 잉글랜드, 웨일즈, 스코틀랜드, 북아일랜드로 구성 입헌 군주제이며 의원내각제, 완전 소선거구제가 특징. 서안 해양성 기후(Cfb) 종교는 영국 성공회. 북해 유전 개발로 1970년대부터 산유국이 됨 2014년 스코틀랜드 분리 독립 투표를 실시(부결), 2020년 EU 탈퇴
②	프랑스	フランス	수도는 파리. 대통령과 수상이 같이 존재하는 반(半) 대통령제 북쪽은 서안 해양성 기후(Cfb), 남쪽은 지중해성 기후(Cs) 서유럽 최대의 농업 국가. 밀, 보리, 포도, 올리브, 와인의 생산이 많음 원자력 발전의 비중이 높음. 카톨릭이 다수. 방문하는 관광객 수가 세계 1위 수도긴 파리는 분지 지형이며, 유네스코의 본부가 있음
③	스페인	スペイン	이베리아 반도에 위치하고 있으며 수도는 마드리드 입헌 군주제이며, 카탈루냐, 바스크에서 분리 독립운동이 일어남 지중해성 기후(Cs)가 나타나며 오렌지, 올리브 등 과일의 생산·수출이 많음 고원(메세타)이 전체 영토의 대부분을 차지
④	이탈리아	イタリア	수도는 로마. 남부는 농업, 북부는 공업 중심이며 남북의 경제 격차가 큼 포도와 와인 생산이 많음. 저출산 고령화 문제를 안고 있음. 체르노빌 원전 사고 이후 탈원전을 했지만 최근에는 에너지 효율을 위해 원자력 발전소 재추진 움직임도 있음 알프스-히말라야 조산대의 영향으로 화산과 지진대가 존재
⑤	스위스	スイス	영세 중립국이며 연방주의. 직접 민주주의 발달 알프스 산맥에 위치하며 4개의 언어가 공용어(독일어, 이탈리아어, 프랑스어, 로망슈어) 정밀 기계(시계)와 의약품이 발달 제네바에는 ILO, WTO 등 다수의 국제기구 본부가 위치
⑥	벨기에	ベルギー	수도는 브뤼셀. 네덜란드어를 쓰는 북부(플랑드르)와 프랑스어를 쓰는 남부(왈롱)의 언어 및 경제 격차가 존재. 수도 브뤼셀에는 EU의 본부가 있음
⑦	네덜란드	オランダ	수도는 암스테르담. 국토의 1/4이 해수면보다 낮은 간척지. 낙농업과 원예 농업이 발달
⑧	독일	ドイツ	수도는 베를린. 연방주의. 대통령과 수상이 존재하며 수상이 더 많은 권력을 가지고 있음 자동차, 화학, 전자, 기계 공업 등 유럽의 대표적인 공업국이며 수출국(경상 수지 흑자) GDP(국내 총생산) 4위의 경제 대국. EU의 중심 국가이며 ECB(유럽 중앙은행)가 프랑크푸르트에 있음 풍력과 태양광 발전을 늘리고 있으며, 탈원전 선언. 저출산 고령화 문제를 안고 있음
⑨	덴마크	デンマーク	수도는 코펜하겐. 풍력 발전 비율이 높음. 서안 해양성 기후(Cfb). 낙농업이 발전 EU에는 가입되어 있으나 유로 미사용국
⑩	노르웨이	ノルウェー	수도는 오슬로. 스칸디나비아반도에 위치하며 석유, 천연가스의 산출국. 수산물 수출이 많음. 빙하에 의한 피오르드 지형이 존재하며 수력 발전이 중심 1인당 국민 소득이 높으며, EU 미가맹국
⑪	스웨덴	スウェーデン	수도는 스톡홀름. 스칸디나비아반도에 위치하며 원자력과 수력의 비중이 높음 EU에는 가입되어 있으나 유로 미사용국
⑫	튀르키예	トルコ	수도는 앙카라. 유럽과 아시아의 중간에 위치 아나톨리아 반도가 국토의 대부분을 차지하며, 튀르키예 최대의 무역 도시인 이스탄불은 발칸반도에 위치. 종교는 이슬람교. EU 가입을 추진

아메리카 대륙의 국가

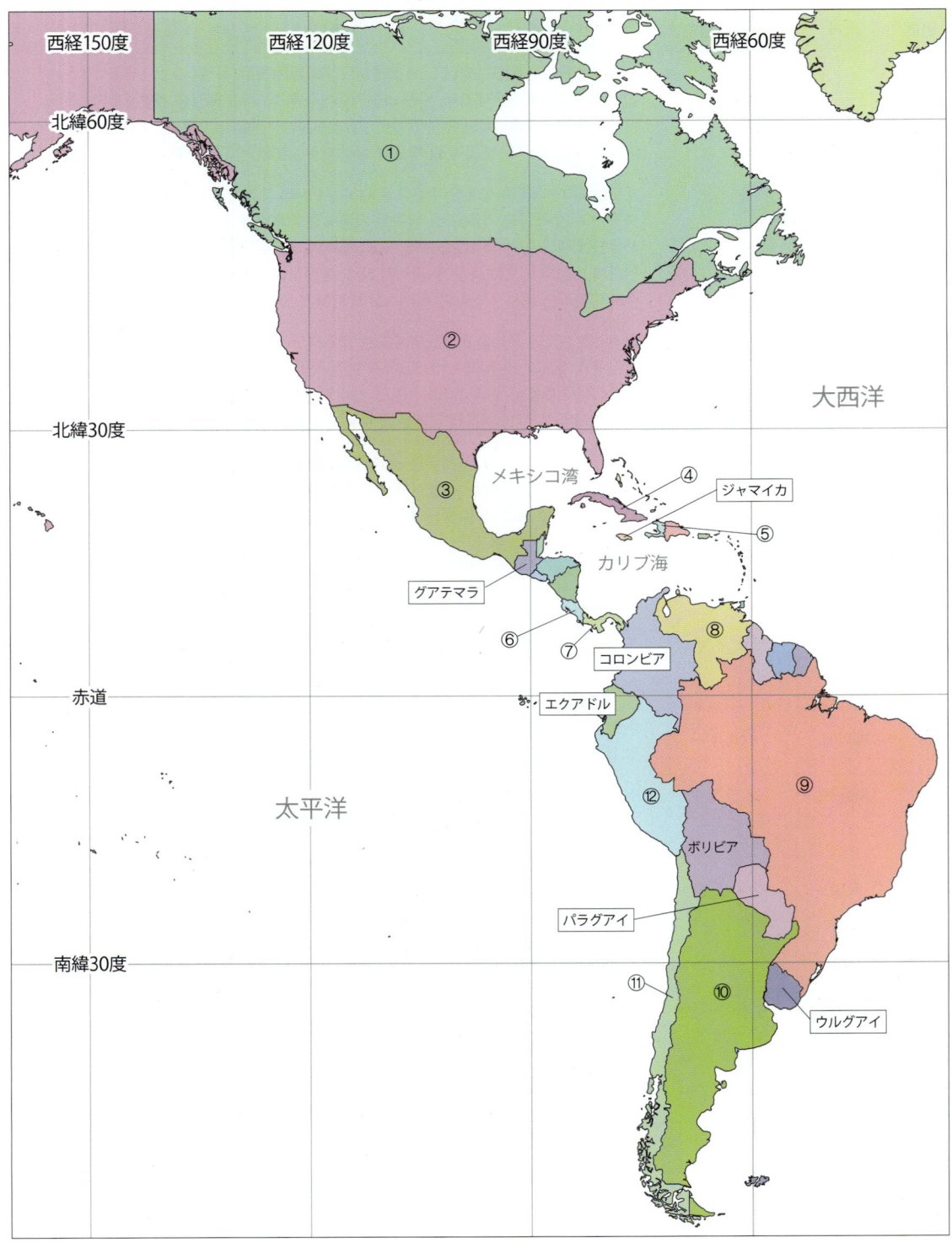

지역별 지도

번호	국가	일본명	특징
①	캐나다	カナダ	수도는 오타와. 영국의 왕을 형식적으로 국가 원수로 하고 있으며, 상징적인 총독이 존재 전세계 면적 2위. 목재, 펄프 등의 수출이 많음. 수력 발전 중심 동부의 퀘백 지역은 프랑스어를 사용하며, 분리 독립운동이 일어남
②	미국	アメリカ合衆国	수도는 워싱턴 D.C. 대통령제. 연방주의 국내 총생산(GDP) 1위. 인구수 3위. 이민자가 많으며 서부 지역의 아시아계, 스페인어를 사용하는 히스패닉 등 다양한 인종으로 구성되어 있음 밀과 옥수수의 생산이 많으며, 동남부에서는 면화 생산이 많음 자동차, 항공기 산업을 포함하여 첨단 산업이 발전하였으며, 서부의 캘리포니아주에는 전자, 컴퓨터 산업 중심의 실리콘 밸리가 있음 로키산맥 동부에서 미시시피강에 이르기까지 온대 초원 지역인 프레리가 있음. 수산물 수입이 많음
③	멕시코	メキシコ	수도는 멕시코시티. 인구는 약 1억 3천 명. 은의 산출이 많음 수도인 멕시코시티는 고산기후. 언어는 스페인어
④	쿠바	キューバ	공용어는 스페인어. 사탕수수가 번성
⑤	아이티	ハイチ	1804년 프랑스로부터 독립(최초의 흑인 공화국, 중남미 최초의 독립국) 현재는 중남미 최빈국. 2010년 대지진이 일어남
⑥	코스타리카	コスタリカ	바나나, 커피가 주요 산업 평화 선린 우호 정책을 바탕으로 헌법에 따라 군대를 보유하지 않는 비무장 중립국
⑦	파나마	パナマ	카리브해와 태평양을 연결하는 파나마 운하가 있음 외국 선박의 등록이 많은 편의치적국(便宜置籍國)
⑧	베네수엘라	ベネズエラ	남미 최대 산유국. OPEC가맹국 2014년 원유 가격 하락으로 경제 악화. 급격한 인플레이션과 경제 혼란으로 이어짐
⑨	브라질	ブラジル	수도는 브라질리아. 인구는 세계 6위 커피와 사탕수수 생산량이 많음. 철광석의 수출이 많으며, 소고기도 주요 수출품 수력 발전 중심. 공용어는 포르투갈어, 종교는 카톨릭교 아마존강 유역에 열대 우림 셀바스가 존재
⑩	아르헨티나	アルゼンチン	수도는 부에노스아이레스 온대 초원 지대인 팜파스가 존재하며 옥수수, 밀의 재배가 번성
⑪	칠레	チリ	환태평양 조산대에 속하며, 남부 지역은 피오르드가 나타남 동(銅)의 산출이 많으며, 중부 지역에서는 지중해성 기후도 나타남
⑫	페루	ペルー	은과 동의 생산량이 많으며 수산물도 주요 산업 잉카 문명이 있었음

아프리카 / 중동 지역의 국가

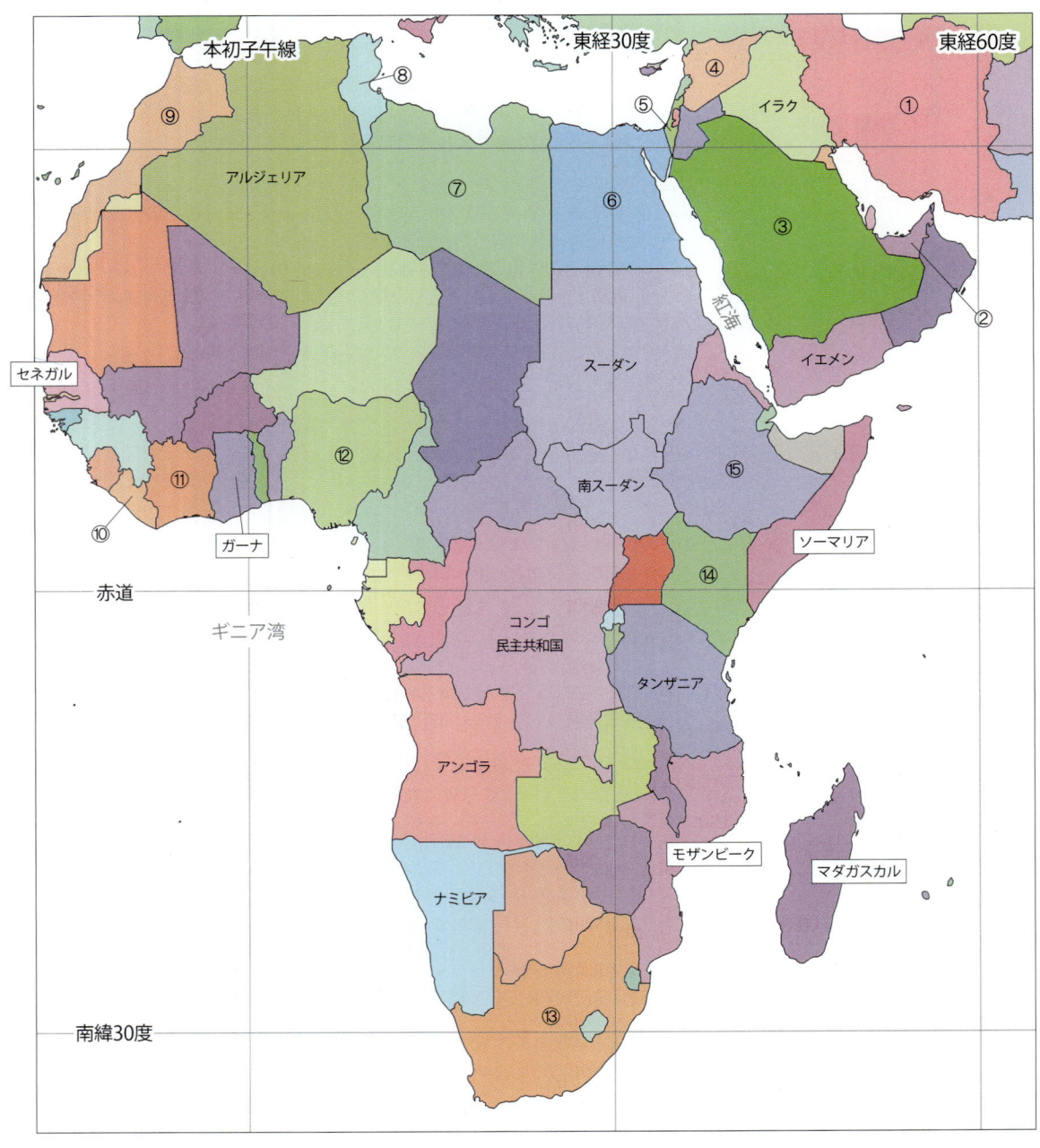

지역별 지도

번호	국가	일본명	특징
①	이란	イラン	수도는 테헤란. 이슬람 소수파인 시아파 중심. 페르시아인. 산유국 1979년 이슬람 원리 주의를 바탕으로 이란 혁명 발발
②	아랍 에미리트 (UAE)	アラブ首長国	페르시아만에 위치한 산유국 두바이 국제공항은 중동 지역의 대표 허브 공항
③	사우디아라비아	サウジアラビア	왕족을 중심으로 한 군주제. 아라비아반도에 위치하며, 이슬람 수니파 중심 전체적으로 건조 기후가 나타나며 석유 수출이 전 세계에서 가장 많음 이슬람교의 성지인 메카가 있음
④	시리아	シリア	2011년 시작된 반정부 운동이 2012년 내전으로 격화하여 대량의 사상자와 난민 발생
⑤	이스라엘	イスラエル	19세기부터 시작된 시오니즘(유대인들의 고국 건설 운동)으로 1948년 독립 선언. 민족은 유대인, 종교는 유대교 현재도 팔레스타인과 충돌 발생
⑥	이집트	エジプト	수도는 카이로 나일강을 중심으로 고대 문명이 발전하였으며 하류의 삼각주(델타 지역)에서는 농업이 번성. 관광과 수에즈 운하의 통행료는 주요 외화 수입원 2011년 아랍의 봄에 의해 무바라크 대통령 독재 체재 붕괴 과거 영국의 식민지. 종교는 이슬람교. 언어는 아랍어
⑦	리비아	リビア	2011년 아랍의 봄에 의해 카다피 독재 정권이 붕괴 과거 이탈리아의 식민지. 수출의 대부분이 석유
⑧	튀니지	チュニジア	2010년 12월 자스민 혁명(아랍의 봄)으로 독재 정권 붕괴 과거 프랑스 보호령
⑨	모로코	モロッコ	입헌 군주제. 아프리카 연합(AU) 미가맹국이었으나 2017년 1월 가맹 종교는 이슬람교
⑩	리베리아	リベリア	미국 노예 해방에 의해 건설. 제국주의 시대 독립국 유지 종교는 크리스트교
⑪	코트디부아르	コートジボアール	카카오의 생산량이 세계 1위
⑫	나이지리아	ナイジェリア	아프리카 최대의 산유국. 인구 세계 7위 과거 영국의 식민지. 1960년 독립
⑬	남아프리카 공화국	南アフリカ共和国	BRICS의 구성국. 백금(플래티넘)과 다이아몬드의 매장량이 많음 케이프타운 부근에는 지중해성 기후(Cs)가 나타남 백인 우월주의인 아파르트헤이트가 있었으며 1991년 폐지. 현재도 흑인과 백인의 소득 격차가 발생 아프리카 최대 공업국. 과거 영국의 자치령
⑭	케냐	ケニア	수도는 나이로비. 영국의 식민지였으며, 차와 커피 생산이 번성
⑮	에티오피아	エチオピア	아프리카에서 가장 오래된 독립국 커피가 주요 작물. 동아프리카 대지구대에 위치

● 남아시아/동남아시아/오세아니아국가

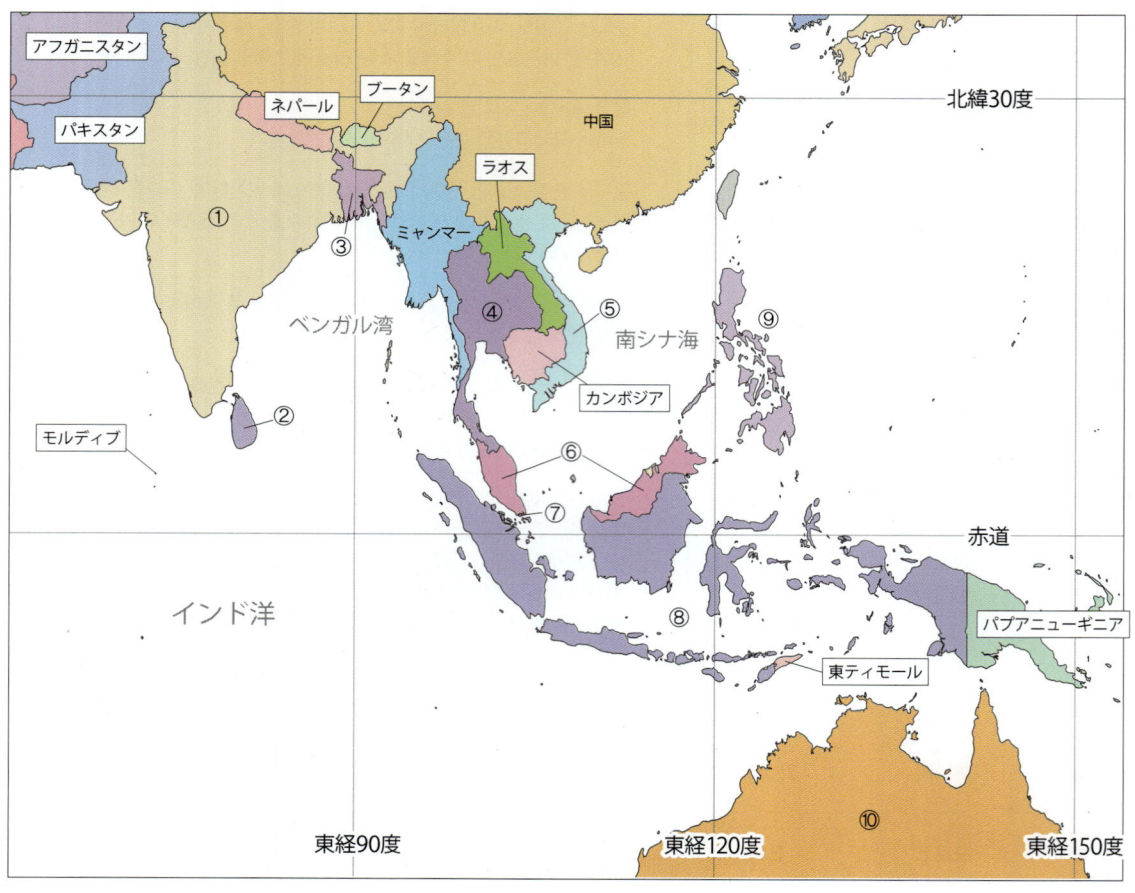

지역별 지도

번호	국가	일본명	특징
①	인도	インド	수도는 뉴델리. 인구 세계 1위. 종교는 다수가 힌두교 쌀, 밀, 면화, 사탕수수, 차 등이 번성하며, 소의 개체수가 많음 과거 영국의 식민지. BRICS의 구성국. 아쌈 지역은 전세계 최대의 다우 지역
②	스리랑카	スリランカ	불교 신자가 다수이며, 과거 영국의 식민지 차의 수출이 많음
③	방글라데시	バングラデシュ	종교는 이슬람교. 인구 세계 8위. 인구 밀도가 매우 높음 지대가 낮아 홍수가 자주 발생
④	타이	タイ	수도는 방콕. 종교는 불교 천연고무 생산, 쌀의 수출이 많음. 제국주의 시대 독립국 유지 1997년 바트화 폭락으로 아시아 통화 위기 발생
⑤	베트남	ベトナム	사회주의 일당 독재. 1986년 사회주의 시장 경제 도입(도이모이) 커피, 천연고무의 생산과 쌀 수출이 많음. 과거 프랑스 식민지
⑥	말레이시아	マレーシア	천연고무, 기름야자(팜유) 생산이 많음. 이슬람교가 다수
⑦	싱가포르	シンガポール	중국어, 영어 등이 공용어. 도시 국가 중계 무역을 중심으로 자유 무역에 적극적. 무역 의존도가 높음
⑧	인도네시아	インドネシア	수도는 자카르타. 과거 네덜란드 식민지 석탄, 석유 등이 풍부하며 쌀, 커피의 생산도 많음. 인구 세계 4위 이슬람교가 다수
⑨	필리핀	フィリピン	수도는 마닐라. 종교는 카톨릭교 미서 전쟁 결과 미국의 승리로 스페인 식민지에서 미국 식민지가 됨 바나나 수출이 많음. 호상 열도
⑩	오스트레일리아	オーストラリア	수도는 캔버라 영국 연방에 속하며 석탄, 철광석의 생산, 양모와 소고기 수출이 많음 백인 중심의 백호주의가 있었으나, 현재는 아시아계의 이민자가 많음 인구 2,600만으로 인구 밀도가 낮음. 원주민 애버리지니가 있음

● 일본

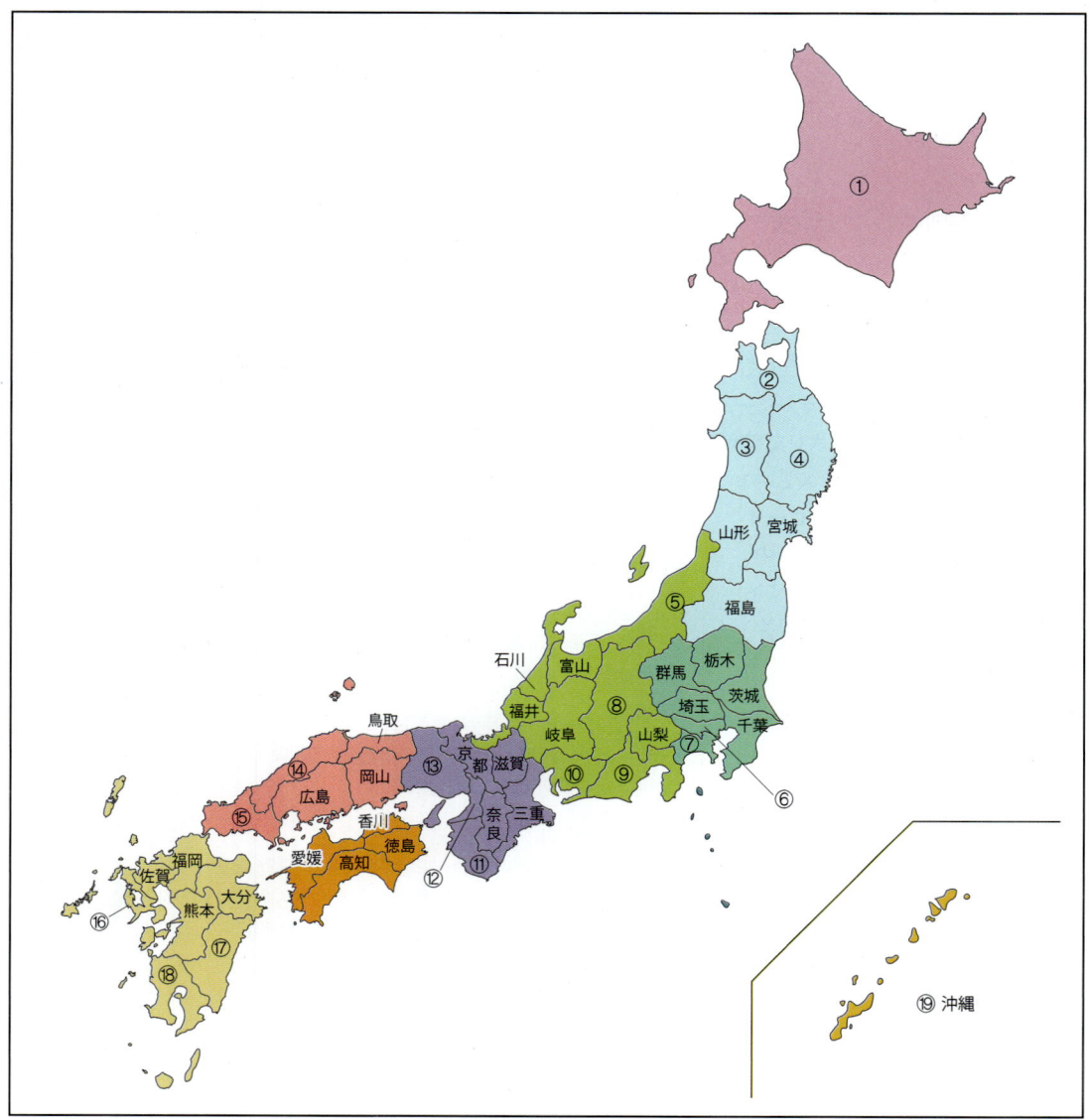

번호	지역	ふりがな	특징
①	北海道	ほっかいどう	일본의 도도부현 중 가장 면적이 넓음 냉대 기후가 나타나며, 장마와 태풍의 영향이 거의 없음 농업이 발달하여 쌀, 콩, 감자 등의 생산이 많으며 우유, 소고기 등 낙농업도 발달 현청 소재지는 삿포로시(札幌市)
②	青森県	あおもり	혼슈의 최북단에 위치하고 있으며 사과 생산이 많음
③	秋田県	あきた	쌀 생산이 많음
④	岩手県	いわて	홋카이도(北海道) 다음으로 면적이 넓으며, 리아스식 해안이 나타나는 산리쿠(三陸) 해안이 있음
⑤	新潟県	にいがた	쌀 생산이 많고 유명함. 일본에서 가장 긴 시나노가와(信濃川)가 통과함
⑥	東京都	とうきょう	일본의 수도 일본내 인구가 가장 많으며, 인구 증가율 1위(인구 밀도 1위), 1인당 소득 1위
⑦	神奈川県	かながわ	도쿄도(東京都)에 이어 두 번째로 인구가 많음 현청 소재지는 요코하마시(横浜市)
⑧	長野県	ながの	중앙고지(내륙성) 기후가 나타나는 지역이 많음 포도, 사과 등의 생산이 많음
⑨	静岡県	しずおか	차(茶) 생산이 많음
⑩	愛知県	あいち	공업 지대. 일본내 공업 출하액 1위 1인당 소득이 도쿄도(東京都)에 이어 두 번째. 현청 소재지는 나고야시(名古屋市)
⑪	和歌山県	わかやま	귤, 감, 매실 등의 생산이 많음. 특히 귤은 일본 내 생산 1위
⑫	大阪府	おおさか	도쿄도(東京都), 가나가와현(神奈川県)에 이어 일본내 세 번째로 인구가 많음 간사이(関西) 지역의 대표 도시
⑬	兵庫県	ひょうご	현청 소재지는 고베시(神戸市) 일본 표준시 동경 135도선이 아카시시(明石市)를 지남
⑭	島根県	しまね	65세 이상의 고령자 비율이 높음
⑮	山口県	やまぐち	에도 시대 조슈번(長州藩)의 중심이었던 지역
⑯	長崎県	ながさき	현청 소재지인 나가사키시(長崎市)는 에도 시대 중국과 네덜란드 상인에게 유일하게 열려 있었던 지역. 조선업이 발달
⑰	宮崎県	みやざき	닭고기, 피망, 담배 등이 많이 생산됨
⑱	鹿児島県	かごしま	돼지고기, 고구마 등이 유명함 에도 시대 사쓰마번(薩摩藩)의 중심 지역
⑲	沖縄県	おきなわ	아열대 기후. 현청 소재지는 나하시(那覇市) 과거 류큐 왕국 젊은 층이 많고 1인당 소득이 낮음

4 부록 ①

일본 헌법 전문

● 日本国憲法

　日本国民は、正当に選挙された国会における代表者を通じて行動し、われらとわれらの子孫のために、諸国民との協和による成果と、わが国全土にわたつて自由のもたらす恵沢を確保し、政府の行為によつて再び戦争の惨禍が起ることのないやうにすることを決意し、ここに主権が国民に存することを宣言し、この憲法を確定する。そもそも国政は、国民の厳粛な信託によるものであつて、その権威は国民に由来し、その権力は国民の代表者がこれを行使し、その福利は国民がこれを享受する。これは人類普遍の原理であり、この憲法は、かかる原理に基くものである。われらは、これに反する一切の憲法、法令及び詔勅を排除する。

　日本国民は、恒久の平和を念願し、人間相互の関係を支配する崇高な理想を深く自覚するのであつて、平和を愛する諸国民の公正と信義に信頼して、われらの安全と生存を保持しようと決意した。われらは、平和を維持し、専制と隷従、圧迫と偏狭を地上から永遠に除去しようと努めてゐる国際社会において、名誉ある地位を占めたいと思ふ。われらは、全世界の国民が、ひとしく恐怖と欠乏から免かれ、平和のうちに生存する権利を有することを確認する。

　われらは、いづれの国家も、自国のことのみに専念して他国を無視してはならないのであつて、政治道徳の法則は、普遍的なものであり、この法則に従ふことは、自国の主権を維持し、他国と対等関係に立たうとする各国の責務であると信ずる。

　日本国民は、国家の名誉にかけ、全力をあげてこの崇高な理想と目的を達成することを誓ふ。

第一章　天皇

第一条　天皇は、日本国の象徴であり日本国民統合の象徴であつて、この地位は、主権の存する日本国民の総意に基く。

第二条　皇位は、世襲のものであつて、国会の議決した皇室典範の定めるところにより、これを継承する。

第三条　天皇の国事に関するすべての行為には、内閣の助言と承認を必要とし、内閣が、その責任を負ふ。

第四条　① 天皇は、この憲法の定める国事に関する行為のみを行ひ、国政に関する権能を有しない。
　　　　② 天皇は、法律の定めるところにより、その国事に関する行為を委任することができる。

第五条　皇室典範の定めるところにより摂政を置くときは、摂政は、天皇の名でその国事に関する行為を行ふ。この場合には、前条第一項の規定を準用する。

第六条　① 天皇は、国会の指名に基いて、内閣総理大臣を任命する。
　　　　② 天皇は、内閣の指名に基いて、最高裁判所の長たる裁判官を任命する。

第七条　天皇は、内閣の助言と承認により、国民のために、左の国事に関する行為を行ふ。
　　一　憲法改正、法律、政令及び条約を公布すること。
　　二　国会を召集すること。
　　三　衆議院を解散すること。
　　四　国会議員の総選挙の施行を公示すること。
　　五　国務大臣及び法律の定めるその他の官吏の任免並びに全権委任状及び大使及び公使の信任状を認証すること。
　　六　大赦、特赦、減刑、刑の執行の免除及び復権を認証すること。
　　七　栄典を授与すること。
　　八　批准書及び法律の定めるその他の外交文書を認証すること。
　　九　外国の大使及び公使を接受すること。
　　十　儀式を行ふこと。

第八条　皇室に財産を譲り渡し、又は皇室が、財産を譲り受け、若しくは賜与することは、国会の議決に基かなければならない。

第二章　戦争の放棄

第九条　① 日本国民は、正義と秩序を基調とする国際平和を誠実に希求し、国権の発動たる戦争と、武力による威嚇又は武力の行使は、国際紛争を解決する手段としては、永久にこれを放棄する。
② 前項の目的を達するため、陸海空軍その他の戦力は、これを保持しない。国の交戦権は、これを認めない。

第三章　国民の権利及び義務

第十条　日本国民たる要件は、法律でこれを定める。

第十一条　国民は、すべての基本的人権の享有を妨げられない。この憲法が国民に保障する基本的人権は、侵すことのできない永久の権利として、現在及び将来の国民に与へられる。

第十二条　この憲法が国民に保障する自由及び権利は、国民の不断の努力によつて、これを保持しなればならない。又、国民は、これを濫用してはならないのであつて、常に公共の福祉のためにこれを利用する責任を負ふ。

第十三条　すべて国民は、個人として尊重される。生命、自由及び幸福追求に対する国民の権利については、公共の福祉に反しない限り、立法その他の国政の上で、最大の尊重を必要とする。

第十四条　① すべて国民は、法の下に平等であつて、人種、信条、性別、社会的身分又は門地により、政治的、経済的又は社会的関係において、差別されない。
② 華族その他の貴族の制度は、これを認めない。
③ 栄誉、勲章その他の栄典の授与は、いかなる特権も伴はない。栄典の授与は、現にこれを有し、又は将来これを受ける者の一代に限り、その効力を有ずる。

第十五条　① 公務員を選定し、及びこれを罷免することは、国民固有の権利である。
② すべて公務員は、全体の奉仕者であつて、一部の奉仕者ではない。
③ 公務員の選挙については、成年者による普通選挙を保障する。
④ すべて選挙における投票の秘密は、これを侵してはならない。選挙人は、その選択に関し公的にも私的にも責任を問はれない。

第十六条　何人も、損害の救済、公務員の罷免、法律、命令又は規則の制定、廃止又は改正その他の事項に関し、平穏に請願する権利を有し、何人も、かかる請願をしたためにいかなる差別待遇も受けない。

第十七条　何人も、公務員の不法行為により、損害を受けたときは、法律の定めるところにより、国又は公共団体に、その賠償を求めることができる。

第十八条　何人も、いかなる奴隷的拘束も受けない。又、犯罪に因る処罰の場合を除いては、その意に反する苦役に服させられない。

第十九条　思想及び良心の自由は、これを侵してはならない。

第二十条　① 信教の自由は、何人に対してもこれを保障する。いかなる宗教団体も、国から特権を受け、又は政治上の権力を行使してはならない。
② 何人も、宗教上の行為、祝典、儀式又は行事に参加することを強制されない。
③ 国及びその機関は、宗教教育その他いかなる宗教的活動もしてはならない。

第二十一条　① 集会、結社及び言論、出版その他一切の表現の自由は、これを保障する。
② 検閲は、これをしてはならない。通信の秘密は、これを侵してはならない。

第二十二条　① 何人も、公共の福祉に反しない限り、居住、移転及び職業選択の自由を有する。

	② 何人も、外国に移住し、又は国籍を離脱する自由を侵されない。
第二十三条	学問の自由は、これを保障する。
第二十四条	① 婚姻は、両性の合意のみに基いて成立し、夫婦が同等の権利を有することを基本として、相互の協力により、維持されなければならない。
	② 配偶者の選択、財産権、相続、住居の選定、離婚並びに婚姻及び家族に関するその他の事項に関しては、法律は、個人の尊厳と両性の本質的平等に立脚して、制定されなければならない。
第二十五条	① すべて国民は、健康で文化的な最低限度の生活を営む権利を有する。
	② 国は、すべての生活部面について、社会福祉、社会保障及び公衆衛生の向上及び増進に努めなければならない。
第二十六条	① すべて国民は、法律の定めるところにより、その能力に応じて、ひとしく教育を受ける権利を有する。
	② すべて国民は、法律の定めるところにより、その保護する子女に普通教育を受けさせる義務を負ふ。義務教育は、これを無償とする。
第二十七条	① すべて国民は、勤労の権利を有し、義務を負ふ。
	② 賃金、就業時間、休息その他の勤労条件に関する基準は、法律でこれを定める。
	③ 児童は、これを酷使してはならない。
第二十八条	勤労者の団結する権利及び団体交渉その他の団体行動をする権利は、これを保障する。
第二十九条	① 財産権は、これを侵してはならない。
	② 財産権の内容は、公共の福祉に適合するやうに、法律でこれを定める。
	③ 私有財産は、正当な補償の下に、これを公共のために用ひることができる。
第三十条	国民は、法律の定めるところにより、納税の義務を負ふ。
第三十一条	何人も、法律の定める手続によらなければ、その生命若しくは自由を奪はれ、又はその他の刑罰を科せられない。
第三十二条	何人も、裁判所において裁判を受ける権利を奪はれない。
第三十三条	何人も、現行犯として逮捕される場合を除いては、権限を有する司法官憲が発し、且つ理由となつてゐる犯罪を明示する令状によらなければ、逮捕されない。
第三十四条	何人も、理由を直ちに告げられ、且つ、直ちに弁護人に依頼する権利を与へられなければ、抑留又は拘禁されない。又、何人も、正当な理由がなければ、拘禁されず、要求があれば、その理由は、直ちに本人及びその弁護人の出席する公開の法廷で示されなければならない。
第三十五条	① 何人も、その住居、書類及び所持品について、侵入、捜索及び押収を受けることのない権利は、第三十三条の場合を除いては、正当な理由に基いて発せられ、且つ捜索する場所及び押収する物を明示する令状がなければ、侵されない。
	② 捜索又は押収は、権限を有する司法官憲が発する各別の令状により、これを行ふ。
第三十六条	公務員による拷問及び残虐な刑罰は、絶対にこれを禁ずる。
第三十七条	① すべて刑事事件においては、被告人は、公平な裁判所の迅速な公開裁判を受ける権利を有する。
	② 刑事被告人は、すべての証人に対して審問する機会を充分に与へられ、又、公費で自己のために強制的手続により証人を求める権利を有する。
	③ 刑事被告人は、いかなる場合にも、資格を有する弁護人を依頼することができる。被告人が自らこれを依頼することができないときは、国でこれを附する。
第三十八条	① 何人も、自己に不利益な供述を強要されない。
	② 強制、拷問若しくは脅迫による自白又は不当に長く抑留若しくは拘禁された後の自白は、これを証拠とすることができない。

③ 何人も、自己に不利益な唯一の証拠が本人の自白である場合には、有罪とされ、又は刑罰を科せられない。

第三十九条　何人も、実行の時に適法であつた行為又は既に無罪とされた行為については、刑事上の責任を問はれない。又、同一の犯罪について、重ねて刑事上の責任を問はれない。

第四十条　何人も、抑留又は拘禁された後、無罪の裁判を受けたときは、法律の定めるところにより、国にその補償を求めることができる。

第四章　国会

第四十一条　国会は、国権の最高機関であつて、国の唯一の立法機関である。

第四十二条　国会は、衆議院及び参議院の両議院でこれを構成する。

第四十三条　① 両議院は、全国民を代表する選挙された議員でこれを組織する。
② 両議院の議員の定数は、法律でこれを定める。

第四十四条　両議院の議員及びその選挙人の資格は、法律でこれを定める。但し、人種、信条、性別、社会的身分、門地、教育、財産又は収入によつて差別してはならない。

第四十五条　衆議院議員の任期は、四年とする。但し、衆議院解散の場合には、その期間満了前に終了する。

第四十六条　参議院議員の任期は、六年とし、三年ごとに議員の半数を改選する。

第四十七条　選挙区、投票の方法その他両議院の議員の選挙に関する事項は、法律でこれを定める。

第四十八条　何人も、同時に両議院の議員たることはできない。

第四十九条　両議院の議員は、法律の定めるところにより、国庫から相当額の歳費を受ける。

第五十条　両議院の議員は、法律の定める場合を除いては、国会の会期中逮捕されず、会期前に逮捕された議員は、その議院の要求があれば、会期中これを釈放しなければならない。

第五十一条　両議院の議員は、議院で行つた演説、討論又は表決について、院外で責任を問はれない。

第五十二条　国会の常会は、毎年一回これを召集する。

第五十三条　内閣は、国会の臨時会の召集を決定することができる。いづれかの議院の総議員の四分の一以上の要求があれば、内閣は、その召集を決定しなければならない。

第五十四条　① 衆議院が解散されたときは、解散の日から四十日以内に、衆議院議員の総選挙を行ひ、その選挙の日から三十日以内に、国会を召集しなければならない。
② 衆議院が解散されたときは、参議院は、同時に閉会となる。但し、内閣は、国に緊急の必要があるときは、参議院の緊急集会を求めることができる。
③ 前項但書の緊急集会において採られた措置は、臨時のものであつて、次の国会開会の後十日以内に、衆議院の同意がない場合には、その効力を失ふ。

第五十五条　両議院は、各々その議員の資格に関する争訟を裁判する。但し、議員の議席を失はせるには、出席議員の三分の二以上の多数による議決を必要とする。

第五十六条　① 両議院は、各々その総議員の三分の一以上の出席がなければ、議事を開き議決することができない。
② 両議院の議事は、この憲法に特別の定のある場合を除いては、出席議員の過半数でこれを決し、可否同数のときは、議長の決するところによる。

第五十七条　① 両議院の会議は、公開とする。但し、出席議員の三分の二以上の多数で議決したときは、秘密会を開くことができる。
② 両議院は、各々その会議の記録を保存し、秘密会の記録の中で特に秘密を要すると認められるもの以外は、これを公表し、且つ一般に頒布しなければならない。

	③ 出席議員の五分の一以上の要求があれば、各議員の表決は、これを会議録に記載しなければならない。
第五十八条	① 両議院は、各々その議長その他の役員を選任する。
	② 両議院は、各々その会議その他の手続及び内部の規律に関する規則を定め、又、院内の秩序をみだした議員を懲罰することができる。但し、議員を除名するには、出席議員の三分の二以上の多数による議決を必要とする。
第五十九条	① 法律案は、この憲法に特別の定のある場合を除いては、両議院で可決したとき法律となる。
	② 衆議院で可決し、参議院でこれと異なつた議決をした法律案は、衆議院で出席議員の三分の二以上の多数で再び可決したときは、法律となる。
	③ 前項の規定は、法律の定めるところにより、衆議院が、両議院の協議会を開くことを求めることを妨げない。
	④ 参議院が、衆議院の可決した法律案を受け取つた後、国会休会中の期間を除いて六十日以内に、議決しないときは、衆議院は、参議院がその法律案を否決したものとみなすことができる。
第六十条	① 予算は、さきに衆議院に提出しなければならない。
	② 予算について、参議院で衆議院と異なつた議決をした場合に、法律の定めるところにより、両議院の協議会を開いても意見が一致しないとき、又は参議院が、衆議院の可決した予算を受け取つた後、国会休会中の期間を除いて三十日以内に、議決しないときは、衆議院の議決を国会の議決とする。
第六十一条	条約の締結に必要な国会の承認については、前条第二項の規定を準用する。
第六十二条	両議院は、各々国政に関する調査を行ひ、これに関して、証人の出頭及び証言並びに記録の提出を要求することができる。
第六十三条	内閣総理大臣その他の国務大臣は、両議院の一に議席を有すると有しないとにかかはらず、何時でも議案について発言するため議院に出席することができる。又、答弁又は説明のため出席を求められたときは、出席しなければならない。
第六十四条	① 国会は、罷免の訴追を受けた裁判官を裁判するため、両議院の議員で組織する弾劾裁判所を設ける。
	② 弾劾に関する事項は、法律でこれを定める。

第五章　内閣

第六十五条	行政権は、内閣に属する。
第六十六条	① 内閣は、法律の定めるところにより、その首長たる内閣総理大臣及びその他の国務大臣でこれを組織する。
	② 内閣総理大臣その他の国務大臣は、文民でなければならない。
	③ 内閣は、行政権の行使について、国会に対し連帯して責任を負ふ。
第六十七条	① 内閣総理大臣は、国会議員の中から国会の議決で、これを指名する。この指名は、他のすべての案件に先だつて、これを行ふ。
	② 衆議院と参議院とが異なつた指名の議決をした場合に、法律の定めるところにより、両議院の協議会を開いても意見が一致しないとき、又は衆議院が指名の議決をした後、国会休会中の期間を除いて十日以内に、参議院が、指名の議決をしないときは、衆議院の議決を国会の議決とする。
第六十八条	① 内閣総理大臣は、国務大臣を任命する。但し、その過半数は、国会議員の中から選ばれなければならない。
	② 内閣総理大臣は、任意に国務大臣を罷免することができる。

第六十九条　内閣は、衆議院で不信任の決議案を可決し、又は信任の決議案を否決したときは、十日以内に衆議院が解散されない限り、総辞職をしなければならない。

第七十条　内閣総理大臣が欠けたとき、又は衆議院議員総選挙の後に初めて国会の召集があつたときは、内閣は、総辞職をしなければならない。

第七十一条　前二条の場合には、内閣は、あらたに内閣総理大臣が任命されるまで引き続きその職務を行ふ。

第七十二条　内閣総理大臣は、内閣を代表して議案を国会に提出し、一般国務及び外交関係について国会に報告し、並びに行政各部を指揮監督する。

第七十三条　内閣は、他の一般行政事務の外、左の事務を行ふ。
　一　法律を誠実に執行し、国務を総理すること。
　二　外交関係を処理すること。
　三　条約を締結すること。但し、事前に、時宜によつては事後に、国会の承認を経ることを必要とする。
　四　法律の定める基準に従ひ、官吏に関する事務を掌理すること。
　五　予算を作成して国会に提出すること。
　六　この憲法及び法律の規定を実施するために、政令を制定すること。但し、政令には、特にその法律の委任がある場合を除いては、罰則を設けることができない。
　七　大赦、特赦、減刑、刑の執行の免除及び復権を決定すること。

第七十四条　法律及び政令には、すべて主任の国務大臣が署名し、内閣総理大臣が連署することを必要とする。

第七十五条　国務大臣は、その在任中、内閣総理大臣の同意がなければ、訴追されない。但し、これがため、訴追の権利は、害されない。

第六章　司法

第七十六条　①　すべて司法権は、最高裁判所及び法律の定めるところにより設置する下級裁判所に属する。
　②　特別裁判所は、これを設置することができない。行政機関は、終審として裁判を行ふことができない。
　③　すべて裁判官は、その良心に従ひ独立してその職権を行ひ、この憲法及び法律にのみ拘束される。

第七十七条　①　最高裁判所は、訴訟に関する手続、弁護士、裁判所の内部規律及び司法事務処理に関する事項について、規則を定める権限を有する。
　②　検察官は、最高裁判所の定める規則に従はなければならない。
　③　最高裁判所は、下級裁判所に関する規則を定める権限を、下級裁判所に委任することができる。

第七十八条　裁判官は、裁判により、心身の故障のために職務を執ることができないと決定された場合を除いては、公の弾劾によらなければ罷免されない。裁判官の懲戒処分は、行政機関がこれを行ふことはできない。

第七十九条　①　最高裁判所は、その長たる裁判官及び法律の定める員数のその他の裁判官でこれを構成し、その長たる裁判官以外の裁判官は、内閣でこれを任命する。
　②　最高裁判所の裁判官の任命は、その任命後初めて行はれる衆議院議員総選挙の際国民の審査に付し、その後十年を経過した後初めて行はれる衆議院議員総選挙の際更に審査に付し、その後も同様とする。
　③　前項の場合において、投票者の多数が裁判官の罷免を可とするときは、その裁判官は、罷免される。
　④　審査に関する事項は、法律でこれを定める。

第八十条　⑤　最高裁判所の裁判官は、法律の定める年齢に達した時に退官する。
　　　　　⑥　最高裁判所の裁判官は、すべて定期に相当額の報酬を受ける。この報酬は、在任中、これを減額することができない。
第八十条　①　下級裁判所の裁判官は、最高裁判所の指名した者の名簿によつて、内閣でこれを任命する。その裁判官は、任期を十年とし、再任されることができる。但し、法律の定める年齢に達した時には退官する。
　　　　　②　下級裁判所の裁判官は、すべて定期に相当額の報酬を受ける。この報酬は、在任中、これを減額することができない。
第八十一条　最高裁判所は、一切の法律、命令、規則又は処分が憲法に適合するかしないかを決定する権限を有する終審裁判所である。
第八十二条　①　裁判の対審及び判決は、公開法廷でこれを行ふ。
　　　　　　②　裁判所が、裁判官の全員一致で、公の秩序又は善良の風俗を害する虞があると決した場合には、対審は、公開しないでこれを行ふことができる。但し、政治犯罪、出版に関する犯罪又はこの憲法第三章で保障する国民の権利が問題となつてゐる事件の対審は、常にこれを公開しなければならない。

第七章　財政

第八十三条　国の財政を処理する権限は、国会の議決に基いて、これを行使しなければならない。
第八十四条　あらたに租税を課し、又は現行の租税を変更するには、法律又は法律の定める条件によることを必要とする。
第八十五条　国費を支出し、又は国が債務を負担するには、国会の議決に基くことを必要とする。
第八十六条　内閣は、毎会計年度の予算を作成し、国会に提出して、その審議を受け議決を経なければならない。
第八十七条　①　予見し難い予算の不足に充てるため、国会の議決に基いて予備費を設け、内閣の責任でこれを支出することができる。
　　　　　　②　すべて予備費の支出については、内閣は、事後に国会の承諾を得なければならない。
第八十八条　すべて皇室財産は、国に属する。すべて皇室の費用は、予算に計上して国会の議決を経なければならない。
第八十九条　公金その他の公の財産は、宗教上の組織若しくは団体の使用、便益若しくは維持のため、又は公の支配に属しない慈善、教育若しくは博愛の事業に対し、これを支出し、又はその利用に供してはならない。
第九十条　①　国の収入支出の決算は、すべて毎年会計検査院がこれを検査し、内閣は、次の年度に、その検査報告とともに、これを国会に提出しなければならない。
　　　　　②　会計検査院の組織及び権限は、法律でこれを定める。
第九十一条　内閣は、国会及び国民に対し、定期に、少くとも毎年一回、国の財政状況について報告しなければならない。

第八章　地方自治

第九十二条　地方公共団体の組織及び運営に関する事項は、地方自治の本旨に基いて、法律でこれを定める。
第九十三条　①　地方公共団体には、法律の定めるところにより、その議事機関として議会を設置する。
　　　　　　②　地方公共団体の長、その議会の議員及び法律の定めるその他の吏員は、その地方公共団体の住民が、直接これを選挙する。

第九十四条　地方公共団体は、その財産を管理し、事務を処理し、及び行政を執行する権能を有し、法律の範囲内で条例を制定することができる。

第九十五条　一の地方公共団体のみに適用される特別法は、法律の定めるところにより、その地方公共団体の住民の投票においてその過半数の同意を得なければ、国会は、これを制定することができない。

第九章　改正

第九十六条　① この憲法の改正は、各議院の総議員の三分の二以上の賛成で、国会が、これを発議し、国民に提案してその承認を経なければならない。この承認には、特別の国民投票又は国会の定める選挙の際行はれる投票において、その過半数の賛成を必要とする。

② 憲法改正について前項の承認を経たときは、天皇は、国民の名で、この憲法と一体を成すものとして、直ちにこれを公布する。

第十章　最高法規

第九十七条　この憲法が日本国民に保障する基本的人権は、人類の多年にわたる自由獲得の努力の成果であつて、これらの権利は、過去幾多の試錬に堪へ、現在及び将来の国民に対し、侵すことのできない永久の権利として信託されたものである。

第九十八条　① この憲法は、国の最高法規であつて、その条規に反する法律、命令、詔勅及び国務に関するその他の行為の全部又は一部は、その効力を有しない。

② 日本国が締結した条約及び確立された国際法規は、これを誠実に遵守することを必要とする。

第九十九条　天皇又は摂政及び国務大臣、国会議員、裁判官その他の公務員は、この憲法を尊重し擁護する義務を負ふ。

第十一章　補則

第百条　① この憲法は、公布の日から起算して六箇月を経過した日から、これを施行する。

② この憲法を施行するために必要な法律の制定、参議院議員の選挙及び国会召集の手続並びにこの憲法を施行するために必要な準備手続は、前項の期日よりも前に、これを行ふことができる。

第百一条　この憲法施行の際、参議院がまだ成立してゐないときは、その成立するまでの間、衆議院は、国会としての権限を行ふ。

第百二条　この憲法による第一期の参議院議員のうち、その半数の者の任期は、これを三年とする。その議員は、法律の定めるところにより、これを定める。

第百三条　この憲法施行の際現に在職する国務大臣、衆議院議員及び裁判官並びにその他の公務員で、その地位に相応する地位がこの憲法で認められてゐる者は、法律で特別の定をした場合を除いては、この憲法施行のため、当然にはその地位を失ふことはない。但し、この憲法によつて、後任者が選挙又は任命されたときは、当然その地位を失ふ。

출처: e-GOV 법령 검색 사이트(http://elaws.e-gov.go.jp)

5

부록 ②

- 모의고사 1회분

해설 강의 보기   해설 PDF 보기

日本留学試験

総合科目

(80分)

Ⅰ 試験全体に関する注意
　1．係員の許可なしに，部室の外に出ることはできません。
　2．この問題冊子を持ち帰ることはできません。

Ⅱ 問題冊子に関する注意
　1．試験開始の合図があるまで，この問題冊子の中を見ないでください。
　2．試験開始の合図があったら，下の欄に，受験番号と名前を，受験票と同じように記入してください。
　3．この問題冊子は，24ページあります。
　4．足りないページがあったら，手をあげて知らせてください。
　5．問題冊子には，メモや計算などを書いてもいいです。

Ⅲ 解答用紙に関する注意
　1．解答は，解答用紙に鉛筆（HB）で記入してください。
　2．各問題には，その解答を記入する行の番号 **1**, **2**, **3**, …がついています。解答は，解答用紙（マークシート）の対応する解答欄にマークしてください。
　3．解答用紙に書いてある注意事項も必ず読んでください。

※ 試験開始の合図があったら，必ず受験番号と名前を記入してください。

受験番号			*			*						
名　前												

問1 次の文章を読み，下の問い(1)～(4)に答えなさい。

　　1トルコ(Turkey)は小アジアを中心とし，ダーダネルス海峡とボスポラス海峡を隔ててヨーロッパとアジアにまたがる国である。13世紀末に成立したオスマン帝国が長く続いてきたが，第一次世界大戦後に崩壊し，2共和国となった。宗教はイスラム教である。

　　3トルコの気候は，一部の高原を除いて，温帯気候であり，地形は4アルプス・ヒマラヤ造山帯に属するため，全体的に山がちである。

(1) 下線部1に関し，2023年現在，トルコが加盟している**国際機構ではないもの**を，次の①～④の中から一つ選びなさい。　　1

　　① 北大西洋条約機構（NATO）
　　② 国際連合（UN）
　　③ ヨーロッパ連合（EU）
　　④ 経済協力開発機構（OECD）

(2) 下線部2に関して，トルコ共和国の政治制度として最も適当なものを，次の①～④の中から一つ選びなさい。　　2

　　① 形式的な象徴としてスルタンが存在する。
　　② 議会の議員はすべて一つの政党に所属している。
　　③ 行政権と司法権は大統領に属している。
　　④ 一院制の議会を持っている。

(3) 下線部3に関して，次の図はトルコを含めた周辺の地域である。A地域の気候の特徴として最も適当なものを，次の①～④の中から一つ選びなさい。　3

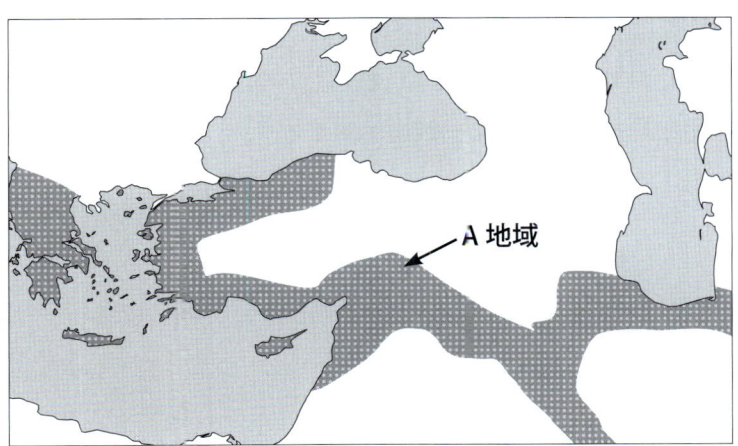

① 夏季に低温が続く
② 冬季に降水量が比較的に多い
③ 年間降水量の少ない乾燥した気候がみられる。
④ 年較差が激しい冷帯気候である。

(4) 下線部4に関して，アルプス・ヒマラヤ造山帯に該当する山脈として正しいものを，次の①～④の中から一つ選びなさい。　4

① アンデス山脈
② 飛騨山脈
③ ピレネー山脈
④ アパラチア山脈

問2　次の文章を読み，下の問い(1)～(4)に答えなさい。

　　₁フランス(France)のパリ(Paris)は昔から多くの会議が行われ，様々な条約が結ばれてきた。1763年に₂七年戦争の結果としてイギリスとフランス・スペインの間に結ばれたパリ条約をはじめ，1898年₃アメリカースペイン戦争の終結時に結ばれた条約もパリで調印されたのである。また近年行われた，第21回国連気候変動枠組条約締約国会議(COP21)では温室効果ガス排出削減に関する「₄パリ協定」が結ばれた。

(1) 下線部1に関して，フランスの政治制度として最も適当なものを，次の①～④の中から一つ選びなさい。　　　5

①　大統領は議会によって選出され，議会との密接な関係をもつ。
②　大統領が首相を任命するが，対立する政党から選出する場合もある。
③　大統領を置かず，首相が行政権を行使する。
④　大統領と首相の両方とも議会が選出する仕組みである。

(2) 下線部2に関して，七年戦争の結果，ヨーロッパの国々が財政難に陥ることになり，それはまた別のあるできごとの原因となった。そのできごととして最も適当なものを，次の①～④の中から一つ選びなさい。　　　6

①　アメリカ独立戦争
②　奴隷解放運動
③　名誉革命
④　クリミア戦争

(3) 下線部3に関して，1898年に勃発したアメリカースペイン戦争の結果，アメリカに割譲された地域として最も適当なものを，次の①〜④の中から一つ選びなさい。

　　　7

① ハワイ（Hawaii）
② フロリダ（Florida）
③ グアム（Guam）
④ キューバ（Cuba）

(4) 下線部4に関して，2015年締結された「パリ協定」の内容として最も適当なものを，次の①〜④の中から一つ選びなさい。

　　　8

① 1997年の京都議定書が破棄されたことをきっかけに行われた合意である。
② アメリカはこの協定を主導し，温室効果ガスの排出を大幅に削減することを決めた。
③ 日本はこの協定によって温室効果ガスの排出量削減が初めて義務づけられた。
④ 先進国だけでなく，途上国も含めた全国連加盟国が参加した合意である。

問3　ある財における，市場全体の供給曲線および需要曲線は次の通りである。この財の価格が上昇する要因として最も適当なものを，次の①～④の中から一つ選びなさい。　9

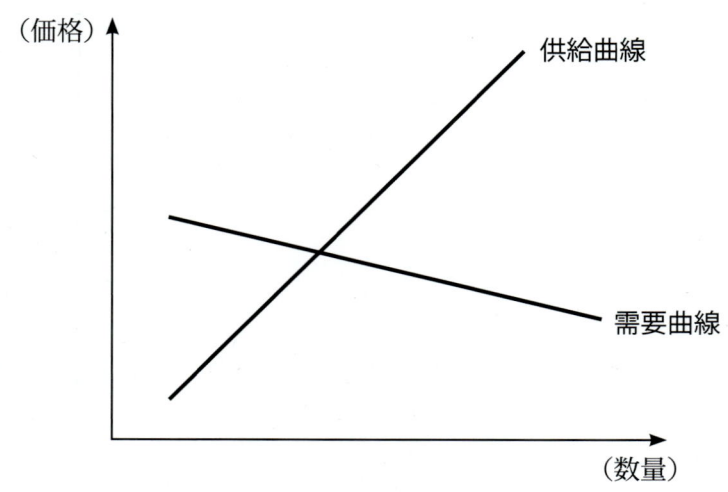

① 財の生産技術の発展により，生産工程が効率化された。
② 財の原材料の供給が豊富になった。
③ 財の人気が上がって模倣品が増加した。
④ 財に対する消費者の評判が高まった。

問4 次の文章を読み，空欄 A ・ B に入る語を，次の①〜④の中から一つ選びなさい。

10

A は，新製品・新生産技術・新販売方法・生産組織の改善などが古いものにとって代わり，経済を刺激することで経済発展が可能であるとした。つまり，経済発展の主体を B であると主張したのである。しかし，このようなものは定期的に発生するものではないため，景気変動が起こるとした。

	A	B
①	コンドラチエフ（Kondratiev）	政府
②	コンドラチエフ	企業家
③	シュンペーター（Schumpeter）	企業家
④	シュンペーター	政府

問5 企業の資金調達に関する記述として**適当ではないもの**を，次の①〜④の中から一つ選びなさい。

11

① 銀行からの借入などで調達した資金を他人資本というが，株主から調達したものは含まれない。
② 企業の税引き後利益から，配当や役員賞与などの社外流出分を差し引いた額を内部留保という。
③ 自己資本には企業経営活動から獲得した利益の留保額も含まれる。
④ 資金の調達は直接金融と間接金融に区分されるが，直接金融で調達したものはすべて自己資本に含まれる。

問6 次の図は，不況期に行う公開市場操作とその影響を示したものである。図中のAとBに入る言葉の組み合わせとして最も適当なものを，下の①〜④の中から一つ選びなさい。

12

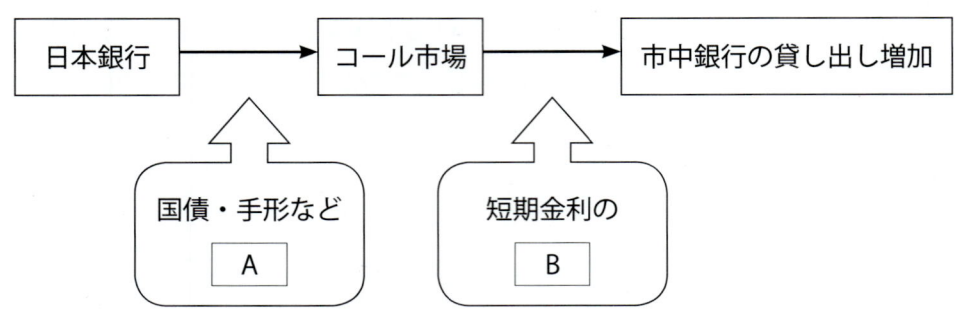

	A	B
①	買いオペレーション	上昇
②	買いオペレーション	低下
③	売りオペレーション	上昇
④	売りオペレーション	低下

問7 国や地方公共団体が租税などの収入を得て，それを支出することを財政という。財政の機能として**適当ではないもの**を，次の①〜④の中から一つ選びなさい。

13

① 高所得者に対して多くの税を賦課することで所得の不平等を是正する。
② 学校や道路など民間によって十分に供給されない公共財などを提供する。
③ 通貨の購買力の低下や上昇を防ぐために，通貨の価値を安定させる政策を行う。
④ 景気変動の波を縮小するために，公共事業などで景気の調整を行う。

問8 次のグラフは，2020年におけるアメリカ・イギリス・フランス・日本における租税負担率と社会保障負担率を示している。日本に当てはまるものを，次の①〜④の中から一つ選びなさい。 14

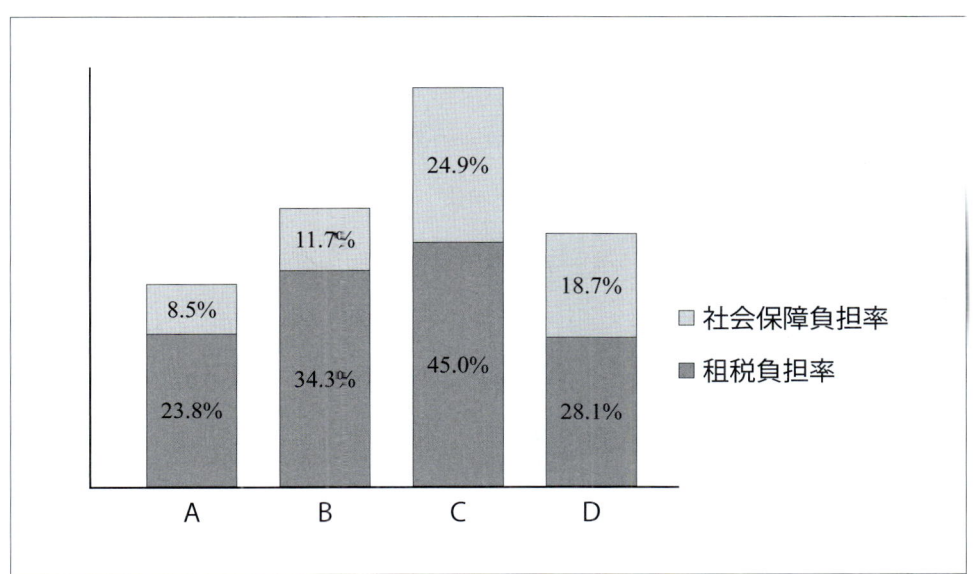

財務省ホームページより作成

① A
② B
③ C
④ D

問9 欧州連合(EU)は1999年から共通通貨であるユーロ(EURO)を使用している。ユーロを使用している国を，図の①〜④の中から一つ選びなさい。　15

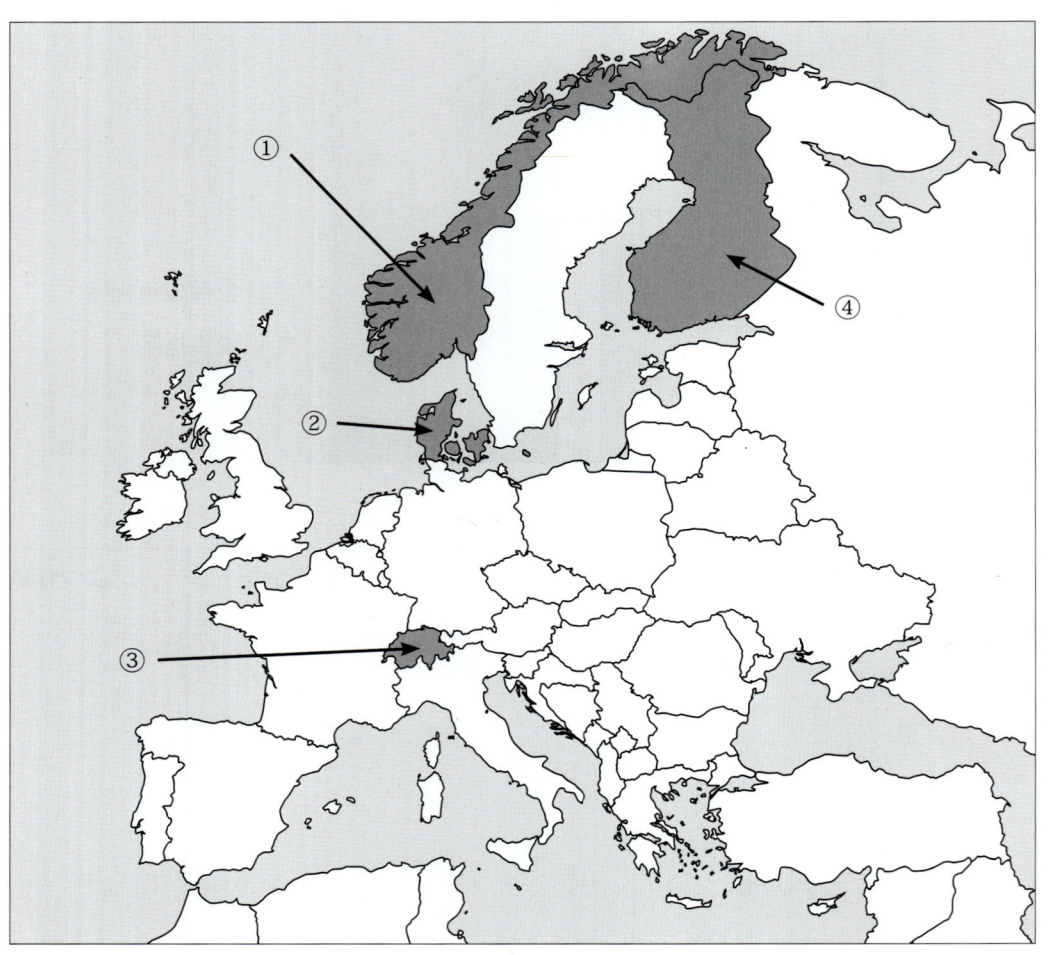

問10 基礎的財政収支(プライマリーバランス)とは社会保障や公共事業など行政サービスを提供するための経費を,税収等で賄えているかどうかを示す指標である。プライマリーバランスの赤字状態を縮小させるものとして最も適当なものを,次の①～④の中から一つ選びなさい。　　　　　　　　　　　　　　　　　　　　　　　　　　16

① 消費税を増税して租税収入を増やす。
② 国債発行を増加させ,収入を増やす。
③ 公共事業を拡大して,財政支出を増やす。
④ 国債費の金額を減らすため,利払い費を抑制する。

問11 日本の経済主体に関する記述として最も適当なものを,次の①～④の中から一つ選びなさい。　　　　　　　　　　　　　　　　　　　　　　　　　　17

① 日本銀行は公企業である。
② 日本の国営企業は1980年代にすべて民営化された。
③ 日本の株式会社は,法人が株主となることも可能である。
④ 日本の株式会社は設立と同時に上場される。

問12 労働者の権利向上を目的に1837年からイギリスで展開され，労働社会階級への選挙権付与を求めた運動は何か，次の①～④の中から一つ選びなさい。　18

① ラダイト運動
② 公民権運動
③ チャーティスト運動
④ シオニズム運動

問13 次のA～Dは日本の環境問題と地球環境問題に関する取り組みを表している。A～Dを年代順に並べたものとして正しいものを，次の①～④の中から一つ選びなさい。　19

　　A：環境基本法の制定
　　B：循環型社会形成推進基本法の制定
　　C：公害対策基本法の制定
　　D：地球サミットの開催

① A－B－C－D
② B－C－D－A
③ C－D－A－B
④ D－A－B－C

問14 次は2021年におけるとうもろこしの輸出入量上位4カ国を示している。空欄Aに当てはまる国名として正しいものを，次の①〜④の一つ選びなさい。 |20|

（単位：万トン）

輸出		輸入	
A	7,004	中国	2,835
アルゼンチン	3,691	メキシコ	1,740
ウクライナ	2,454	日本	1,524
ブラジル	2,043	韓国	1,165

「データブック・オブ・ザ・ワールド 2024」より作成

① アメリカ合衆国
② ロシア
③ フランス
④ インド（India）

問15 次の図は，ユーラシア大陸の西岸に位置するイギリスと，東岸に位置する日本を示している。イギリスと日本の正しい場所を，緯線を参考にして，次の①〜④の中から一つ選びなさい。 21

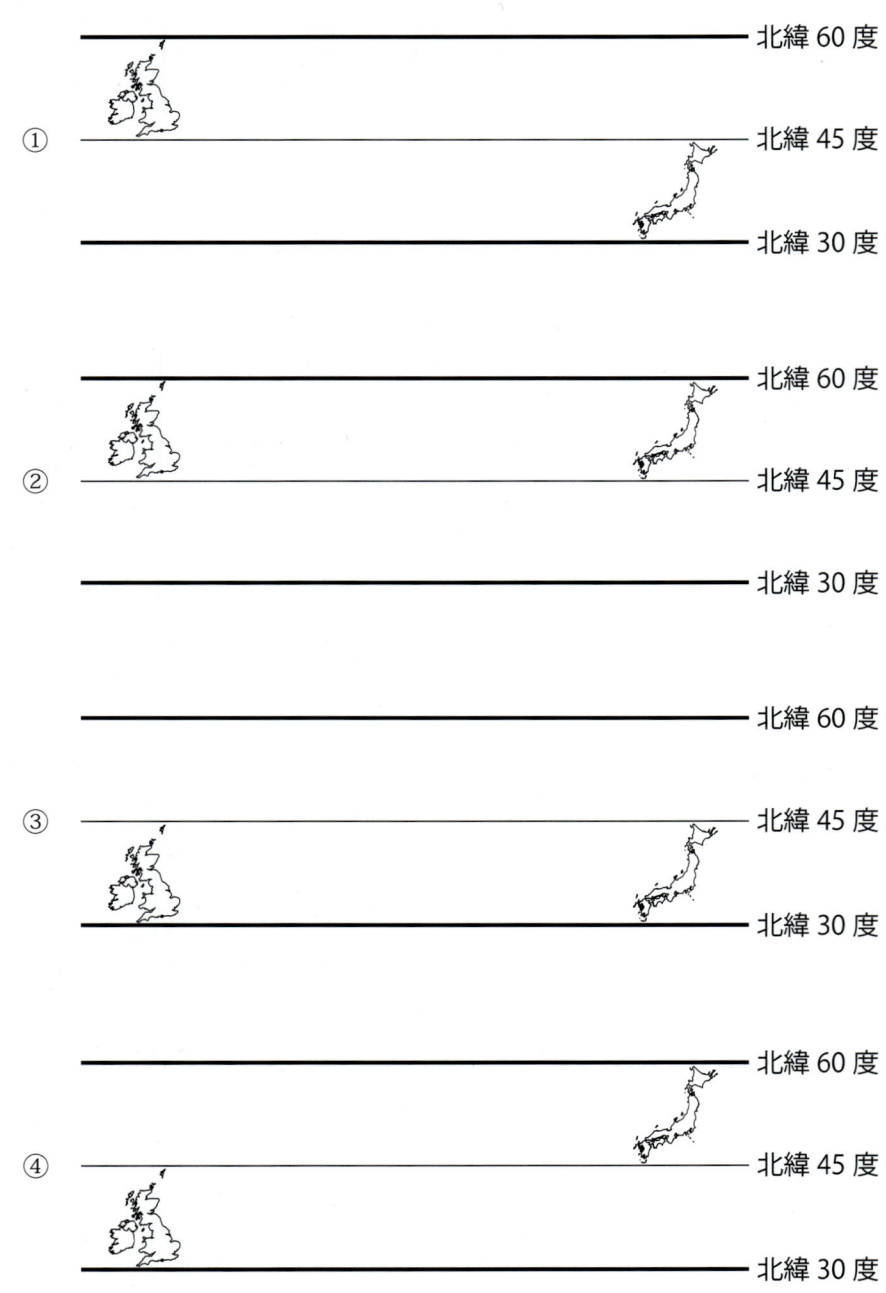

問16 次のグラフは日本・アメリカ・スイス・イタリアにおける1960年から2020年まで10年ごとの65歳以上の人口割合を示している。A〜Dに当てはまる国名として最も適当なものを，次の①〜④の中から一つ選びなさい。　22

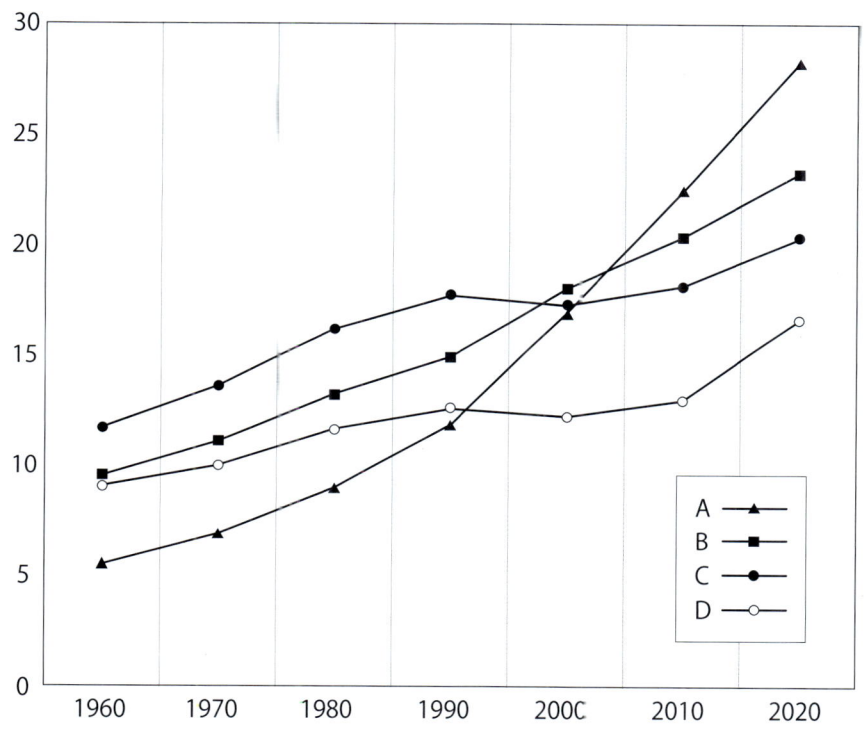

「データブック・オブ・ザ・ワールド 2020」より作成

	A	B	C	D
①	日本	スイス	アメリカ	イタリア
②	日本	イタリア	スイス	アメリカ
③	アメリカ	日本	スイス	イタリア
④	アメリカ	日本	イタリア	スイス

問17 次の図は東京を中心とした正距方位図法である。A地点に該当する都市を，次の①〜④の中から一つ選びなさい。 23

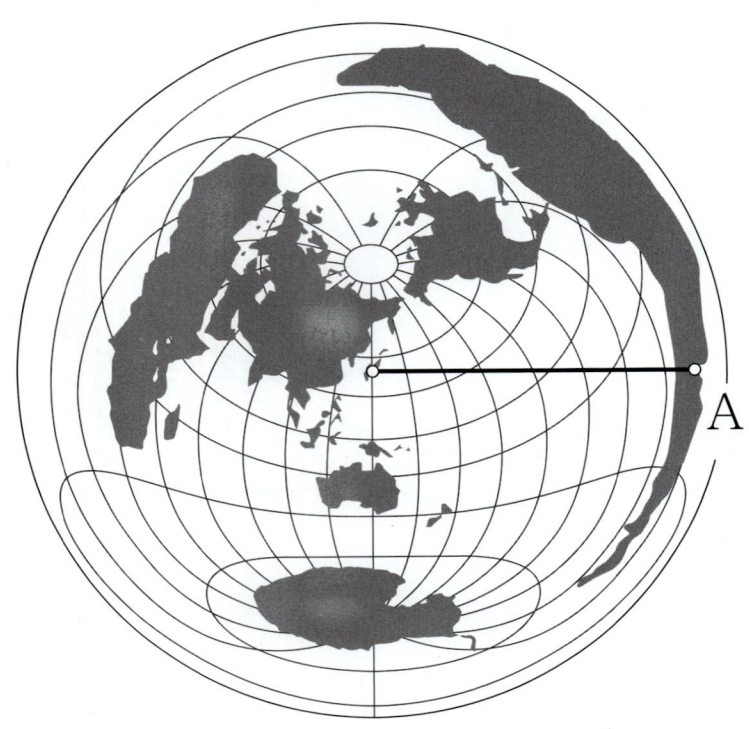

① サンフランシスコ（San Francisco）
② ニューヨーク（New York）
③ ブエノスアイレス（Buenos Aires）
④ ブラジリア（Brasilia）

問18 資源とエネルギーに関する内容として最も適当なものを，次の①～④の中から一つ選びなさい。 24

① 石炭は産出する地域の偏りが比較的少ないため，供給の安定性が高い。
② 石油は埋蔵量の多い地域が世界各地に分散しているため，消費国のエネルギー政策に安定をもたらしている。
③ 天然ガスはシェールガスの生産の増加から近年ロシアが第一の生産国となった。
④ フランスやイタリアは二酸化炭素の排出量を削減する手段として原子力を積極的に利用している。

問19 次の図は石炭の輸出上位4か国を示している。A〜Dはアメリカ，インドネシア，オーストラリア，ロシアのいずれかであるが，オーストラリアに当てはまるものを，次の①〜④の中から一つ選びなさい。　25

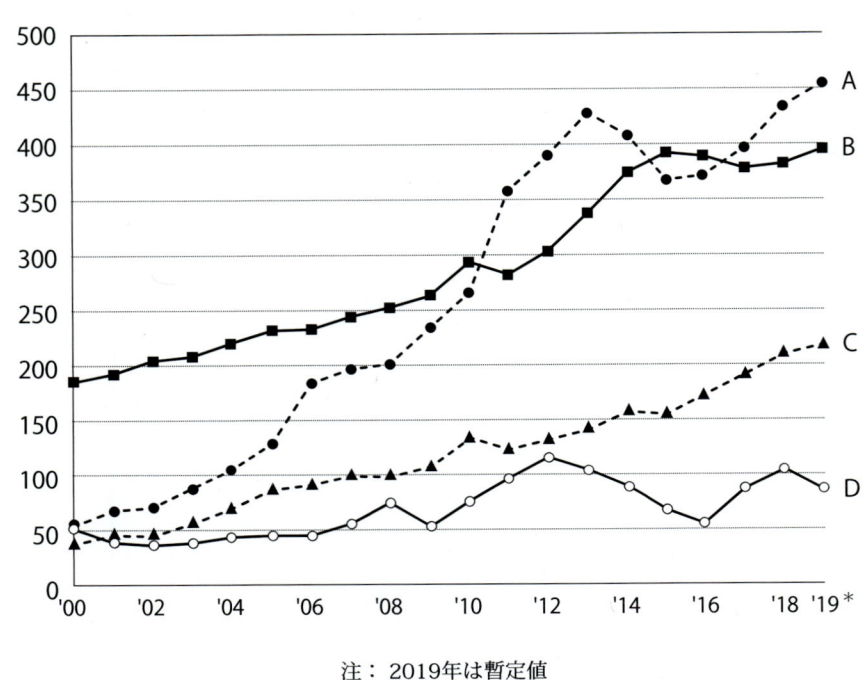

注：2019年は暫定値

「IEA，"World Energy Statistics and Balances 2020 database"」より作成

① A
② B
③ C
④ D

問20 日本国憲法に規定されている身体の自由と最も**関係のないものを**，次の①〜④の中から一つ選びなさい。　26

① 住居の不可侵
② 居住・移転の自由
③ 奴隷的拘束及び苦役からの自由
④ 黙秘権の保障

問21 「イギリス人は自由だと思っているが，それは大きな間違いである。彼らが自由なのは議員を選挙する間だけのことで，議員が選ばれるやいなや，イギリス人は奴隷となり，ゼロになってしまう」と述べ，代議政治を批判し，一般意思により共同体を作ることを主張した人物は誰か，次の①〜④の中から一つ選びなさい。　27

① ホッブズ（Hobbes）
② ルソー（Rousseau）
③ モンテスキュー（Montesquieu）
④ マックス・ウェーバー（Max Weber）

問22 地方公共団体の収入は自主財源と依存財源に区分される。日本は近年，自主財源の比率が低いことから「3割自治」といわれることもあるが，自主財源の例として最も適当なものを，次の①〜④の中から一つ選びなさい。　28

① 地方債
② 国庫支出金
③ 地方税
④ 地方譲与税

問23 日本の公職選挙法に関する記述として最も適当なものを，次の①〜④の中から一つ選びなさい。　29

① 公職選挙法によると有権者が中間選挙人を選び，その中間選挙人が改めて首相を選出すると明記されている。
② 公職選挙法によると衆議院小選挙区の政党公認の候補者が比例代表名簿にも登録できることが明記されている。
③ 公職選挙法によると衆議院に出馬したことがある候補者は参議院に出馬することが禁じられている。
④ 公職選挙法によると衆議院選挙と参議院選挙は投票率の向上や予算の節約のために同じ日に行うことにしている。

問24 次の文章を読み，文章中の空欄 A に当てはまる語として正しいものを，次の①〜④の中から一つ選びなさい。　30

　A は第一次世界大戦後に制定された憲法で当時世界で最も民主主義的な憲法であった。君主制を廃止し，共和制を規定した憲法であり，特に所有権は保障されるが，公共の福祉のためにはそれが制限されうることも認めていた。また労働者の団結権・団結交渉権を認めていた憲法である。

① アメリカ合衆国憲法
② 日本国憲法
③ フランス共和国憲法
④ ワイマール憲法

問25 日本の内閣の権限として最も適当なものを，次の①～④の中から一つ選びなさい。 31

① 条約の批准(ひじゅん)
② 最高裁判所長官の罷免(ひめん)
③ 予算案の作成
④ 条例の制定

問26 国際連合(UN)に関する記述として最も適当なものを，次の①～④の中から一つ選びなさい。 32

① 設立当初，アメリカは議会での反対によって参加できなかった。
② 国際連合の最高議決機関は安全保障理事会である。
③ 主要機関として経済社会理事会と国際司法裁判所が置かれている。
④ 世界貿易機構(WTO)など国際連合より古い歴史を持つ専門機関も存在する。

問27 1925年，日本はソ連との国交回復のために日ソ基本条約を締結した。同じ年にあったできごととして最も適当なものを，次の①～④の中から一つ選びなさい。 33

① 治安維持法を制定した。
② 女性にも選挙権が与えられた。
③ 帝国議会が設立された。
④ 初の政党内閣が誕生した。

問28 第一次世界大戦後の国際情勢に関する記述として最も適当なものを，次の①〜④の中から一つ選びなさい。　34

① ロシアでは革命が起こり，ロマノフ朝が倒れた。
② インドではガンディー（Gandhi）による非暴力・不服従運動が起きた。
③ バルカン半島ではロシアの指導の下でバルカン同盟が結成された。
④ 米・英・仏・ソの4首脳が集まってジュネーヴ4巨頭会談が開かれた。

問29 1953年，ソ連のスターリン（Stalin）の死は東欧に大きな影響を与えた。その時期の内容として最も適当なものを，次の①〜④の中から一つ選びなさい。　35

① チェコスロバキアでは「ビロード革命」が起き，共産党指導部は総退陣した。
② ハンガリーではソ連の反対に対する民衆の大規模な蜂起が起きた。
③ ポーランドでは共産党政府から独立した自由な労働組合「連帯」が組織された。
④ バルト3国はソ連から独立し，同年ワルシャワ条約機構も解体された。

問30 アフリカの多くの国は第二次世界大戦後に独立を果たした。**第二次世界大戦後に独立を果たした国ではないもの**を，下の①〜④の中から一つ選びなさい。　36

① ナイジェリア（Nigeria）
② スーダン（Sudan）
③ エジプト（Egypt）
④ アルジェリア（Algeria）

問31 次の文章を読み，空欄 A に入る語として最も適当なものを，次①～④の中から一つ選びなさい。　　37

アメリカの A は「ニューフロンティア」政策を掲げ，貧困・差別問題・都市問題・教育問題などの解決を目指し，特に，黒人差別問題に取り組んだ。対外的にはキューバ危機やベルリン問題などに対処し，東南アジアでは南ベトナムを共産勢力から守るために介入を開始した。

① ケネディ（Kennedy）大統領
② ジョンソン（Johnson）大統領
③ ニクソン（Nixon）大統領
④ F.ルーズベルト（Franklin Roosevelt）大統領

問32 戦後日本の経済において，景気は後退しつつも物価は上昇した時期として最も適当なものを，次の①～④の中から一つ選びなさい。　　38

① 東京オリンピックの直後
② 石油危機の発生後
③ プラザ合意後の80年代後半
④ 世界金融危機の発生後

정답

- 본문 빈칸 정답
- 모의고사 정답

현대의 정치

페이지	정답
14	12
16	국민 주권
16	삼권 분립
16	법의 지배
16	영국
18	법률안 거부권
19	프로이센(프러시아)
20	상징 천황제
22	2/3
22	특별
23	위원회 중심 주의
24	국무 대신
24	만장일치
27	1925
30	직접 청구권
31	옴부즈맨
33	정교 분리
34	바이마르 헌법
35	국제 인권 규약
38	캘리포니아
39	간접 선거

현대의 경제

페이지	정답
45	주주 총회
46	아담스미스
47	카르텔
48	셔먼법
49	콘드라체프
50	나선형 디플레이션
52	공개 시장
54	누진 과세
55	인플레이션
55	크라우딩 아웃
57	케인즈
57	뉴딜
57	베버리지
57	민영화
57	자본론
58	비교 생산비
60	우루과이
61	프라자
63	75,000
63	50,000
63	150

본문 빈칸 정답

세계사

페이지	정답
70	로베스피에르
70	대륙 봉쇄령
72	루이 나폴레옹
73	바그다드
74	카이로
74	파쇼다
75	인도차이나
76	홍콩
76	먼로
77	게티스버그
79	피의 일요일
80	제네바
80	워싱턴
82	뉴딜
85	얄타
86	마셜 플랜
88	아시아아프리카
88	몰타
89	쌍둥이
90	오슬로
91	아랍

지리

페이지	정답
94	4만
96	목요일 오후 11시
96	5월 7일 오전 10시
96	5월 9일 오후 3시
97	계절풍
101	카카오
103	산안드레아스
104	리아스식
105	선상지
108	오스트레일리아
109	멕시코
109	칠레
111	일본
112	브라질
112	프랑스
113	우루과이
114	노르웨이
118	중계
122	인구론
126	도너츠

현대의 국제 사회

페이지	정답
134	베스트팔렌
135	집단 안전 보장
137	집단적 자위권
140	캄보디아
144	퀘벡

현대의 사회

페이지	정답
153	교토 의정서
154	공해 대책 기본법
155	베버리지
159	연공 서열

일본의 근현대사

페이지	정답
169	프로이센(독일)
170	야하타
172	농지 개혁
173	55년
173	국제 연합
174	비핵 3원칙
176	독점 금지법
176	360
179	프라자 합의
180	금융 빅뱅

모의고사 정답

문제	번호	정답
問 1	1	③
	2	④
	3	②
	4	③
問 2	5	②
	6	①
	7	③
	8	④
問 3	9	④
問 4	10	③
問 5	11	④
問 6	12	②
問 7	13	③
問 8	14	④
問 9	15	④
問 10	16	①
問 11	17	③
問 12	18	③
問 13	19	③
問 14	20	①
問 15	21	①
問 16	22	②
問 17	23	③
問 18	24	①
問 19	25	②
問 20	26	②
問 21	27	②
問 22	28	③
問 23	29	②
問 24	30	④
問 25	31	③
問 26	32	③
問 27	33	①
問 28	34	②
問 29	35	②
問 30	36	③
問 31	37	①
問 32	38	②

MEMO